Jornada Segurança da Informação

Organização e curadoria
Antonio Muniz
Diego Souza
Marlon Bastida
Marco Bicudo
Ramiro Rodrigues
Rodrigo Costa
Walther Krause
Yanis Stoyannis

Jornada Segurança da Informação

Unindo visão executiva e técnica para estratégia, comportamento, inovação e tendências

BRASPORT
Rio de Janeiro
2024

Editor: Sergio Martins de Oliveira e Antonio Muniz
Gerente de Produção Editorial: Marina dos Anjos Martins de Oliveira
Editoração Eletrônica: Abreu's System
Capa: Trama Criações

Dados Internacionais de Catalogação na Publicação (CIP)
(Câmara Brasileira do Livro, SP, Brasil)

Jornada segurança da informação : unindo visão executiva e técnica para estratégia, comportamento, inovação e tendências. – 1. ed. – Rio de Janeiro : Brasport Livros e Multimídia, 2024.

Vários autores.
Vários organizadores.
Bibliografia.
ISBN 978-65-6096-009-1

1. Cibernética – Medidas de segurança 2. Internet – Medidas de segurança
3. Informações eletrônicas – Recursos – Gerenciamento 4. Tecnologia.

24-195267 CDD-658.472

Índices para catálogo sistemático:

1. Segurança de informações : Administração de empresas 658.472

Aline Graziele Benitez – Bibliotecária – CRB-1/3129

BRASPORT Livros e Multimídia Ltda.
Rua Washington Luís, 9, sobreloja – Centro
20230-900 Rio de Janeiro-RJ
Tel./Fax: (21)2568.1415
e-mails: marketing@brasport.com.br
vendas@brasport.com.br
editorial@brasport.com.br
www.brasport.com.br

Agradecimento aos patrocinadores do livro

Advisor 10X
Somos referência em práticas ágeis, *DevOps*, SRE e qualidade de software com serviços de consultoria, mentoria, palestras, cursos *on-line* e alocação de profissionais especializados Advisor Prime. Nossos clientes multiplicam resultados com o método exclusivo Advisor Fast, que valoriza o repertório das suas equipes e respeita o contexto de cada empresa.
<www.advisor10x.com.br>

CyberX – *The Ethical Hacking Services*
A CyberX é uma empresa nascida em Portugal com foco em auditorias de segurança em aplicações *web*, *wi-fi*, *apps mobile*, dispositivos IoT, servidores, análise de código (SAST) e *workshops* de conscientização. Através de nossos consultores certificados e da gestão com amplo conhecimento da área de segurança informática, buscamos entregar resultados com alta precisão, a um custo justo e para qualquer lugar do planeta. Nosso dever vai além de fornecer auditorias de segurança; ajudamos nossos clientes a alcançar o mais alto nível de excelência operacional para que possam focar no que é mais importante – o seu negócio.
<https://cyberx.pt>

Sobre a Jornada Colaborativa

Juntos somos mais inteligentes e transformamos mais vidas!

Era uma vez um professor universitário que sonhava lançar um livro quando finalizou o mestrado em 2007.

Depois de algumas ideias para publicação em temas como certificação Microsoft, gestão de projetos e gestão de serviços, o sonho começou a ser concretizado em 2017 com o livro "Jornada DevOps", mas alguns obstáculos travaram sua evolução após a definição da estrutura final para a certificação oficial EXIN e a escrita de três capítulos.

Em setembro de 2018, durante uma palestra na PUC Minas, surgiu um *click*: "será que outras pessoas apaixonadas por *DevOps* ajudariam com a escrita colaborativa?". Dezenas de pessoas aceitaram o convite e o livro foi lançado para 350 pessoas no dia 06 de junho de 2019 no Centro de Convenções SulAmérica no Rio de Janeiro, após um intenso trabalho coordenado com pessoas de várias cidades que nunca haviam trabalhado juntas antes.

Após essa experiência bem-sucedida com muitos aprendizados, a escalada dos times gerou grandes amizades, novas iniciativas e doação de R$ 523 mil para instituições com o lançamento de 37 livros com empresas amigas como Globo, Lojas Renner, Banco PAN, Banco Carrefour.

Sonhamos transformar mais vidas com a inteligência coletiva. Entre em contato para entrar em nossa Jornada...
<www.jornadacolaborativa.com.br>
<https://www.linkedin.com/company/jornadacolaborativa/>
<contato@jornadacolaborativa.com.br>

Apresentação da Jornada Segurança da Informação

Em minha atuação como *advisor* de agilidade e tecnologia, tenho uma grande interação com executivos, empresários e conselheiros cada vez mais preocupados com os riscos de negócios digitais, e o tema segurança da informação tornou-se uma pauta estratégica em empresas das mais variadas indústrias do mercado. Um sinal que reforça esse protagonismo da tecnologia é o uso cada vez mais intensivo da inteligência artificial: o investimento anual previsto para IA passou de US$ 40 bilhões para US$ 1,3 trilhão após a popularização do ChatGPT, conforme destacado no livro "Antifrágil 10X" (MUNIZ, 2023), onde apresento 48 estudos sobre a união de tecnologia e habilidades humanas para multiplicar resultados (também publicado pela Brasport).

Por falar em estudos, sugiro refletir sobre algumas previsões do Gartner sobre cibersegurança (ABES, 2023):

1. Até 2027, 50% dos executivos de segurança adotarão a cultura do design centrado nas pessoas porque mais de 90% dos colaboradores admitiram realizar algumas ações inseguras mesmo já sabendo do risco para as suas empresas.
2. Até 2027, 75% das equipes usarão tecnologia fora da visibilidade da TI, o que representa quase o dobro do apurado em 2022.
3. Até 2025, quase metade dos líderes de cibersegurança mudará de emprego, dos quais 25% irão para funções diferentes, principalmente por causa do estresse relacionado ao trabalho.
4. Até 2026, 70% dos conselhos de administração incluirão um membro com experiência em cibersegurança.
5. Até 2026, haverá um aumento de 5% para 60% no aproveitamento dos recursos de detecção, investigação e resposta a ameaças em dados de gerenciamento de exposição para validar e priorizar os riscos detectados.

A história deste livro começou com uma mensagem do Walther. Aceitei de imediato porque já estava em nosso radar iniciar uma jornada com esse tema tão importante para a nossa série colaborativa...

Após os aprendizados nos primeiros livros, estamos escolhendo os participantes do time organizador com critérios mais objetivos, pois o sucesso da escrita colaborativa depende de pessoas superengajadas e com forte inteligência emocional para se relacionar com os coautores e evitar conflitos desnecessários. O grande comprometimento do Walther na curadoria do livro "Jornada OKR na prática", que lançamos em 2022, me deixou supertranquilo. Para o completar o timaço da curadoria, tivemos a participação de Marlon Bastida, Marco Bicudo, Ramiro Rodrigues, Rodrigo Costa e Yanis Stoyannis.

A escolha das pessoas para o time de coautores com experiências diversificadas foi uma grande surpresa positiva e tivemos uma rápida adesão de pessoas amigas da Jornada Colaborativa e outras feras do mercado.

Parabéns ao time de autores e curadores pela concretização deste novo sonho colaborativo!

Antonio Muniz
Fundador da Jornada Colaborativa e CEO Advisor10X

Prefácio

"O correr da vida embrulha tudo, a vida é assim: esquenta e esfria, aperta e daí afrouxa, sossega e depois desinquieta. O que que quer da gente é coragem."

Guimarães Rosa

Segurança é uma questão que sempre deveria ser tratada como prioridade, em qualquer contexto, independentemente de qual seja a indústria. No entanto, "segurança pesa"; além de ser custoso, exige sempre abrir mão de uma parte do ganho, que poderia vir mais fácil, se corressem mais riscos. Mas vale a pena o risco?

Um exemplo clássico disso é a segurança aplicada à Fórmula 1. Qualquer 100 gramas fazem toda diferença em um carro de corrida. Se tiver que frear, se tiver que trocar o pneu, tudo isso são decisões que podem proteger a vida de pessoas, mas impactam o resultado. Logo, é quando o detalhe é uma questão de vida ou morte, ainda mais se está correndo, acima de 300 km por hora.

Quanto mais rápido vamos, mais relevante é a segurança. Mais os detalhes vão importar. E a Sociedade Digital está acelerada, a transformação tecnológica impactou a forma como indivíduos e instituições se relacionam. Toda a riqueza trafega em infovias de informações e está armazenada em verdadeiros "bunkers" de dados.

Por isso, a obra "Jornada Segurança da Informação", que faz parte do Programa Jornada Colaborativa, organizada pelo querido amigo Yanis Stoyannis e demais curadores do livro, é tão atual e necessária. Deveria ser leitura obrigatória de conselheiros, gestores e líderes. Assim como a disciplina Segurança da Informação precisa ser ensinada desde criança, ainda na escola, para formação da cidadania digital.

O livro está estruturado em 23 capítulos fundamentais para compreensão do tema, reunidos em cinco partes: Introdução e Conceitos; Segurança Estratégica; Segurança Comportamental; Segurança Tecnológica; Inovação e Tendências.

Nos meus mais de vinte anos de atuação com segurança, tanto na área civil como militar, aprendi que para ganhar qualquer batalha, tem que fortalecer a linha de frente. E esta linha de frente é o usuário. Enquanto a abordagem da segurança não assumir esta premissa de fábrica (*security by design*), vamos perder o combate, principalmente para o crime organizado cibernético.

Em pleno momento que avançamos para o uso mais intenso das aplicações de inteligência artificial (IA), nunca foi tão necessário capacitar a todos, em todos os níveis, para serem capazes de identificar e responder às novas ameaças. Inclusive as relacionadas aos maus usos e desvios da própria IA, como já vem ocorrendo.

De *deepfake* ao ataque de *data poisoning*, as linhas de defesa vão precisar ficar mais sofisticadas – a ideia de que basta uma pessoa respondendo por segurança da informação, contratar uma solução genérica e fazer uma palestra anual já deixou de ser suficiente e eficiente há muito tempo. As barreiras começam a ser em nível neural, estamos lidando com nanotecnologia, *nanobots,* drones, computação quântica e transferência interespacial de dados.

Desse modo, convido a todos para, mais que lerem o livro "Jornada Segurança da Informação", adotarem a obra como manual, guia de consulta, para todos os desafios atuais e que estão por vir. Dependendo do dia, da rotina, ou do incidente, basta se socorrer das páginas que tratam desde sobre Metodologia de Segurança, na parte de Visão Geral, até estratégias de Segurança Ofensiva com exercícios de *Cyber Wargames*.

Preparar o time para estar de prontidão. Esta é nossa missão. Saber identificar o inimigo, agir rápido, neutralizar, responder, aprender e evitar que ocorra novamente. Pois sempre seremos atacados. Onde há o bem, há o mal. Onde há valor, há invasor. Achar que não vai acontecer é se iludir. Por isso, desejo a todos uma boa leitura, e vamos juntos para a Jornada Segurança da Informação.

Dra. Patricia Peck Pinheiro, PhD
Doutora pela Faculdade de Direito da Universidade de São Paulo (USP)
Membro Titular do Comitê Nacional de Cibersegurança (CNCiber)
Conselheira Titular do Conselho Nacional de Proteção de Dados (2021-2023)
Membro do Comitê Transparência 100% da ONU para o Brasil
Membro representante do Brasil no Conselho da Iniciativa Smart IP do Max Plank Latin America
CEO e Sócia Fundadora do Peck Advogados
Presidente do Instituto Peck de Cidadania Digital (IPCD)
Professora de Direito Digital da ESPM

Sumário

PARTE I.
INTRODUÇÃO E CONCEITOS

1. Contexto da segurança da informação **2**

2. Visão geral da segurança da informação **6**
A importância de proteger as informações 6
A evolução da segurança da informação 7
Abordagem dos investimentos em segurança 10
Benefícios da segurança da informação 12
Agilidade em negócios 12
Redução de custos 13
Portabilidade 13
Metodologia de segurança 14

3. Principais elementos da segurança da informação **16**
Pilares CID 18
Confidencialidade 18
Integridade 19
Disponibilidade 19
Outros aspectos da segurança da informação 20
Autenticação 20
Autorização 21
Auditoria 21
Autenticidade 22
Não repúdio 22
Legalidade 23

PARTE II.
SEGURANÇA ESTRATÉGICA

4. Governança em segurança da informação **26**
Alinhamento estratégico 30
Entrega de valor dos investimentos 31

Gerenciamento de riscos 32
Balanced Scorecard 34
Dimensão financeira 35
Dimensão de operações (de TIC, de TO, de TA) 35
Dimensão clientes (internos e/ou externos) 36
Dimensão aprendizado e crescimento (das equipes de SIC, de TIC e de todas as áreas de negócio) 36

5. Construção de um PDSI (Plano Diretor de Segurança da Informação) 38
Etapa 1 – Entendimento do cenário e apuração da maturidade da organização 38
Etapa 2 – Apuração das fragilidades 39
Etapa 3 – Apuração de ameaças e riscos 40
Etapa 4 – Definição dos projetos 40
Etapa 5 – Levantamento de informações complementares 41
Etapa 6 – Consolidação das informações no modelo final 42

6. Confiança zero e sua aplicação nas organizações 44

7. Confiança zero – visão prática 49
Estudos de casos 55
Estudo de caso 1: limitação do acesso não desejado 55
Estudo de caso 2: aplicação do princípio do privilégio mínimo 56

8. Inspeção de fornecedores críticos para o negócio 58

9. SGSI e SGPI 63
SGSI – Sistema de Gestão da Segurança da Informação 63
SGPI – Sistema de Gestão da Privacidade da Informação 65

10. Segurança ofensiva 67
Resumo 67
Introdução 67
Testes de invasão 68
Tipos de testes 69
Perfis de *hackers* 70
Passos para busca de vulnerabilidades 70
Red Team Assessment – RTA 74
Wargames 74
O que é um exercício de *cyber wargame*? 75
Teste de prontidão *cyber wargame* 75
Como funcionam os jogos 77
Automações ofensivas 77
Programa de recompensa – *Bug bounty* 78
Segurança estratégica 79
Conclusão 81

PARTE III.
SEGURANÇA COMPORTAMENTAL

11. Engajando as pessoas na segurança da informação 84
Colocando as pessoas no centro 85
Sendo acessível 85
Apresentando leveza 86
Sendo criativo 86

12. Cultura e clima organizacional 88

13. Engenharia social: as pessoas no centro da segurança 89
Introdução 89
Phishing 91
As pessoas no centro da segurança 93
Cuidados com o celular 95
Uso da inteligência artificial 98
Data poisoning 98
Deepfake 99
Dicas finais 100

14. Certificando o profissional de segurança da informação 102
Security Certification Roadmap 103

PARTE IV.
SEGURANÇA TECNOLÓGICA

15. Segurança em RPA 110
Pilares da segurança da informação 110
O equilíbrio da segurança 111
Segurança em RPA 112
As camadas de segurança 113
Camada do robô 113
Camada da vizinhança 116

16. Gerenciando suas senhas 118
Introdução 118
Um pouco de matemática 119
Evitando a porta da frente 120
2FA x 2SV 122
Cofre de senhas 122
Sem senhas 125
Desenvolvimento seguro 127
Recomendações finais 129

17. **Segurança por projeto (*security by design*)** 131
Introdução 131
O conceito de segurança por projeto 131
Arquitetura de segurança 132
O projeto 133
Princípios e pilares da segurança da informação 134
Pilares 135
Princípios 135
Conclusão 136

18. **Forense em segurança** 137
Introdução 137
Um pouco sobre resposta a incidentes 138
Um pouco sobre perícia 142
Assuntos complementares 145
Evidências de rede 146
Evidências de *host* 151
Threat intelligence 157
Automatizando 160

PARTE V. INOVAÇÃO E TENDÊNCIAS

19. **Segurança em ambiente industrial** 164
A explosão da segurança cibernética industrial 164
Na portaria da fábrica 165
A consciência dos profissionais impulsiona o mercado 166
Fatores que impulsionam o mercado 166
1. Transformação digital e advento da *cloud* 167
2. Internet das coisas (IoT) 168
3. Convergência IT/OT 168
4. Ameaças e gestão de riscos 169
Conclusão 169

20. **Aprimoramento legal e regulatório de segurança e privacidade** 170
Introdução 170
Segurança da informação e conformidade legal 171
Mas o que a ISO/IEC tem a ver com leis? 172
Privacidade e monitoramento 175
Marco Civil da Internet 177
Segurança da informação e privacidade 179
Gestão de terceiros – Tecnologia e segurança da informação 191
Conclusão 192

21. **Governança de identidades e acessos (GIA)** 193
Introdução 193
Características de gestão e governança de identidades 193

Principais componentes de um GIA ... 194
O que é uma identidade? ... 194
Atributos ... 195
Recursos conectados ... 195
Fontes autoritativas ... 196
Metadiretório ... 197
Ciclo de vida das identidades ... 200
Workflow ... 200
Kit de admissão ou direitos de acesso do usuário ... 201
Mudanças organizacionais e o impacto nos acessos ... 202
Encerramento de uma identidade ... 202
Reconciliação ... 202
Integração com *help desk/service desk* ... 203
IA na concessão do acesso ... 203
Mapeamento de sistemas ... 204
Perfis de acesso ... 204
O que é um perfil de acesso? ... 204
Segregação de funções ... 204
Grupo ideal para criação das definições (comitê de IAM) ... 206
Manutenção de perfis ... 206
Mineração de perfis ... 206
Revisão de perfis e de acessos de uma pessoa ... 207
Qualificação do solicitante ... 207
Delegação ... 207
Políticas de senhas ... 207
Conclusão ... 208

22. Tecnologia 5G e segurança em redes móveis ... 209
Introdução ... 209
A tecnologia 5G ... 211
Os desafios de conectividade ... 212
Arquitetura do 5G e o aprimoramento da segurança nas redes móveis ... 214
Implementações ... 215
Smartphones e SIM *Card* (*chip*) para 5G ... 216
Virtualização da rede 5G ... 216
Criticidade das redes móveis ... 217
Evolução da segurança nas redes móveis ... 218
Desafios de segurança para o 5G ... 220
Evolução do arcabouço jurídico em telecomunicações ... 222
Estratégia de cibersegurança para 5G ... 223
1. Padronização ... 224
2. Desenvolvimento de produtos ... 226
3. Implementação ... 226
4. Operação ... 228
Conclusão ... 229

23. **Segurança em IoT** 231
Introdução 231
Motivadores e barreiras para adoção da IoT 233
A importância da segurança para IoT 234
Crescimento das vulnerabilidades em IoT 235
Recomendações de segurança para fabricantes de soluções IoT 236
A arquitetura de IoT e a necessidade de segurança 237
1. Tecnologias Operacionais (TO) 237
2. Tecnologias da Informação (TI) 237
Camadas de segurança 238
Camada 1. Dispositivos físicos 238
Camada 2. Conectividade 239
Camada 3. Computação de borda (*edge computing* ou *fog computing*) ... 241
Camada 4. Acumulação dos dados 242
Camada 5. Abstração dos dados 242
Camada 6. Aplicação e análises analíticas 243
Camada 7. Colaboração e integração de processos 244
Conclusão 245

Considerações finais 247
Experimentos do livro 248

Referências 249

Dedicatória e agradecimentos 258

Sobre os autores 261

PARTE I.
INTRODUÇÃO E CONCEITOS

1. Contexto da segurança da informação

Cristiano Pimenta
Walther Krause

O tema segurança da informação existe antes mesmo da computação. As comunicações já aplicavam mecanismo de segurança para que pessoas, não autorizadas, não pudessem ter acesso às informações trocadas. Tais comunicações ocorriam através de rádio, telégrafo, cartas etc. O primeiro computador foi criado para poder quebrar o mecanismo de segurança utilizado pela Alemanha na Segunda Guerra Mundial. A **Máquina de Turing** é um dispositivo teórico conhecido como máquina universal, que foi concebido pelo matemático britânico Alan Turing (1912-1954), muitos anos antes de existirem os modernos computadores digitais. Foi a base dos computadores modernos e, através dele, Turing conseguiu decifrar a máquina chamada Enigma, usada para proteger as comunicações alemãs.

O crescimento da tecnologia computacional permitiu maiores fluxos de informações, integrando organizações, empresas e pessoas, independentemente de local e hora. As informações foram se tornando ativos valiosos que precisavam ser protegidos. Inicialmente, a tecnologia implementada nas empresas era tratada de forma centralizada e concentrada. Isso permitiu a criação de soluções simples e eficazes de proteção. Os modelos matemáticos criados para o sigilo de dados, chamados de criptografia, foram evoluindo junto com a tecnologia, que foi se popularizando e ficando mais distribuída. A segurança da informação não acompanhou esse movimento, mas o volume de informações processadas crescia de forma exponencial. As vulnerabilidades começaram a crescer.

Apesar de as organizações estarem mais expostas, os crimes de roubo de dados, invasões ou fraudes cibernéticas não eram tão comuns. Talvez pela incapacidade de monetizar o resultado do delito ou por falta de conhecimento técnico, o nível de problemas gerados não chamava a atenção dos executivos a ponto de se preocuparem e observarem perda financeira que justificasse quaisquer investimentos no tema. Essa situação permaneceu por décadas. O percentual de investimentos em segurança digital era muito pequeno quando comparado com outros setores. Somente a área financeira tinha uma preocupação maior com segurança, pois já estava sentindo um efeito nocivo mais evidente.

A falta de preocupação com a segurança da informação permitiu a construção de inúmeras soluções tecnológicas para atender aos negócios, com pouco ou nenhum mecanismo de proteção do ativo informação. Esse ativo foi ganhando valor de mercado e grupos mal-intencionados foram se aprimorando na monetização da venda dos ativos furtados. Um cenário promissor para crimes perfeitos. O advento dos crimes cibernéticos começou a preocupar os líderes das organizações, mas de forma tímida. Os investimentos na segurança foram aumentando gradativamente, mas não o suficiente. O crescimento dos problemas ligados à segurança chamou mais atenção dos reguladores e legisladores, que começaram a criar normas e leis, obrigando as empresas a buscarem melhor proteção de seus ativos. O setor financeiro foi o primeiro a ter normas e regulamentos de proteção aplicados rigorosamente pelos organismos de controle. Isso permitiu o crescimento de soluções tecnológicas para a segurança da informação.

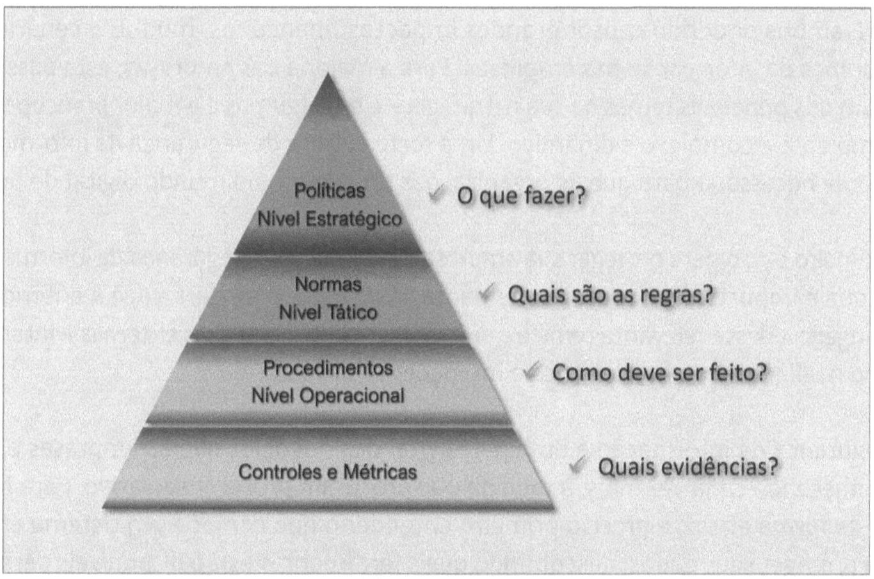

Figura 1.1. Estrutura normativa.
Fonte: o autor.

A transformação digital nas organizações passou a ser percebida como estratégia fundamental para a sobrevivência de qualquer empresa, em quase todos os ramos de atuação. O uso de tecnologia da informação se espalhou por todas as áreas das empresas, a ponto de ser fundamental para os processos-chave. As vulnerabilidades só cresciam. Grupos mal-intencionados perceberam uma nova forma de ataque cibernético, mais efetivo e com enorme poder de retorno financeiro: invasão e bloqueio de tudo. Essa modalidade sequestra todo o ambiente cibernético e, por consequência, toda a operação da empresa. As organizações ficam com somente duas opções: pagar o resgate, mediante extorsão que pode chegar a milhões de reais, ou arcar com o prejuízo operacional diário, que pode chegar a bem mais que o valor de resgate, até conseguir recuperar ou remontar o ambiente tecnológico.

O uso de dados pessoais pelas empresas, na forma digital e muito abrangente, preocupou legisladores em vários países. Foram criadas leis específicas para tratar a proteção de dados pessoais. As mais conhecidas são a da Comunidade Europeia (GPDR – *General Data Protection Regulation*) e a brasileira (LGPD – Lei Geral de Proteção de Dados). Essas leis são muito rigorosas e requerem fortes mecanismos de proteção dos dados pessoais. O não cumprimento pode causar prejuízos financeiros grandes e impacto na imagem das empresas, comprometendo suas estratégias de negócios.

A combinação de uma legislação mais forte e de ataques cibernéticos mais agressivos, ambos podendo causar grandes impactos financeiros, mudou o cenário da segurança da informação nas empresas. Para a maioria das empresas, este passou a ser um dos principais temas na sua estratégia – e em algumas é a maior preocupação. O ambiente é complexo e dinâmico. Uma forte cultura de segurança da informação se torna necessária para que as organizações prosperem no mundo digital de hoje.

O primeiro passo para proteger sua empresa é saber o que é segurança da informação, por que é importante e como implementá-la. Este livro ajudará você a entender a abrangência desse relevante tema e a se proteger contra ameaças externas e internas, como negligência de funcionários e intenções maliciosas.

A segurança da informação é uma parte vital dos negócios que as empresas estão reconhecendo cada vez mais, à medida que procuram proteger seu ativo. Para fazer isso de forma eficaz, é preciso primeiro entender o que compõe um sistema eficaz para proteger seus dados, descobrindo quais ferramentas estão disponíveis para tal. Por fim, deve-se analisar como essas ferramentas funcionam e se vale a pena investir nelas ou não.

O custo de não ter um programa de segurança da informação eficaz é alto: perda da capacidade de inovar; perda de confiança do cliente; aumento do risco de litígio; redução da produtividade devido ao cibercrime; e reputações danificadas.

Para ter sucesso, as organizações precisam investir em pessoas, processos e tecnologia que apoiem o desenvolvimento de uma forte cultura de segurança da informação. Para evitar riscos e mitigá-los, as empresas devem estar atentas aos diferentes tipos de ameaças que podem ocorrer e como se proteger contra elas. Isso inclui entender quais informações são mais valiosas para o negócio, onde são armazenadas e como são acessadas.

Os novos tempos indicam que nunca foi tão importante o uso de dados para desenvolver e aprimorar produtos e serviços em todos os segmentos, impactando diretamente a vida das empresas, dos clientes e do cidadão em geral. Os dados estão se tornando cada vez mais valiosos, e o risco de perdê-los é significativo. A proteção adequada deve ajudar a mitigar esses riscos e refletir positivamente na satisfação e fidelidade do cliente.

No mundo de hoje não é mais suficiente para uma organização se concentrar em sua própria saúde financeira sem levar em conta as ameaças de ataques cibernéticos e suas consequências. A segurança das informações de uma organização afetará a capacidade de seus clientes fazerem negócios com essa empresa. Os clientes agora esperam que seus dados estejam seguros com a empresa com a qual estão fazendo negócios. Caso contrário, passarão para um concorrente que possa fornecer o nível de segurança esperado.

A segurança da informação é a prática de proteger a confidencialidade, a integridade e a disponibilidade das informações.

2. Visão geral da segurança da informação

Marlon Bastida
Marcia Maximiano

A importância de proteger as informações

É sabido que as informações são ativos valiosos. Quanto mais informação você tiver sob o seu domínio, melhor você se adapta ao mundo que o cerca. Na área de negócios, a informação é o que uma companhia possui de mais importante.

Informações podem ser classificadas em diferentes categorias. Organizações tipicamente escolhem implantar maiores recursos no controle de informações mais sensíveis. O governo americano, por exemplo, usa uma classificação de cinco níveis que progride desde uma informação não classificada (a qual todos podem usar) a informações altamente secretas, às quais somente pessoas que possuem maior confiabilidade e devidamente autorizadas podem ter acesso.

Assim como o governo estadunidense, as organizações também classificam e manuseiam suas informações de diferentes modos:

- ✓ Gerenciamento do seu manuseio, como rotulagem (cabeçalhos, rodapés e marcas d'água especificam como devem ser tratadas).
- ✓ Distribuição (quem pode ter acesso).
- ✓ Duplicação (como as cópias são feitas e manuseadas).
- ✓ Liberação (como são fornecidas às pessoas externas da organização).
- ✓ Armazenamento (onde são mantidas).
- ✓ Aplicação de criptografia (se necessário).
- ✓ Descarte (se trituradas ou plenamente apagadas).
- ✓ Métodos de transmissão (como e-mail, fax, impressão e correio).

As especificidades são descritas em uma política de classificação e tratamento de informações da organização, o que representa um componente importante da política de segurança geral de uma organização.

As informações destinadas apenas ao uso interno devem ser vistas por funcionários, contratados e provedores de serviços, mas não pelo público em geral. Exemplos desse tipo de informação são memorandos internos, correspondência, e-mails, mensagens instantâneas, anúncios, solicitações de reunião e materiais de apresentação em geral. É uma informação que normalmente obtém menor restrição – porque gastar muito tempo e dinheiro em protegê-la não supera o valor da informação ou o impacto de sua divulgação.

As empresas podem ter informações confidenciais, como planos de pesquisa e desenvolvimento, processos de fabricação, informações corporativas estratégicas, roteiros de produtos, descrições, listas de clientes e informações de contato, previsões financeiras e anúncios de aumentos de salário, que se destinam a uso interno em uma base de conhecimento (KB – *Knowledge Base*).

A perda ou o roubo dessas informações confidenciais pode violar a privacidade dos indivíduos, reduzir a vantagem competitiva ou causar danos à empresa. Esse tipo de informação é disponível para o público externo apenas para fins comerciais e somente após um acordo de confidencialidade (NDA – *Non Disclosure Agreement*) ou obrigação equivalente de confidencialidade.

Informações especializadas ou secretas podem incluir segredos comerciais, como fórmulas, detalhes de produção e outras propriedades intelectuais, metodologias e práticas proprietárias que descrevem como os serviços são prestados, planos de pesquisa, códigos eletrônicos, senhas e chaves criptográficas. Se divulgadas, tais informações podem prejudicar seriamente o patrimônio da empresa e sua vantagem competitiva. Geralmente são restritas a apenas algumas pessoas ou departamentos dentro de uma empresa e raramente são divulgadas externamente.

A evolução da segurança da informação

Nos primórdios das redes, os computadores eram conectados apenas em ambientes acadêmicos, militares e governamentais. Originalmente, o modelo de segurança acadêmica era "aberto" e o modelo de segurança militar e de governo era "bloqueado e fechado". Não havia muitas formas de lidar com as informações além dessas.

O governo estava principalmente preocupado em bloquear o acesso a computadores, restringindo o acesso interno a dados e impedindo a interceptação). Esse método de proteção de ativos forneceu um perímetro de difícil penetração, conforme pode ser visto na figura a seguir.

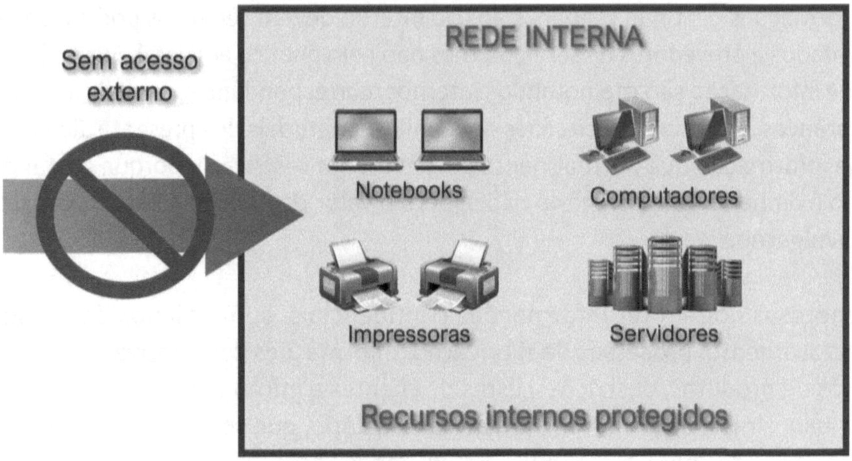

Figura 2.1. Perímetro.
Fonte: adaptado de Rhodes-Ousley (2013)

Podemos visualizar um perímetro de acesso à rede interna sem acesso externo – era o modelo utilizado no ambiente governamental americano. Na Figura 2.2 vemos o modelo acadêmico, que era aberto e não possuía restrições.

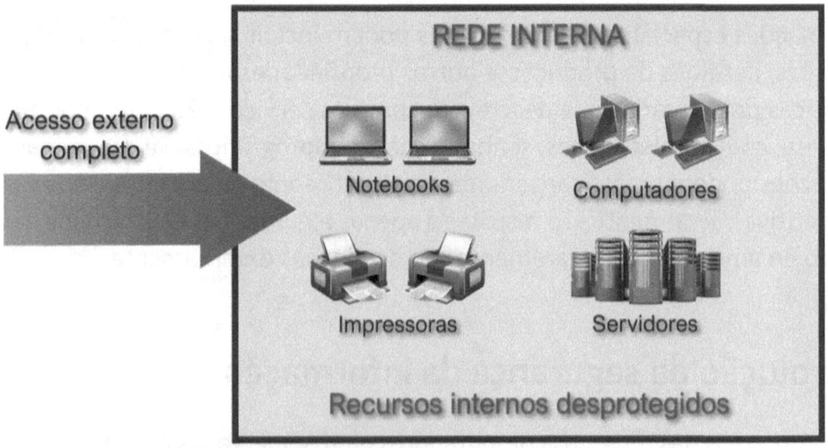

Figura 2.2. Modelo original acadêmico de acesso com exposição.
Fonte: adaptado de Rhodes-Ousley (2013).

Quando as empresas começaram a adotar a internet comercialmente em larga escala no início e meados da década de 1990, era necessário desenvolver um novo modelo de segurança. Uma abordagem de portas bloqueadas não funciona quando você necessita que milhares ou milhões de pessoas tenham acesso aos serviços em sua rede. Da mesma forma, uma abordagem de portas abertas não funciona quando você precisa proteger a privacidade de cada indivíduo e os sistemas que interagem com os serviços em sua rede.

O comércio eletrônico e os negócios exigiam uma abordagem refinada e mais complexa para fornecer acesso limitado a dados de forma controlada. Para usar a analogia de uma residência, considere a complexidade de controles necessários para permitir que certas partes autorizadas (como empresas de serviços públicos, pessoal de limpeza ou fornecedores) entrem em sua casa, mantendo ladrões e vândalos afastados. O acesso parcial controlado requer autenticação, autorização e privacidade – e mais complexidade.

À medida que as tecnologias da informação evoluíam, as abordagens originais deixaram de atender às necessidades dos consumidores de informação. Assim, os conceitos de *intranets* e *extranets* foram desenvolvidos para abranger clientes internos e externos, respectivamente, com limites de segurança que lembravam versões semelhantes de uma camada de proteção de segurança externa – mais conhecida como perímetro do *firewall*.

As redes privadas virtuais (VPNs – *Virtual Private Networks*) foram desenvolvidas para fornecer um canal seguro (ou túnel) de uma rede para outra em redes públicas, como a internet. Essas abordagens continuaram desde o final da década de 1990 até o início da década de 2000.

Ao longo da primeira década do século XXI, a internet continuou a se tornar uma plataforma de negócios cada vez mais crítica e fundamental para os negócios.

Com isso, as ameaças evoluíram. Vírus e *worms* básicos, bem com explorações de ataques simples e de *man-in-the-middle*[1], foram se tornando mais sofisticados, eficazes e onipresentes, o que persiste até os dias atuais.

Os clientes passaram a exigir acesso seguro às informações de que necessitavam. Uma rede de dados segura permite que uma empresa distribua informações de forma rápida e eficaz para seus funcionários, parceiros de negócios e clientes.

As ofertas de SaaS (*Software as a Service*) tornaram-se tão predominantes quanto os serviços internos de uma companhia – na verdade, elas estão cada vez mais presentes. As empresas optam por serviços existentes na internet em vez de construir

---

1 Técnica na qual o atacante intercepta o fluxo de dados das comunicações entre duas partes.

os seus próprios. A computação em nuvem está expandindo as fronteiras das redes para longe dos *datacenters*. Essa interconexão global requer uma perspectiva diferente na abordagem da segurança – não podemos construir mais barreiras virtuais em torno de nossas redes. Em vez disso, a segurança deve ser incorporada em todos os aspectos do processamento de informações. E as ameaças a todos esses recursos evoluíram a uma taxa igual ou superior à das próprias tecnologias.

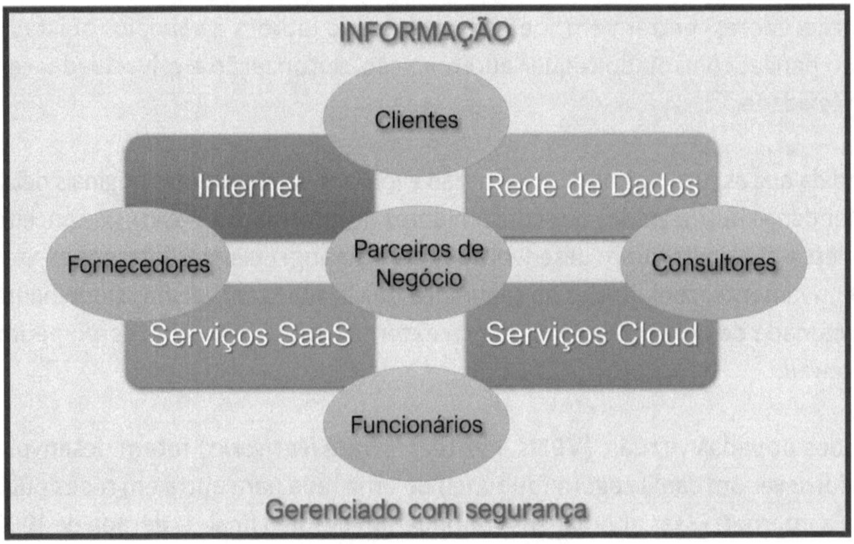

Figura 2.3. Informação é compartilhada com muitos consumidores via múltiplos canais. Fonte: adaptado de Rhodes-Ousley (2013).

Práticas de segurança modernas evoluíram para uma abordagem combinada para gerenciar o acesso à informação. Tecnologia e informação se misturam à vida cotidiana e não podem mais ser mantidas desprotegidas.

Abordagem dos investimentos em segurança

De que forma justificar os gastos em segurança talvez seja um dos temas mais debatidos e desafiadores na área de segurança da informação.

A mudança ocorreu quando o ROI (*Return of Investment*) foi utilizado como uma tentativa de comercializar a segurança como um investimento que é pago por si só. A abordagem padrão para justificar os orçamentos de tecnologia da informação era essa, mas nunca se traduziu bem no quesito da segurança tecnológica. Não existe um bom modo de demonstrar um ganho monetário pelo investimento em segurança.

Assim, o ROI foi combinado com a expectativa de perda anualizadas (ALE – *Annualized Loss Expectancy*), uma estratégia de medição de risco que combina a frequência (ou probabilidade) de uma perda com o custo dessa perda, para produzir um valor monetário anual esperado. O problema era que muitas suposições foram feitas com base na ALE e as perdas não se distribuíam uniformemente de ano para ano, então as estimativas não eram realmente defensáveis.

A analogia com um seguro foi desenvolvida para justificar valores financeiros. Pessoas e empresas gastam dinheiro com seguros – muitas vezes até 10% do valor do ativo por ano. O dinheiro é utilizado no acontecimento de um problema. Da mesma forma, as empresas gastam dinheiro em segurança porque equivale a um seguro contra o uso indevido de seus bens.

Os benefícios comerciais da segurança são difíceis de expressar em termos de um valor monetário simples. Em vez disso, considere essa justificativa para gastos com segurança: melhores práticas de segurança viabilizam os negócios e permitem que prosperem. Elas ajudam a fornecer uma base sólida sobre a qual o negócio pode se expandir e crescer.

Práticas robustas de segurança da informação não apenas reduzem riscos e custos, mas também fornecem novas oportunidades de receita. No passado, a segurança era pensada apenas no contexto da proteção (bloqueio de acesso, fechamento de brechas, segmentação e separação de sistemas e redes, e acesso negado em conexões desconhecidas). Hoje essa visão evoluiu para se concentrar em viabilizar negócios em uma escala global, usando novos métodos de comunicação.

Ao melhorar o acesso às informações que impulsionam seus negócios, a empresa pode expandir sua influência comercial em escala global, independentemente do tamanho ou localização. As informações são um dos ativos mais importantes que uma empresa possui, e são mais valiosos quando compartilhados com pessoas autorizadas.

Boas práticas de segurança permitem que as empresas executem suas operações de forma integrada, especialmente com seus clientes. Ao controlar cuidadosamente o nível de acesso fornecido a cada cliente individual, uma empresa pode expandir sua base de clientes e o nível de serviço que providenciará sem comprometer a segurança e a integridade de seus interesses comerciais, sua reputação e os ativos de seus clientes.

Benefícios da segurança da informação

Agilidade em negócios

Hoje, toda empresa quer abrir suas operações comerciais para clientes, fornecedores e parceiros de negócios, a fim de alcançar mais pessoas e facilitar oportunidades de receita. Por exemplo, os fabricantes querem alcançar clientes individuais e aumentar as vendas por meio de sites de comércio eletrônico. Os sites da *web* exigem conexões com *back-end* e recursos como sistemas de inventário, bancos de dados de clientes e planejamento de materiais e recursos (MRP – *Manufacturing Resource Planning*).

A internet voltada externamente ou *extranet* precisa permitir que parceiros e contratados se conectem a sistemas, código-fonte e recursos de desenvolvimento de produtos. E aplicativos de software como serviço (SaaS) fornecem ferramentas de processos de negócios para os clientes.

Conhecimento é poder nos negócios: quanto mais você possuir, melhor se adaptará. A fraqueza na segurança deixa muitas empresas cegas para o fluxo diário de informações internas e externas de sua infraestrutura.

Se os concorrentes de uma empresa têm melhor controle de suas informações, eles possuem uma vantagem. A proteção das informações facilita novas oportunidades de negócios, e processos de negócios exigem menos recursos quando gerenciados com eficiência e segurança.

Quanto mais acesso seguro você fornecer, mais pessoas você alcançará, o que significa que poderá fazer mais com menos.

A automação dos processos de negócios abre novos níveis de eficácia operacional, e um programa de segurança responsável permite essa eficácia sem exposição a riscos indevidos.

Quando todos os níveis de gestão da empresa apoiam firmemente a segurança, a obtenção de ganhos é maior.

Redução de custos

As práticas de segurança modernas reduzem alguns dos custos, como os resultantes de perda de dados ou paralisação de equipamentos e sistemas. A perda de dados devido a manuseio incorreto, uso indevido ou erros pode ser cara. Um surto de vírus de computador desenfreado, uma interrupção do site ou um ataque de negação de serviço (DoS – *Denial of Service*) podem resultar em interrupções de serviço durante as quais os clientes não podem fazer compras e a empresa não consegue realizar transações de negócio. Ainda pior: a interrupção do serviço pode atrair uma cobertura negativa da imprensa.

As consequências podem ser significativas. Um incidente de segurança divulgado na mídia pode prejudicar gravemente a credibilidade de uma empresa e, portanto, sua capacidade de conquistar e de reter clientes. Um número crescente de ataques é categorizado como ameaças persistentes avançadas (APTs – *Advanced Persistent Threats*)[2].

Portabilidade

Portabilidade significa que software e dados podem ser usados em múltiplas plataformas ou podem ser transferidos/transmitidos para um cliente ou para um parceiro de negócios. O modelo de consumo das informações exigiu que as empresas fossem capazes de fornecer informações significativas e precisas a qualquer momento.

Para atender às demandas atuais, arquiteturas e redes precisam ser projetadas com controles de segurança integrados como parte do processo de desenvolvimento. Claramente, esse nível de amplo acesso a recursos de informação requer uma análise bem planejada e um programa de segurança devidamente implantado. Com o pensamento em segurança integrado desde o início, a portabilidade de dados como um benefício-chave pode ser alcançada.

A portabilidade também viabiliza negócios e cria valor. Por exemplo, a capacidade da Apple de hospedar música e permitir que bibliotecas pessoais fossem sincronizadas entre *tablet*, celular e MP3 *player* aumentou muito os seus resultados. A segurança

---

[2] Ataques projetados para implantar *malware* em uma rede. Eles permanecem indetectáveis até o acionamento para algum fim malicioso. Muitas vezes o objetivo é o roubo de dinheiro ou informações ou propriedade intelectual.

em dispositivos móveis oferece aos usuários a oportunidade de levar sua música para todos os lugares, protegendo os interesses do negócio e impedindo o *download* não autorizado de material protegido por direitos autorais.

Metodologia de segurança

A área de segurança se preocupa com a proteção de bens em geral. A segurança da informação protege a informação em todas as suas formas, seja escrita, falada, eletrônica, gráfica etc. A segurança da rede se preocupa com a proteção de dados, hardware e software em uma rede de computadores. Os vários ramos de segurança estão relacionados entre si, em maior ou menor grau.

As práticas usadas neste livro para abordar a segurança fornecem os melhores resultados independentemente do ramo ou especialização, ou seja, conceitos básicos como identificação e avaliação de ativos, definição de ameaças e análise de riscos, e processos e mecanismos para proteger ativos se aplicam igualmente bem.

Se o que se busca é a proteção de uma rede de computadores, concentrar-se apenas na segurança desses computadores leva a vulnerabilidades e/ou riscos que os invasores podem explorar para contornar seus mecanismos de proteção. É importante considerar a segurança da rede no contexto de suas dependências com outras áreas, bem como outras partes da empresa.

Três aspectos de segurança podem ser aplicados em qualquer situação – **defesa**, **detecção** e **dissuasão**. Estes são considerados os três Ds da segurança.

A **defesa** é um dos primeiros aspectos que vêm à mente quando se trata de segurança, e geralmente é o que as pessoas mais compreendem. O desejo de nos proteger é instintivo, e a defesa geralmente precede qualquer outro esforço de proteção. Medidas defensivas reduzem riscos e potencialmente reduzem custos com incidentes que poderiam ser evitados.

Exemplos podem incluir *firewalls*, controles de acesso à rede, *spam* e filtragem de *malware*, controle de navegação na *web* e processos de controle de alterações. Esses controles fornecem proteção contra vulnerabilidades de software, *bugs*, *scripts* de ataque e violações de política, danos acidentais de dados e similares. No entanto, a defesa é apenas parte de uma estratégia de segurança completa.

Outro aspecto da segurança é a **detecção**. Para reagir a um incidente de segurança, você primeiro deve saber o que está ocorrendo. Exemplos incluem câmeras de vigilância, sensores de movimento e sistemas de alarme. Controles de detecção numa rede incluem trilhas de auditoria e arquivos de *log*, detecção de intrusão de sistema e rede e sistemas de prevenção e informações de segurança e gerenciamento de alerta de eventos (SIEM – *Security Information and Event Management*), relatórios e painéis. Um centro de operações de segurança (SOC – *Security Operations Center*) pode ser usado para monitorar esses controles. Sem detecção adequada, uma violação de segurança pode passar despercebida por horas, dias ou até mesmo não ser passível de detecção com os recursos existentes.

A **dissuasão** é outro aspecto da segurança. É considerado um método eficaz para reduzir a frequência de comprometimentos de segurança. Muitas empresas implementam controles dissuasórios que afetam seus funcionários, como a aplicação de sanções disciplinares e rescisão de contrato por violações da política de segurança. Esses controles de dissuasão incluem monitoramento do comportamento de navegação na *web*, participação compulsória em programas de treinamento para familiarizar os funcionários com o uso adequado dos sistemas de computador da empresa e a incorporação de termos ou cláusulas nos contratos de trabalho, indicando que eles entendem e cumprirão as políticas de segurança. Com o uso de controles de dissuasão como esses, os riscos de segurança são reduzidos por inibir a ação de atacantes internos e ajustar a postura dos colaboradores, evitando ações ou atitudes negligentes ou imprudentes.

Cada um dos três Ds é igualmente importante e complementa os demais. Uma estratégia defensiva mantém os invasores afastados e reduz incidentes e o uso indevido de dados internos. Uma estratégia de detecção alerta os tomadores de decisão sobre violações de políticas e outros eventos de segurança. E uma estratégia de dissuasão desencoraja posturas inadequadas que possam afetar metas e processos de negócios, além de maximizar a alocação de recursos. Nenhum esforço de segurança pode ser totalmente eficaz sem essa abordagem integrada.

Segundo Mark Rhodes-Ousley (2013), uma rede que usa apenas defesa e detecção sem dissuasão é vulnerável a ataques internos, uso indevido de recursos e incidentes causados por funcionários que não estão motivados a seguir os procedimentos corretos. Uma rede que não emprega detecção enfrenta exposição a todas as falhas de controles defensivos e dissuasores, e a administração pode nunca tomar conhecimento dessas falhas, o que significa que os abusos podem continuar a acontecer. E, claro, não empregar controles defensivos expõe uma rede a qualquer ameaça conhecida de origem interna ou externa.

3. Principais elementos da segurança da informação

Salomão de Oliveira

Segurança da informação pode ser considerada uma disciplina multidisciplinar, visto que abarca diversas áreas do conhecimento, como:

- ✓ **Sociologia:** ciência que estuda a sociedade e os fenômenos que nela ocorrem, sejam eles culturais, econômicos, religiosos, morais ou legais. O valor de determinadas informações se amolda à evolução da sociedade, como é o caso recente dos dados pessoais, por exemplo.
- ✓ **Psicologia:** ciência que estuda os processos mentais, como sentimentos, pensamentos, razão, emoção, dentre outros, e o comportamento humano. Nossas ações são, em grande parte, derivadas desses processos mentais, e segurança da informação é fundamentalmente sobre PESSOAS – inclusive tidas como o elo mais fraco da segurança. A psicologia acaba por auxiliar os profissionais de segurança da informação no processo de engajamento, conscientização, educação e treinamento das pessoas acerca dos temas relacionados à segurança da informação. Sem o entendimento de como as pessoas se sentem em relação ao tema, e na sua aplicação real em sua vida, será difícil obter sucesso em segurança da informação, seja no âmbito corporativo ou pessoal.
- ✓ **Pedagogia/Andragogia:** se segurança da informação é fortemente influenciada pelos nossos processos mentais (psicologia), faz-se, portanto, necessário que tenhamos ferramentas para direcionar esses processos que influenciarão nossas ações, aplicando técnicas que reforçam a conscientização e a educação, que, como dito, acabarão por transformar, a partir do conhecimento, as ações das pessoas, provocando o que convencionamos chamar de 'segurança baseada em comportamento', visto que produz comportamentos seguros no trato de dados e informações.
- ✓ **Comunicação:** comunicar é, antes de uma transmissão de mensagens, uma arte – e a ciência de fazer com que o interlocutor receba uma informação e a interprete de forma que o objetivo seja alcançado. Visto que interpretamos tudo com base em nosso conhecimento e nossas experiências pretéritas, há

uma forte necessidade de colocarmos a mensagem em um contexto que possa ajudar o interlocutor, ainda que este não tenha todos os elementos necessários para um entendimento em profundidade, o que deverá ser alcançado com um programa de comunicação, conscientização, educação e treinamento. É, portanto, mais que um ato, um processo.

- ✓ **Tecnologia e sistema de informação:** tecnologia da informação não engloba apenas o que chamávamos de 'informática', termo já em desuso, mas que define bem o contexto da tecnologia aplicada a computadores. A tipografia é considerada uma das grandes descobertas tecnológicas, que revolucionou a forma como nos comunicamos, sendo, portanto, tecnologia da informação. Um arquivo físico, com pastas suspensas cheias de documentos em papel, ordenado conforme técnicas de arquivologia, é também um sistema de informação, que pode ser digitalizado com a informática. O conhecimento e a aplicação desses campos da ciência (tecnologia, sistemas, arquivologia) são fundamentais para os objetivos da segurança da informação.
- ✓ **Jurídico ou legal:** a segurança da informação é, cada dia mais, ferramenta de aplicação e cumprimento de diversas normas legais ou regulatórias. Temos como exemplo a LGPD (Lei Geral de Proteção de Dados Pessoais), o Código de Defesa do Consumidor, o Estatuto da Criança e do Adolescente, diversas leis fiscais e tributárias e tantas outras que, sem a aplicação da segurança da informação, ficariam impossibilitadas de ser cumpridas de forma plena.
- ✓ **Segurança tecnológica:** a segurança tecnológica é a área que cuida de processos, técnicas, *frameworks* e ferramentas específicas para proteção das informações em todo seu ciclo de vida, bem como da segurança dos sistemas, redes e ambientes lógicos onde os dados e informações são processados, mantidos e trafegados. Como exemplo podemos citar ferramentas de *firewall*, sistemas de prevenção de intrusos, antivírus, sistemas criptográficos, de gerenciamento de acessos etc.

Poderíamos discorrer ainda sobre as disciplinas de estratégia corporativa, propriedade intelectual, processos, marketing, vendas, processos industriais e outra dezena de áreas do conhecimento que devem ser utilizadas pela segurança da informação, a depender do contexto em que será aplicada.

Essa introdução se faz necessária para que entendamos a importância do que será abordado neste capítulo, dado que se tais conceitos não estiverem claros e sua aplicação bem entendida, tudo que derivar de um entendimento errado, incompleto ou raso poderá levar a um resultado diverso do que se pretende.

A segurança da informação é fundamentada nos seguintes pilares básicos: **confidencialidade, integridade** e **disponibilidade** (conhecidos pela sigla CID).

Temos ainda outros aspectos, que abordaremos mais adiante: **autenticação**; **autorização**; **auditoria**; **autenticidade**; **não repúdio** e **legalidade**.

Pilares CID

Confidencialidade

> **Garantia de que as informações sejam acessadas somente por entidades autorizadas, de acordo com as regras definidas.**

Uma informação pode ser classificada em níveis de confidencialidade, de acordo com as necessidades do contexto da sua aplicação, podendo ser, a título exemplificativo:

- ✓ **Confidencial** – Pode ser acessada por um número reduzido de pessoas, de um setor, nível hierárquico ou que atuem em um processo específico.
- ✓ **Restrita** – Pode ser acessada por um grupo restrito de pessoas, de uma comissão ou comitê ou de um projeto. Comumente são acessos discricionários e nominais.
- ✓ **Interna** – Deve ser limitada ao contexto interno de uma empresa ou instituição, visto que não é de interesse público e sua aplicação é de caráter privativo - interno.
- ✓ **Pública** – Pode ser divulgada ao público em geral, incluindo externo, ou publicada em revistas, sites públicos, mídias sociais etc.

A classificação das informações é fundamental para a aplicação efetiva da segurança da informação, visto que os riscos e controles serão avaliados e implementados a partir da visão da criticidade das informações e dos ativos em foco.

Disso decorre a importância da não classificação ou classificação errada, pois uma falha pode expor informações confidenciais ao público ou restringir informações que deveriam estar públicas.

Exemplos de medidas de segurança: gerenciamento de acessos, criptografia, segregação de funções, classificação da informação etc.

Integridade

Garantia de que as informações e os dados serão protegidos contra alterações não autorizadas. Serão mantidas a exatidão e a inteireza, tal como foram armazenados e disponibilizados tais dados e informações, só podendo ser alterados por entidades autorizadas e de acordo com as regras definidas.

Um dado ou informação deve permanecer íntegro, para que, quando acessado, represente o que se pretendeu na época de seu registro. Para que isso seja verdadeiro, não poderá sofrer interferência indevida que o modifique, quer seja por ações intencionais ou por erros. Os métodos de processamento, normalmente via tecnologia da informação, devem também ter a integridade preservada, pois uma alteração em um sistema pode comprometer as informações resultantes do seu processamento.

Esse conceito não tem a intenção de assegurar que os dados estejam corretos, pois se forem armazenados errados, assim permanecerão até que uma entidade autorizada os corrija, ainda que seja possível aplicar medidas na coleta e no registro de dados que auxiliem nesse sentido, como, por exemplo, o registro de endereços a partir de uma base de endereçamento postal (CEP).

Exemplos de medidas de segurança: gerenciamento de acessos, criptografia, *backup*, assinatura digital etc.

Disponibilidade

Garantia de que as informações estarão disponíveis onde e quando as entidades autorizadas necessitarem, com a performance e a segurança definidas e de acordo com as regras estabelecidas.

A informação indisponível tem o seu valor prejudicado frente aos processos de negócio, visto que dela não seriam retirados os ganhos pretendidos. Muitos ataques tentam comprometer esse pilar da segurança da informação por meio da negação de serviço com ataques do tipo DoS (*Denial of Service*) ou DDoS (*Distributed Denial of Service*), que interrompem o acesso a serviços e informações das empresas ou mesmo degradando a performance de sistemas e meios de comunicação.

Para que esse problema de indisponibilidade seja apresentado, não é necessário ataque sofisticado, bastando apenas que uma linha de comunicação seja interrompida ou que um servidor seja fisicamente comprometido, intencionalmente ou não. A falta de energia que alimenta um servidor de dados pode causar indisponibilidade, caso não haja suprimento redundante ou alternativo de energia, como *no-break* ou gerador.

Exemplos de medidas de segurança: gerenciamento de acessos, *backup*, plano de resposta a incidentes, plano de recuperação de desastres, contingência ou redundância de *links* de comunicação, sistemas de alta disponibilidade, geradores, *no-breaks* etc.

A manutenção desses pilares da segurança da informação (CID) só será atingida se houver integração entre **segurança física** e do ambiente, **segurança tecnológica** e **pessoas**.

Importante notarmos que as pessoas que operacionalizam os sistemas de informação são 'ativos' tão importantes quanto os próprios sistemas e infraestrutura que os suportam, uma vez que sem eles os sistemas de informação e a tecnologia da informação poderiam não estar disponíveis de acordo com a necessidade do negócio. Só a título de exemplo, se na empresa há dois especialistas fundamentais para a manutenção de um sistema ou processo, estes não deveriam viajar juntos no mesmo meio de transporte, assim como os principais engenheiros de um projeto ou os sucessores da diretoria ou conselho de administração. Gestão de riscos em todos os níveis é fundamental para uma segurança da informação efetiva.

Outros aspectos da segurança da informação

Autenticação

Processo de se certificar de que uma entidade é aquela que se apresenta, de forma que possam ser asseguradas a sua identidade e a sua responsabilização.

Isto é fundamental para alcançar o aspecto do não repúdio, que veremos a seguir.

Entidades são pessoas, sistemas, redes ou qualquer outra parte que necessite de identificação para acessar e tratar as informações. Esse aspecto é de suma importância para a manutenção da segurança da informação, pois, se não for possível autenticar a entidade, toda a cadeia de segurança estará comprometida, seja por permitir acesso a uma entidade ilegítima ou negar acesso à entidade legítima. Pode-se dizer que a negação de serviço é melhor que a autorização indevida, mas isso deve ser muito bem resolvido pela empresa, pois nem sempre isso pode ser verdadeiro, principalmente em casos nos quais vidas podem estar em risco. Nesse ponto, há que se ponderar sobre as taxas e regras de falso-positivo e falso-negativo em processos de autenticação.

Autorização

Processo de concessão de direitos a uma entidade autenticada, para que esta possa acessar informações permitidas a ela (ler, gravar, modificar, apagar, executar, visualizar, copiar, imprimir etc.).

Esse aspecto é totalmente dependente da autenticação: se uma entidade for autenticada de forma errada, esta receberá todas as permissões atribuídas a outra entidade, colocando em risco todo o processo de concessão de acessos e, por consequência, as informações.

No processo de autorização, deve-se, sempre que possível, utilizar o princípio de mínimo privilégio (*least privilege*), que diz que uma entidade deve ter o mínimo privilégio de acesso às informações quanto for necessário para o cumprimento de suas funções.

Outro princípio é a 'necessidade de saber' (*need to know*). Questiona-se se realmente é necessário que a entidade tenha acesso a determinadas informações ou sistemas para cumprir suas funções. Caso negativo, o acesso deve ser negado.

Auditoria

Processo de registro das ações realizadas pelas entidades durante a interação com informações e sistemas.

Para que a segurança da informação seja efetiva, é necessário poder determinar com precisão quem, quando e o que foi feito nos sistemas de informações e repositórios de dados. Sem isso não será possível atribuir responsabilidade por violações de normas e quebras de segurança, além de impossibilitar a análise de muitos incidentes. Esse registro de trilhas de auditoria deve se dar em todos os ambientes da empresa, tanto físicos quanto lógicos.

Em sistemas de informação isso é feito por meio de coleta de *logs*, arquivos que registram todos os eventos configurados para serem registrados e com a riqueza de detalhes que for necessário à empresa. Em segurança física, um simples relatório manual de acesso a determinadas dependências da empresa também pode ser considerado trilha de auditoria, assim como câmeras de vigilância e outros dispositivos de monitoração e controle de circulação de pessoas.

Esses três primeiros aspectos compõem a sigla AAA (*Authentication, Authorization and Accounting)*, tendo sido traduzida a palavra *Accounting* para "Auditoria", de forma que representasse o objetivo de responsabilização. Esta sigla é utilizada pela área de gerenciamento de identidades e acessos (GIA).

Autenticidade

Processo que busca a certeza de que uma informação provém das entidades anunciadas e que não foi alvo de modificações indevidas ao longo de um processo. Pode-se, portanto, assegurar a autenticidade tanto da entidade (pessoa ou sistema) quanto dos dados em si.

Esse aspecto está intimamente ligado ao não repúdio, descrito a seguir. Os certificados digitais, que inclusive têm valor jurídico (pesquise por "ICP-Brasil"), vêm sendo utilizados em processos de autenticação, principalmente em assinatura de documentos, cifração em trocas de mensagens e autenticação de entidades, assim como a biometria em controle de acesso e autenticação de usuários.

Não repúdio

Aplicação do princípio da irretratabilidade, por assegurar de forma inequívoca a origem de documentos ou transações, vinculando-os diretamente à entidade que os produziu.

Mais uma vez o certificado digital (assinatura digital) e a assinatura biométrica, juntamente com as certificadoras de tempo, estão se apresentando como tecnologias adequadas a essa tarefa, já com garantia jurídica nos processos.

Legalidade

Informações que estão em conformidade legal, assegurando validade e segurança jurídica.

Este aspecto rege que as informações devem ser coletadas e tratadas em todo o seu ciclo de vida de acordo com as normas legais e regulatórias.

Um exemplo são as assinaturas digitais de documentos, que só terão efeito legal se forem feitas com a utilização de certificados digitais fornecidos por Autoridades Certificadoras (ACs) integrantes do ICP-Brasil ou entidades reconhecidas previamente por todos os participantes do processo de validação do documento. Isso vale também para transações comerciais e financeiras.

Outro exemplo é o tratamento de dados pessoais, que deve se dar em conformidade com a LGPD e outras leis e regulamentações que versam sobre a privacidade e proteção de dados pessoais.

Como dito no início deste capítulo, o conhecimento desses elementos (pilares) e aspectos é de fundamental relevância para os processos de segurança da informação, pois as medidas de segurança, bem como as tecnologias aplicadas, deverão ser adequadas ao objetivo de controle que se deseja alcançar. Por exemplo, técnicas de criptografia podem ser aplicadas como medida para assegurar a confidencialidade ou a integridade, mas a aplicação é diferente para uma ou outra. A ferramenta criptográfica que protege a confidencialidade pode não ser útil para a proteção da integridade. As assinaturas de chave pública são exemplos dessa aplicação, visto que:

- ✓ se uma mensagem for criptografada com a chave pública de uma entidade, apenas a entidade dona da chave privada correspondente terá acesso à informação. Isso protege a confidencialidade;
- ✓ se uma mensagem for criptografada com a chave privada de uma entidade, qualquer pessoa com acesso à chave pública poderá ter acesso à mensagem, tendo a certeza de seu emitente. Isso protege a integridade, mas não a confidencialidade.

Essa é apenas uma mostra de que o conhecimento dos elementos e da aplicação dos conceitos de segurança da informação é muito crítico, visto que um erro simples pode comprometer a segurança pretendida e necessária.

PARTE II.
SEGURANÇA ESTRATÉGICA

4. Governança em segurança da informação

José Fontenelle

O número cada vez maior de empresas que sofrem um ataque cibernético e/ou um vazamento de dados de maiores proporções; os prejuízos financeiros e impactos negativos causados à imagem e reputação das empresas; a perda de clientes e desvalorização das ações nas Bolsas de Valor; os investimentos e recursos insuficientes destinados à Segurança da Informação e Cibernética (SIC); o desconhecimento da magnitude e complexidade das questões relacionadas com a SIC corporativa por parte da maioria dos executivos da alta direção e dos conselhos de administração; e a necessidade de estar em conformidade com uma quantidade cada vez maior de leis e regulações setoriais sobre SIC são apenas alguns motivos que comprovam a importância, urgência e necessidade da adoção de melhores práticas de Governança Corporativa de Segurança da Informação e Cibernética (GC-SIC) nas organizações brasileiras.

A GC-SIC é um subconjunto da governança corporativa e um componente crítico para que as organizações consigam adotar uma governança corporativa sólida, consistente e confiável. A GC-SIC é a implementação da governança corporativa no domínio específico de SIC dentro da organização, uma vez que a SIC se tornou absolutamente intrínseca, existente e necessária, permeando todas as áreas e processos organizacionais em todo o ecossistema onde a empresa realiza suas operações e seus negócios.

De forma mais ampla, outros motivos podem ser considerados:

- ✓ Endereçar a crescente dependência e necessidade de SIC para o sucesso corporativo, para os projetos de inovação e transformação digital, para a contratação de serviços e fornecedores e para a cada vez maior diversidade e complexidade das soluções tecnológicas.
- ✓ Minimizar o risco de prejuízos financeiros comprometendo a entrega de valor para os acionistas; de impactos negativos à imagem e reputação das empresas,

interrupção da cadeia produtiva e, em se tratando de infraestruturas críticas, até mesmo o risco de perda de vidas humanas.

- ✓ Assegurar os níveis de SIC necessários e adequados a uma nova geração de colaboradores cada vez mais conectada, com o poder (e os riscos) da computação individual cada vez maior através da mobilidade e de aplicações para dispositivos pessoais (*smartphones*, *tablets*, *Internet of Things*), computação em nuvem etc., e com a nova realidade do trabalho remoto (de qualquer lugar, com qualquer dispositivo, a qualquer hora, em qualquer dia), consequência de dois anos de pandemia de COVID-19, cada vez mais se solidificando no mercado de trabalho.
- ✓ Assegurar os níveis de SIC necessários e adequados para o crescente número de soluções, serviços e aplicativos de Tecnologia da Informação e Comunicação (TIC) implementados e controlados pelos próprios usuários.
- ✓ Assegurar os níveis de SIC necessários e adequados para a crescente e inevitável convergência de TIC, TO e TA, respectivamente, Tecnologia da Informação e Comunicação, Tecnologia de Operações e Tecnologia de Automação, principalmente quando se trata de organizações que atuam em infraestrutura crítica.
- ✓ Minimizar os riscos de SIC inerentes à inevitável existência da *shadow IT* nas empresas. A TI "não oficial" existente nas organizações, com autonomia e orçamentos próprios, toma iniciativas de contratação, aquisição e implementação de soluções, serviços e sistemas sem o envolvimento, o controle e o gerenciamento da área oficial de TI da empresa, o que se torna ainda mais crítico com as facilidades decorrentes da adoção de computação em nuvem e suas abrangentes ofertas de serviços, seja em modelo SaaS (*Software as a Service*), PaaS (*Platform as a Service*) ou IaaS (*Infrastructure as a Service*). Importante considerar que o "cibercrime" organizado também adota o modelo de contratação de ataques como serviço – por exemplo, RaaS (*Ransomware as a Service*), roubo de senhas, acesso remoto etc.
- ✓ Por último, mas não menos importante: assegurar que os resultados financeiros que precisam ser publicados pelas organizações sejam fidedignos e confiáveis, muitos dos quais são gerados a partir de sistemas de informação não integrados, sem controles e validações efetivas de SIC, não auditados, baseados em tecnologias obsoletas e com vulnerabilidades conhecidas. Isso demonstra que a governança corporativa de segurança da informação e cibernética é absolutamente importante, urgente e necessária para as empresas.

Segundo o site IT Governance (s.d.), a Governança Corporativa de TI possui a seguinte definição:

> *IT governance is an element of corporate governance, aimed at improving the overall management of IT and deriving improved value from investment in information and technology. IT governance frameworks enable organizations to manage their IT risks effectively and ensure that the activities associated with information and technology are aligned with their overall business objectives.*

Definição que também podemos adotar para a área de Segurança da Informação e Cibernética (SIC). Ou seja, podemos resumir a GC-SIC como:

- ✓ de responsabilidade da alta direção e dos gestores executivos;
- ✓ parte integrante da governança corporativa;
- ✓ composta por lideranças, estruturas e processos organizacionais;
- ✓ que garantirão que a SIC sustente e maximize os objetivos e as estratégias da organização.

E composta pelos seguintes domínios aplicados à SIC corporativa:

- ✓ Alinhamento estratégico.
- ✓ Entrega de valor para os acionistas.
- ✓ Gerenciamento de recursos.
- ✓ Gerenciamento de riscos.
- ✓ Medição de desempenho.
- ✓ Transparência para os *stakeholders*.

Em resumo, a GC-SIC:

- ✓ assegura que o negócio mantenha o foco nas atividades centrais, nos objetivos estratégicos, na otimização dos riscos e recursos de SIC, na geração de valor para os acionistas e na conformidade regulatória;
- ✓ define, comunica e esclarece quem tem autoridade para tomar as decisões relacionadas à SIC corporativa;
- ✓ define papéis, responsabilidades e prestação de contas relacionados à SIC pelo atingimento dos resultados esperados pela organização;
- ✓ define como o desempenho esperado de SIC será medido e avaliado;
- ✓ define o que precisa ser feito pela organização com relação à SIC – por exemplo: a estratégia, os objetivos, os princípios, a missão, a visão e os valores de SIC, a estrutura organizacional de SIC, quem reporta ao executivo gestor responsável pela SIC corporativa (CISO – *Chief Information Security Officer*), a metodologia para o gerenciamento dos riscos de SIC, o apetite (níveis aceitáveis) por riscos

de SIC, os investimentos e recursos que a organização irá disponibilizar para a SIC corporativa e as políticas de SIC que deverá seguir.

Podemos considerar alguns fatores críticos para o sucesso da implementação, manutenção e melhoria contínua da GC-SIC em uma empresa:

- ✓ Comprometimento e suporte da alta direção.
- ✓ A GC-SIC deve estar posicionada como parte integrante da governança corporativa da organização.
- ✓ Os papéis e as responsabilidades relacionados à SIC corporativa devem estar claramente definidos.
- ✓ Deve haver um plano de implementação, manutenção e melhoria contínua da GC-SIC.
- ✓ Devem ser adotados *frameworks*, melhores práticas e padrões reconhecidos de GC-SIC. Alguns exemplos: ISO 27000, COBIT®, NIST CSF, NIST SP-800, CIS CSC (*Center for Internet Security, Critical Security Controls*), NERC-CIP, CSA-CCM (*Cloud Security Alliance – Cloud Controls Matrix*), HIPAA (*Health Insurance Portability and Accountability Act*), PCI-DSS (*Payment Card Industry – Data Security Standard*).
- ✓ Estrutura interna dimensionada e capacitada para atender às necessidades de SIC da organização, podendo ser complementada com a contratação de fornecedores especializados em SIC.
- ✓ Deve haver uma robusta gestão de mudança organizacional, envolvendo mudança cultural, de comportamento, de zonas de poder, autonomia e autoridade, de "report lines", de gestão de projetos etc.

Outros fatores críticos poderão existir de acordo com as características e os níveis de maturidade de cada empresa, em sua jornada de adoção da GC-SIC.

Concluindo, podemos resumir a GC-SIC como sendo o conjunto de iniciativas e ações, envolvendo pessoas, processos, tecnologias, estruturas organizacionais, papéis, responsabilidades, otimização dos riscos e da utilização dos recursos, medição de desempenho e conformidade com o objetivo de fazer com que os colaboradores da empresa façam a coisa certa, da forma certa e no momento certo, encorajando o comportamento adequado que irá contribuir para atingir os objetivos da organização.

Alinhamento estratégico

O alinhamento dos investimentos em Segurança da Informação e Cibernética (SIC) com a estratégia e os objetivos do negócio é um dos maiores desafios para as organizações, sendo, na maioria das vezes, consequência da falta de clareza, conhecimento e/ou envolvimento da alta direção com as questões relacionadas à SIC corporativa.

Vale lembrar a frase de um dos maiores especialistas em criptografia do mundo, Bruce Schneier (2000):

> *If you think technology can solve your security problems, then you don't understand the problems and you don't understand the technology.*

É improvável que qualquer empresa consiga alcançar e sustentar no longo prazo o sucesso e a entrega consistente de valor para os seus acionistas (*stakeholders*) sem o alinhamento estratégico da SIC. Esse alinhamento com a estratégia da empresa requer envolvimento completo e ativo em todos os níveis e atividades da organização. É um esforço contínuo, requer competências e expertise de classe mundial, sejam internas ou terceirizadas, em diversas áreas, como, por exemplo, arquitetura empresarial de SIC, gerenciamento de portfólio, de programas e de projetos de SIC, e desenvolvimento de estratégia de SIC. Também é necessário ter um apropriado gerenciamento dos riscos, assim como uma forte e visível governança. O alinhamento estratégico da SIC requer liderança e engajamento proativo do CEO e da alta direção.

O Programa Corporativo de Segurança da Informação e Cibernética (PC-SIC) é um componente fundamental de uma GC-SIC robusta e deve considerar:

- ✓ o alinhamento da estratégia de SIC com a governança corporativa, com os objetivos estratégicos e com o apetite por riscos da organização;
- ✓ os requerimentos e objetivos estratégicos, táticos e operacionais de SIC da organização;
- ✓ a estrutura organizacional, papéis e responsabilidades da área de SIC e a arquitetura necessária para suportar a implementação do PC-SIC;
- ✓ a metodologia de gerenciamento dos riscos de SIC a ser adotada;
- ✓ os direcionadores de gestão para a área de SIC (leis, regulações, políticas, processos, procedimentos, padrões, orçamento etc.);
- ✓ fatores internos e externos que influenciam ou comprometem, direta ou indiretamente, o nível de SIC da organização;

- ✓ indicadores e métricas para avaliação do andamento da implementação do PC-SIC, como, por exemplo, KGIs (*Key Goal Indicators*), KPIs (*Key Performance Indicators*), KRIs (*Key Risk Indicators*) e ROSI (*Return on Security Investments*).
- ✓ padrões para realização de auditorias contínuas na área de SIC para assegurar que os resultados esperados estejam sendo obtidos com eficiência, eficácia, efetividade em custos e dentro dos níveis estabelecidos.

O PC-SIC irá variar de acordo com diversos fatores, como, por exemplo, a realidade, o nível de maturidade e as necessidades de cada organização, mas é recomendado que as seguintes áreas devam ser consideradas em um PC-SIC:

- ✓ políticas, processos, procedimentos, padrões e *baselines*.
- ✓ Segurança física.
- ✓ Segurança dos ativos de informação.
- ✓ Segurança de redes e comunicações.
- ✓ Segurança no desenvolvimento de sistemas, softwares, aplicativos, produtos e serviços, *by design & by default*.
- ✓ Gerenciamento de identidade e de acesso.
- ✓ Gerenciamento de riscos de SIC.
- ✓ Gerenciamento dos processos críticos de SIC (configurações, mudanças, vulnerabilidades, *patches* (pacote de software para correções de brechas de segurança), atualizações, monitoramento contínuo, incidentes, orçamento).
- ✓ Avaliações e testes de SIC.
- ✓ Plano de resposta a incidentes de SIC.
- ✓ Planos de Continuidade de Negócio e Recuperação de Desastres (PCN/PRD).
- ✓ Centro de Operações de Segurança (SOC – *Security Operations Center*).
- ✓ Privacidade e proteção de dados pessoais.
- ✓ Gestão e riscos de fornecedores/terceiros.
- ✓ Treinamento e campanhas de conscientização em SIC.
- ✓ Capacitação da equipe de SIC em segurança defensiva (*Blue Team*) e ofensiva (*Red Team*).
- ✓ Auditorias e conformidade regulatória.

Entrega de valor dos investimentos

Os investimentos (Capex – *Capital Expenditures*) e custos operacionais (Opex – *Operational Expenditures*), que juntos formam o TCO (*Total Cost of Ownerhsip*) necessário para a adequada implantação, operação, manutenção e melhoria contínua da segurança da informação e cibernética (SIC) corporativa, são significativos dentro do orçamento de qualquer organização. Por isso, devem ser sempre bem estimados, planejados, orçados, aprovados, executados, controlados e reportados seguindo critérios claros e previamente definidos, e dentro de padrões adequados de *due dilligence, due care* e retorno de investimentos (ROSI – *Return on Security Investments*), sempre com o objetivo de tratar (mitigar, transferir ou eliminar) os riscos de SIC existentes, de acordo com as estratégias, os objetivos e o apetite por riscos da organização.

Assegurar e demonstrar o retorno dos investimentos em SIC é um componente essencial da GC-SIC e requer a seleção adequada, alinhada estrategicamente, dos investimentos em SIC, assim como o acurado gerenciamento desses investimentos durante todo o ciclo de vida deles, desde a concepção até o término dos investimentos e projetos em SIC.

Assim como em qualquer outra área da governança corporativa, sem liderança, comprometimento e suporte da alta direção, é pouco provável conseguir o sucesso no gerenciamento dos investimentos em SIC. Para um gerenciamento dos investimentos em SIC de maior maturidade, são úteis técnicas como: elaboração de planos de negócio (*business cases*) consistentes e formalizados, uso de etapas de aprovação dos investimentos, atenção ao gerenciamento de portfólio, de programas e de projetos, aplicação de indicadores como Taxa Interna de Retorno (TIR), Valor Presente Líquido (VPL), período de *payback*, TCO (*Total Cost of Ownerhsip*) de SIC por colaborador/FTE (*Full Time Equivalent*), custo médio de recuperação de um ataque de *ransomware*, potencial impacto financeiro de um vazamento de dados, quantidade de testes de invasão bem-sucedidos, quantidade de testes de *phishing* bem-sucedidos etc.

Gerenciamento de riscos

O gerenciamento de riscos é um componente fundamental da Governança Corporativa de Segurança da Informação e Cibernética (GC-SIC), assegurando que os objetivos estratégicos do negócio não sejam comprometidos ou expostos de forma excessiva aos riscos inerentes da SIC corporativa.

Sob a ótica da SIC, risco é: a probabilidade *versus* o impacto (ou severidade) de uma ameaça explorar uma vulnerabilidade e comprometer negativamente um ativo (tangível ou intangível) de valor para a organização e seus acionistas.

Uma vulnerabilidade de SIC pode ser uma fragilidade, uma ausência ou um erro de especificação, implementação, configuração, operação, manutenção, controles internos ou processos de negócio, de TIC, TO ou TA.

Os riscos associados com as questões de SIC devem estar cada vez mais presentes nas agendas da alta direção e dos conselhos de administração, uma vez que os impactos de um incidente, ataque cibernético ou de um vazamento de dados corporativos são cada vez maiores e mais danosos para qualquer empresa, seja a nível financeiro, operacional, de imagem, reputação, regulatório ou de confiança dos clientes. Estudos da Aliança Nacional de Segurança Cibernética dos EUA identificaram que 60% das empresas de pequeno e médio porte nos Estados Unidos não sobreviviam por mais de seis meses depois de sofrerem um ataque cibernético (AGUILAR, 2015).

Por outro lado, também é importante que as empresas reconheçam que o devido gerenciamento dos riscos de SIC pode se transformar em um diferencial e em uma vantagem competitiva, assim como em novas oportunidades de realização de negócios, aumento do *market share* e de sua base de clientes, e maior conformidade regulatória, minimizando os riscos de penalidades e multas financeiras devido a inconformidades.

As empresas recentemente têm demonstrado maior interesse na adoção de melhores práticas e padrões para a SIC. À medida que essas práticas são adotadas, é razoável esperar que haja um maior número de avaliações de risco sendo praticadas. Muitas empresas de consultoria ou auditoria em SIC estão usando avaliações das melhores práticas existentes para encorajar um maior interesse da alta direção e dos executivos pelos riscos inerentes à SIC corporativa.

Em última instância, é o negócio que deve ser o "dono" dos riscos inerentes à SIC corporativa, incluindo os riscos relacionados com o uso da TIC pelo negócio. O negócio deve prover os recursos e investimentos para suportar o plano de gerenciamento de riscos desenhado a fim de proteger os interesses do negócio e monitorar se os riscos estão sendo gerenciados. A alta direção deve rever, de forma regular, a abordagem de gerenciamento de riscos para aqueles mais importantes relacionados com a SIC corporativa pelo menos uma vez por ano, e ser sempre informada de qualquer risco significativo de SIC não mitigado.

A alta direção deve prover o direcionamento desejado a ser seguido pela organização e seus gestores quanto ao gerenciamento dos riscos de SIC, definindo e comunicando de forma clara papéis, responsabilidades, autoridades, autonomias, estruturas organizacionais, prestação de contas e medição dos resultados.

Frameworks, melhores práticas e padrões internacionalmente reconhecidos de mercado podem ser usados para auxiliar as organizações a implementarem e manterem um adequado gerenciamento dos riscos de SIC, como, por exemplo, NIST CSF, NIST SP-800, ISO 27K e 31K, CIS CSC (*Center for Internet Security Critical Security Controls*), CSA CCM (*Cloud Security Alliance – Cloud Controls Matrix*), FAIR (*Factor Analysis of Information Risk*), OCTAVE (*Operationally Critical Threat, Asset and Vulnerability Evaluation*) etc.

Concluindo, podemos resumir a gestão de riscos em SIC como sendo um processo contínuo e composto das seguintes etapas:

- ✓ Identificação, documentação e análise dos riscos.
- ✓ Avaliação (qualitativa ou quantitativa) e priorização dos riscos.
- ✓ Tratamento dos riscos (mitigação, transferência, eliminação ou aceitação).
- ✓ Monitoramento, controle e *report* dos riscos.

Segundo a publicação do NIST SP 800-30 – *Guide for Conducting Risk Assessment* (NIST, 2020), a gestão de riscos pode ser orientada a ativos, ameaças ou vulnerabilidades.

Balanced Scorecard

O *Balanced Scorecard* (BSC), que significa "Indicadores Balanceados de Desempenho", foi criado pelos professores da *Harvard Business School* (HBS) Robert Kaplan e David Norton (1992) e é uma excelente ferramenta de governança que tem como objetivo a medição do desempenho de forma integrada considerando quatro dimensões: **financeira**, **clientes**, **processos de negócios** e **aprendizado e crescimento**. Ele pode e deve ser aplicado também à segurança da informação e cibernética nas empresas.

O *Balanced Scorecard* de Segurança da Informação e Cibernética (BSC-SIC) deverá ser desenvolvido e implementado de acordo com a realidade, as características e o nível de maturidade em GC-SIC de cada empresa, tendo como base o BSC "padrão" de Kaplan e Norton. Ele deverá ser adaptado e customizado tendo como foco a SIC da organização. O BSC-SIC pode considerar, por exemplo, as dimensões: financeira, de operações (de TIC, TO, TA), clientes (internos e/ou externos) e aprendizado e crescimento (das equipes de SIC, de TIC e de todas as áreas de negócio).

O BSC-SIC deve considerar os componentes a seguir para sua elaboração e implementação, tendo como fator crítico de sucesso o suporte e o comprometimento da alta direção da empresa, assim como quaisquer outras iniciativas de GC-SIC.

- ✓ Mapa e os objetivos estratégicos da organização.
- ✓ Apetite por risco da organização.
- ✓ Indicadores, metas de desempenho e planos de ação em suas quatro dimensões.
- ✓ Todo o ecossistema onde a organização realiza seus negócios e suas operações (ambientes interno e externo).
- ✓ Toda a cadeia de suprimentos (fornecedores, prestadores de serviço, parceiros de negócio).
- ✓ Órgãos reguladores, leis e regulações relacionadas à SIC da organização.
- ✓ Pessoas, processos e tecnologias de negócio, de TIC, de TO e de TA.

A definição dos indicadores do BSC-SIC também deverá ser feita de acordo com a realidade, as características e o nível de maturidade em GC-SIC de cada empresa, mas podemos considerar como exemplos genéricos:

Dimensão financeira

- ✓ TCO-SIC
- ✓ TCO-SIC por colaborador (FTE – *Full Time Equivalent*)
- ✓ TCO de resolução de um incidente ou ataque cibernético
- ✓ TCO de resolução de um vazamento do dados
- ✓ Orçamento de SIC
- ✓ Implementação do orçamento (projetos) de SIC
- ✓ Impactos financeiros, operacionais, de imagem e reputação nos clientes externos da ocorrência de incidentes, ataques cibernéticos ou vazamentos de dados

É importante reforçar que o TCO (*Total Cost of Ownerhsip*) de resolução deve considerar os custos primários (mais imediatos no curto prazo) assim como os secundários, que podem incorrer por meses, às vezes anos, mesmo após a materialização e resolução "tempestiva" do fato.

Dimensão de operações (de TIC, de TO, de TA)

- ✓ Quantidade de varreduras (*scans*) de vulnerabilidades realizadas
- ✓ Tempo médio de tratamento das vulnerabilidades existentes

- ✓ Tempo médio de implementação de atualizações de software e aplicação de *patches* de segurança (pacote de software para correções de brechas de segurança)
- ✓ Quantidade de testes de invasão (*penetration tests*) realizados
- ✓ Quantidade de vulnerabilidades de SIC identificadas nos testes de invasão
- ✓ Quantidade de vulnerabilidades de SIC identificadas nos testes de invasão tratadas em um determinado período de tempo
- ✓ Quantidade média de vulnerabilidades existentes por período (mês, trimestre, semestre, ano)
- ✓ Número de senhas fracas identificadas
- ✓ Quantidade de incidentes de SIC reportados
- ✓ Quantidade de incidentes de SIC tratados
- ✓ Quantidade de incidentes de SIC tratados em um determinado período
- ✓ Tempo médio de tratamento dos incidentes de SIC por período
- ✓ Quantidade de sistemas de informação/aplicativos com vulnerabilidades de SIC
- ✓ Tempo médio de tratamento das vulnerabilidades de SIC em sistemas de informação/aplicativos por período
- ✓ Quantidade de credenciais válidas (*login* + senha) após a saída do colaborador da empresa
- ✓ Quantidade de acessos a sistemas de informação, aplicativos, ativos críticos, com mais de um controle de autenticação (MFA – *Multi Factor Authentication*)
- ✓ Quantidade de *gaps* de auditorias internas e/ou externas relacionadas à SIC
- ✓ Número de exceções de SIC tratadas, negadas e permitidas

Dimensão clientes (internos e/ou externos)

- ✓ Realização de campanhas de treinamento, comunicação e conscientização em SIC
- ✓ Quantidade de incidentes de SIC reportados por colaboradores que não são de SIC ou TIC (usuários comuns das áreas de negócio)
- ✓ Quantidade de e-mails suspeitos enviados pelos colaboradores para verificação da equipe de tratamento de incidentes de SIC

Dimensão aprendizado e crescimento (das equipes de SIC, de TIC e de todas as áreas de negócio)

- ✓ Elevação do nível de maturidade organizacional em SIC (pessoas, processos e tecnologias) com base em *frameworks*, melhores práticas e padrões de

SIC internacionalmente reconhecidos, como ISO 27000, COBIT®, NIST CSF, NIST SP-800, CIS CSC (*Center for Internet Security Critical Security Controls*), NERC-CIP, CSA-CCM (*Cloud Security Alliance – Cloud Controls Matrix*), HIPAA (*Health Insurance Portability and Accountability Act*), PCI-DSS (*Payment Card Industry – Data Security Standard*)

- ✓ Realização de treinamentos especializados de SIC para as equipes de SIC e/ou TIC, TO e TA
- ✓ Quantidade de colaboradores que foram vítimas de ataques reais de *phishing*
- ✓ Quantidade de colaboradores que foram vítimas de ataques de *phishing* realizados como teste

Concluindo, o BSC-SIC é um componente fundamental de uma estrutura robusta de GC-SIC que permite demonstrar de forma holística e integrada, em suas quatro dimensões e com base nos indicadores de SIC adotados pela organização, o desempenho da área de SIC.

5. Construção de um PDSI (Plano Diretor de Segurança da Informação)

Ramiro Rodrigues

Este capítulo tem o objetivo de descrever um caso hipotético referenciado por diversas experiências profissionais. Assim, para rechaçar qualquer possibilidade de referência, não serão utilizados dados como nomes, localizações ou época, permitindo o enfoque único e exclusivo na descrição e no entendimento da metodologia de trabalho em questão.

Isso posto, o caso hipotético a seguir narra um trabalho consultivo realizado para uma empresa de grande porte, de atuação global, do segmento industrial que buscava adequar a Segurança da Informação (SI) aos seus objetivos estratégicos corporativos nos três anos seguintes através do desenvolvimento de um Plano Diretor de Segurança da Informação (PDSI). A empresa buscou então esse apoio consultivo para ser objetiva em suas ações e investimentos, sabendo que, para tal, seria necessário identificar seu real atual estágio de maturidade em SI e elaborar o plano de investimentos para o próximo triênio.

Feitas essas considerações, o trabalho será detalhado com as respectivas descrições do que foi feito, entradas desejadas e saídas de informações prováveis, conhecimentos necessários dos atores envolvidos e durações prováveis.

Etapa 1 – Entendimento do cenário e apuração da maturidade da organização

Em todo trabalho de análise consultiva é recomendado iniciar com o entendimento do cenário – acertos, carências e necessidades. Assim, é premissa de um bom planejamento de projetos apurar as expectativas dos envolvidos, escopo, riscos etc. Essa fase é de extrema relevância para as chances de sucesso do trabalho.

Diante das características de atuação global do cliente hipotético do caso, primeiro foi submetida uma pesquisa assistida através de entrevistas de forma a permitir que os entrevistados pontuassem em uma escala de maturidade predefinida (como, por exemplo, de 1 = mais baixa a 5 = mais alta) suas competências em SI. A consolidação desses resultados permite uma visão matricial que possibilita avaliações tanto de maturidade geral de uma localidade/região quanto de cada competência específica avaliada globalmente.

Assim, é possível dizer que as entradas para esta etapa são:

✓ a identificação das células (localidades, equipes e perfis) para participar da pesquisa de avaliação;
✓ uma estrutura metodológica que descreva os itens a serem avaliados acrescida de uma escala de maturidade devidamente legendada para suportar os envolvidos em uma correta interpretação e qualificação.

A saída desta etapa é uma visão multidimensional que permita avaliar o grau de maturidade e respectivas fragilidades associadas às dimensões consideradas.

Para a duração desta etapa, deve-se levar em conta os distintos cenários (tamanho da organização, distribuição geográfica, parques de TI ou de operações), a disponibilidade e o engajamento dos atores envolvidos. Para fins de plano de cronograma, podemos considerar como referência a duração de um mês corrido.

Etapa 2 – Apuração das fragilidades

Diante das dimensões avaliadas e do documento de análise produzido na primeira etapa, a fase seguinte deve focar em revisar e consolidar todas as fragilidades de SI já identificadas. Isso significa um refinamento de cada fragilidade que tenha sido apurada nas entrevistas, tácita ou explicitamente, eliminando redundâncias e montando uma visão estruturada que mantenha a correlação dessas fragilidades com suas origens. Para tal, é considerada boa prática trazer o cliente para colaborar com esse refinamento, visto seu conhecimento do ambiente da organização e o engajamento a ser obtido com seu envolvimento.

Assim, a entrada desta etapa é o documento de saída obtido na etapa de avaliação de maturidade (etapa 1). Como saída, considere um documento que liste as fragilidades selecionadas correlacionadas às suas origens.

Quanto à duração, por envolver um número mais restrito de atores (consultor e ponto focal do cliente), pode-se estimar de 2 a 4 dias úteis.

Alguns *frameworks* de mercado podem ser utilizados nesta etapa como referência para o agrupamento e refino das fragilidades identificadas. Sugiro avaliar o NIST 800-30 (NIST, 2012) e Mitre (MITRE ATT&CK®, s.d.) .

Etapa 3 – Apuração de ameaças e riscos

Neste caso hipotético, considere que foram identificados 25 cenários de riscos (ameaças), agrupados em cinco categorias distintas. Em conjunto com o cliente, devem ser correlacionadas as fragilidades identificadas pertinentes a cada cenário identificado de riscos.

Em seguida, e ainda com a participação do cliente, os riscos devem ser graduados por probabilidade e impacto considerando as escalas e dimensões do impacto. Caso haja, pode ser utilizado o modelo de classificação de riscos adotado pela corporação.

Para definir o grau de impacto geral, recomenda-se acatar a premissa de "nivelamento por cima". Por exemplo: se, dentre as categorias de impacto, a maior graduação de um único risco for qualificada como "crítico", o impacto de toda aquela categoria será igualmente considerado "crítico".

Assim, as entradas desta etapa são a lista de fragilidades apuradas (etapa 2) somada à referência de *framework* de mercado escolhida pela equipe de trabalho e ao modelo de classificação de riscos que a corporação envolvida adote (ou que tenha sido sugerida pelo consultor). Como saída, tem-se a lista de ameaças e riscos qualificados diante do modelo de classificação de riscos da empresa.

A duração desta etapa pode ser estimada, em condições normais, em torno de 3 a 5 dias de trabalho.

Etapa 4 – Definição dos projetos

Esta etapa é a que mais exige expertise consultiva de quem desenvolve o trabalho, pois necessita de um conhecimento atual e aderente à realidade do ambiente de segurança da informação contemporâneo onde o cliente está inserido. Esse conhecimento trará entendimento sobre os possíveis melhores projetos e investimentos para atender aos objetivos estratégicos, humanos e tecnológicos da empresa e elevar seu ambiente ao nível de segurança desejado.

Dessa forma, as entradas para esta etapa são:

- ✓ Conhecimentos de atuais e melhores soluções, ferramentas, processos e vulnerabilidades de segurança da informação e *cybersecurity* do cenário atual.
- ✓ Lista de ameaças e riscos qualificados, obtida na etapa 3.

Para realizar esta etapa, deve-se empreender esforço em relacionar cada risco mapeado (etapa 3) aos possíveis projetos de segurança idealizados. Considere que um mesmo risco pode estar relacionado a mais de um projeto de segurança (relação 1 para N). Depois desse esforço, faça um *ranking* dos projetos que tiveram mais riscos "críticos" agregados (depois "altos", depois "moderado" e, por fim, "baixo"). O resultado desse *ranking* será a base desta etapa, visto permitir qualificar os projetos que devem atender à maior criticidade de riscos já mapeados da empresa.

Assim, o produto desta etapa deve ser um mapa de possíveis projetos de SI priorizados e que podem ainda, conforme necessidade corporativa, estar categorizados por programas, indicadores estratégicos ou demandas do negócio.

Sobre a duração desta etapa, visto ser uma fase de maior processamento de informações e revisões, considere de 6 a 10 dias úteis.

Etapa 5 – Levantamento de informações complementares

Esta é uma etapa bastante trabalhosa. Nela, são feitos o levantamento e processamento de todas as novas informações necessárias para a elaboração do que será o resultado do trabalho.

Possui como entrada a planilha de projetos qualificados, produzida na etapa 4. Seu *modus operandi* consiste em definir o ambiente de implantação dos mesmos projetos.

Assim, são previstas as seguintes subetapas a serem conduzidas:

1. Revisar a qualidade de todas as informações produzidas até o momento.
2. Avaliar e registrar as geografias (localidades) em que cada projeto deve ser implantado.
3. Desenvolver uma matriz de responsabilidade para esclarecer papéis e responsabilidades, principalmente pela condução dos projetos propostos.

4. Se interessante, pode-se correlacionar e categorizar os projetos propostos de acordo com *frameworks* como o NIST ou a ISO 27001.
5. Calcular o orçamento (segmentando Capex e Opex) e a duração prováveis para a execução de cada projeto previsto.
6. Apurar as necessidades e/ou restrições de equipes, serviços, ferramentas e demais recursos necessários para a execução dos projetos.
7. Mapear a execução dos projetos numa visão distribuída de três anos, como neste caso, balanceando todas as variáveis apuradas até o momento – riscos, recursos necessários, capacidade de investimento e paralelismo de execução dos projetos.

É fortemente recomendado que esta etapa seja desenvolvida, ao máximo possível, com a participação efetiva do cliente para que haja o comprometimento deste com o plano em desenvolvimento.

Como resultado da etapa, espera-se chegar a um mapa plurianual com a distribuição de projetos priorizados e balanceados por esforços, custos e riscos que permita visões matriciais e que apoie os patrocinadores para uma tomada de decisão objetiva sobre os investimentos.

Assim como na etapa 4, para a boa execução desta etapa, devem ser previstos de 6 a 10 dias úteis de trabalho.

Etapa 6 – Consolidação das informações no modelo final

Há um princípio da boa gestão de projetos de que a um trabalho somente será dado seu devido valor se for ativamente patrocinado por quem tem autonomia para decidir e investir recursos.

Assim, e considerando o caráter estratégico de um Plano Diretor de Segurança da Informação, é recomendado que todo o esforço produzido até esse momento seja compilado em um modelo consistente, atraente e submetido a quem patrocinou a necessidade.

Uma estratégia interessante a se considerar nesta etapa é levar as prévias do resultado do Plano Diretor para verificações de atores relevantes envolvidos. Equipe do projeto do cliente e responsáveis pelas áreas de Segurança da Informação, Riscos e

Auditoria são personagens que podem contribuir com críticas que agreguem e deem consistência ao produto.

O que se espera como produto final da etapa e do projeto como um todo é um modelo de Plano Diretor de Segurança da Informação robusto e rico de informações e visões que permitam aos tomadores de decisão optar pelos melhores investimentos a serem feitos, elevando a maturidade da gestão de riscos e segurança da informação da corporação aos patamares desejados.

6. Confiança zero e sua aplicação nas organizações

Cristiano Pimenta

Uma rede de confiança zero é um modelo de segurança no qual o acesso aos recursos de rede é concedido com base na necessidade de conhecimento, em vez de ser baseado na localização do usuário ou dispositivo. Essa abordagem pressupõe que todos os dispositivos e usuários não são confiáveis até serem verificados e autenticados.

Um dos princípios-chave da confiança zero é o privilégio mínimo, o que significa que os usuários e dispositivos recebem apenas o acesso e as permissões de que precisam para executar suas tarefas específicas. Isso ajuda a minimizar o risco de violação de segurança, pois os invasores não terão acesso a informações ou recursos confidenciais.

O sistema deve garantir que o assunto seja autêntico e que a solicitação seja válida e deve passar o julgamento adequado para permitir que o sujeito acesse o recurso.

Isso implica em aplicar a confiança zero em duas áreas básicas: autenticação e autorização.

- ✓ Qual é o nível de confiança sobre a identidade do usuário para esta solicitação única?
- ✓ O acesso ao recurso é permitido dado o nível de confiança na identidade do usuário?
- ✓ O dispositivo utilizado para a solicitação possui as devidas posturas de segurança?

Existem outros fatores que devem ser considerados e que alteram o nível de confiança (por exemplo, hora, localização e postura de segurança do usuário).

Alguns passos são relevantes para que as organizações possam seguir na implementação do conceito de rede de confiança zero:

- ✓ **Avalie sua postura de segurança atual:** antes de implementar uma rede de confiança zero, é importante entender sua postura de segurança atual, incluindo os dispositivos e usuários que têm acesso à sua rede, bem como os recursos aos quais eles têm acesso. Isso pode ajudá-lo a identificar possíveis zonas de risco e áreas onde a confiança zero pode ser aplicada.
- ✓ **Defina seu perímetro de segurança:** o próximo passo é definir o perímetro de segurança de sua rede. Isso inclui identificar os ativos e recursos que precisam ser protegidos e determinar quem deve ter acesso a eles. Importante ressaltar que cada acesso deve ser concedido com o menor privilégio possível.
- ✓ **Implemente a autenticação multifator** (MFA – *Multi Factor Authentication*): as redes de confiança zero dependem muito da autenticação multifator, que é um recurso compulsório. O objetivo é confirmar com maior grau de certeza a identidade de usuários e dispositivos. Isso inclui a combinação de métodos como senha, autenticação biométrica, *tokens* de segurança e cartões inteligentes.
- ✓ **Segmente sua rede:** a segmentação de rede é um aspecto importante da confiança zero. Isso envolve a divisão de uma rede em segmentos lógicos menores e isolados, o que pode ajudar a limitar a propagação de uma violação de segurança, caso ocorra. Também atende a um dos requisitos de confiança zero de que a rede por si só não implica na garantia de confiança. Solicitações de acesso em segmentos distintos não podem ser concedidas de forma automática. A segmentação da rede pode incluir *firewalls*, sistemas de detecção e prevenção de intrusos e, alternativamente, a microssegmentação de rede, que é quando o controle de acesso é estabelecido por software em cada equipamento (*host*).
- ✓ **Use a tecnologia de perímetro definido por software (SDP – *Software Defined Perimeter*):** o SDP cria um perímetro virtual em torno da rede de uma organização, que só pode ser acessado por usuários autenticados e autorizados. Isso adiciona uma camada de segurança e pode ajudar a impedir o movimento lateral dos invasores.
- ✓ **Implemente análises de segurança e inteligência:** as redes de confiança zero usam métodos aprimorados de autenticação e análise comportamental para comprovar a identidade de usuários e dispositivos. Isso pode incluir o monitoramento de atividades suspeitas na rede, como padrões de tráfego incomuns ou tentativas de acesso a recursos restritos, podendo realizar bloqueios automáticos se necessário. O monitoramento contínuo pode requerer a necessidade de reautenticação ou reautorização de acesso durante as transações em curso, dependendo de alguns fatores, como tempo de conexão, acesso a um novo recurso ou atividades comportamentais anômalas.
- ✓ **Monitore e atualize continuamente:** a implementação da rede de confiança zero não deve ser um evento único. Ela deve ser continuamente monitorada

e atualizada para se adaptar à natureza mutável das ameaças cibernéticas e para garantir que permaneça segura ao longo do tempo.

- ✓ **Treine seus funcionários:** é importante treinar seus funcionários sobre a importância da confiança zero e como isso se aplica a suas funções e responsabilidades. Isso pode ajudar a garantir que todos estejam cientes de seu papel e de sua responsabilidade na manutenção da segurança da rede.
- ✓ **Teste e verifique:** antes de implantar a rede de confiança zero, é importante testá-la em um ambiente de laboratório com o intuito de verificar sua funcionalidade e seu desempenho. Isso ajudará a identificar quaisquer problemas antes que eles se tornem reais na produção.

Lembre-se de que a implementação de uma rede de confiança zero pode ser um processo complexo e demorado e pode exigir a ajuda de um profissional de segurança para ajudar no planejamento e desenvolvimento das etapas. O resultado será uma rede mais segura e resiliente que protegerá melhor sua organização contra ameaças cibernéticas.

Nem tudo são flores. Para garantir ao máximo o benefício de uso de uma rede de confiança zero, redobre a atenção a temas como:

- ✓ **Falta de visibilidade:** uma das principais falhas a serem evitadas na implementação de confiança zero é a falta de visibilidade em sua rede e dispositivos. Sem visibilidade adequada você não conseguirá identificar possíveis vulnerabilidades ou rastrear a atividade de usuários e dispositivos na rede.
- ✓ **Autenticação inadequada:** outra armadilha a ser evitada é a autenticação inadequada. A confiança zero depende muito da autenticação multifator (MFA) para verificar a identidade de usuários e dispositivos. Se o MFA não for implementado corretamente ou se não for usado de forma consistente na rede, ele pode enfraquecer a segurança geral do sistema.
- ✓ **Falta de segmentação:** a segmentação da rede é um aspecto fundamental da confiança zero. Porém, sem a segmentação adequada será difícil limitar a disseminação de uma violação de segurança, caso ocorra.
- ✓ **Falta de monitoramento e análise:** as redes de confiança zero também usam análises de segurança para detectar e responder a ameaças em tempo real. Sem monitoramento e análise adequados, será difícil detectar e responder a ameaças em tempo hábil.
- ✓ **Falha na adaptação:** as redes de confiança zero são projetadas para se adaptar à natureza em constante mudança das ameaças cibernéticas. Mas se a implementação não for atualizada e monitorada regularmente, ela pode se tornar menos eficaz com o tempo.

- ✓ **Treinamento insuficiente de funcionários:** se eles não estiverem cientes de seu papel na manutenção da segurança da rede, podem comprometer a segurança inadvertidamente.
- ✓ **Não considerar o impacto nos usuários finais:** a implementação da rede de confiança zero pode afetar os usuários finais adicionando etapas extras na autenticação, limitando o acesso aos recursos e assim por diante. É importante levar esses fatores em consideração e minimizar qualquer impacto negativo nos usuários finais.

Planejamento cuidadoso, testes e monitoramento contínuo podem ajudar a mitigar esses riscos e garantir o sucesso de sua implementação.

Do que exatamente estou me protegendo ao adotar uma estratégia de confiança zero? Uma dúvida comum, porém legítima. Vale dizer que a maior vantagem é a proteção da organização contra uma variedade de ataques de *hackers*, com potencial impacto tanto para a segurança das informações quanto para a privacidade dos dados. Por exemplo:

- ✓ **Ameaças internas:** as redes de confiança zero dependem da autenticação multifator (MFA) para verificar a identidade de usuários e dispositivos, o que pode ajudar a impedir que pessoas internas acessem informações ou recursos confidenciais sem autorização.
- ✓ **Ameaças persistentes avançadas (APT – *Advanced Persistent Threats*):** as redes de confiança zero usam análises de segurança e inteligência para detectar e responder a APTs, que são ataques direcionados de longo prazo projetados para roubar informações confidenciais e causar outros danos.
- ✓ ***Phishing*:** ao implementar a autenticação multifator, as redes de confiança zero tornam mais difícil para os invasores obterem acesso às credenciais de um usuário por meio de ataques de *phishing*.
- ✓ **Ataques *man-in-the-middle*:** as redes de confiança zero usam a tecnologia de perímetro definido por software, que pode ajudar a prevenir esses ataques.
- ✓ ***Ransomware*:** redes de confiança zero usam segmentação para dividir uma rede em partes menores e isoladas. Isso pode ajudar a limitar a propagação de um ataque de *ransomware*, impedindo uma movimentação lateral pela rede.

Embora existam padrões que forneçam um bom ponto de partida, cada organização pode ter requisitos exclusivos que precisam ser considerados ao implementar uma rede de confiança zero. É sempre recomendável consultar especialistas em segurança e usar uma abordagem baseada em risco para selecionar e implementar os padrões de segurança relevantes, que podem incluir:

- ✓ **NIST SP 800-207:** este padrão fornece orientação sobre a implementação da arquitetura de confiança zero, incluindo avaliação de risco, segmentação de rede e autenticação multifator, entre outros.
- ✓ **ISO/IEC 27033:** este padrão fornece diretrizes para o gerenciamento de segurança de rede e inclui recomendações para a implementação de redes de confiança zero.
- ✓ **SOC 2:** este padrão fornece diretrizes para o gerenciamento da segurança da informação e pode ser usado como uma estrutura para implementar redes de confiança zero.
- ✓ **PCI DSS:** este padrão fornece diretrizes para a proteção de dados de cartão de pagamento e pode ser usado como uma estrutura para implementar redes de confiança zero.
- ✓ **NIST *Cybersecurity Framework* (CSF):** fornece diretrizes para gerenciar riscos de segurança cibernética e pode ser usado como uma estrutura para implementar redes de confiança zero.
- ✓ **HIPAA (*Health Insurance Portability and Accountability Act*):** este padrão fornece diretrizes para a proteção de informações pessoais de saúde e pode ser usado como uma estrutura para implementar redes de confiança zero.
- ✓ **CSA *Cloud Control Matrix* (CCM):** este padrão fornece diretrizes para o gerenciamento de segurança na nuvem e pode ser usado como uma estrutura para implementar redes de confiança zero.

É importante observar que a rede de confiança zero não é uma bala de prata e nenhuma medida de segurança é infalível. No entanto, sua implementação pode tornar muito mais difícil para os invasores obter acesso a informações ou recursos confidenciais e pode ajudar a detectar e responder a ameaças em tempo hábil.

7. Confiança zero – visão prática

Luiz Gustavo Ribeiro da Silva

A arquitetura tradicional de segurança cibernética baseada na proteção de perímetro tem por similaridade os modelos de proteção dos antigos castelos medievais, onde se faziam grandes paredes fortificadas, um fosso profundo com crocodilos famintos e um ponto central de acesso altamente vigiado e protegido. Tudo o que ficava dentro dessas fortificações era considerado confiável; por sua vez, o que ficava fora dessas estruturas era tido como não confiável. Assim também é na arquitetura tradicional de segurança cibernética, que utiliza recursos como *Demilitarized Zones* (DMZs), *firewalls*, *Virtual Private Networks* (VPNs), *Virtual Local Area Networks* (VLANs), *proxies* e *web gateways* com o objetivo de separar ambientes internos confiáveis dos externos não confiáveis.

Com o aumento da utilização de recursos advindos da transformação digital como serviços de computação em nuvem, o uso de aplicações e infraestruturas como serviço e a adoção cada vez maior do *Bring Your Own Device* (BYOD), a arquitetura tradicional de segurança baseada em proteção de perímetro começa a perder o seu sentido em velocidade acelerada. Com o mundo conectado, as barreiras entre ambientes internos e externos que outrora eram bem definidas deixaram de existir. Os sistemas de informação que residiam dentro das "muralhas" dos ambientes de redes tradicionais ou dos *datacenters* das organizações foram migrados para ambientes em nuvem.

Outro acelerador da decadência da arquitetura de segurança tradicional foi a imposição tempestiva do teletrabalho em função do isolamento social imposto pela pandemia global, causada pela proliferação do vírus SARS-CoV-2 em 2019, quando as organizações foram obrigadas a se reinventar a ponto de afastar seus colaboradores de seus escritórios e prover meios para a realização do teletrabalho, com isso expandindo ainda mais suas superfícies de exposição aos riscos cibernéticos, reduzindo exponencialmente a efetividade da arquitetura de segurança tradicional e eliminando de forma definitiva o conceito de zona interna de confiança.

Além das argumentações apresentadas, Gilman e Barth (2017) não nos deixam esquecer que vivemos em um mundo que, além de superconectado, é supervigiado, e é impossível saber o quanto das nossas informações e comunicações são monitoradas por *hackers*, prestadores de serviços de telecomunicações ou mesmo pelos governos. A grande questão é: podemos confiar que nossos preciosos dados não estão expostos a algum tipo de espionagem? A resposta certamente é não.

A arquitetura baseada na relação de confiança zero visa apresentar um conjunto de ideias para solucionar os problemas apresentados de forma efetiva. Sua filosofia central gira em torno da frase "nunca confie, sempre verifique". O modelo também é conhecido em inglês como *zero trust*. Em vez de utilizar o antigo conceito de zona de confiança baseada no perímetro, o modelo avalia a confiança em formato de transações unitárias.

A arquitetura sugere que a confiança seja baseada na combinação de elementos como identidade e contexto, com a presença de controles em um nível muito granular, que concede acesso com base nos princípios do menor privilégio e da necessidade de saber. Isso é obtido por meio da validação do contexto, utilizando-se de recursos como autenticação forte, autorização, integridade do dispositivo e nível de sensibilidade dos dados. Uma arquitetura de confiança zero é projetada para evitar violações de dados e limitar o movimento lateral interno, que é uma das principais estratégias utilizadas por agentes maliciosos em um ataque cibernético, como, por exemplo, os ataques baseados em *ransomware*.

O modelo visa uma abordagem de ponta a ponta para segurança de dados, recursos e aplicações que abrange a gestão de identidade em entidades pessoais e não pessoais, credenciais, gerenciamento de acesso, operações, terminais, ambientes de hospedagem e a infraestrutura de interconexão. O foco principal está em restringir os recursos para aqueles com necessidade de acesso e conceder apenas os privilégios mínimos necessários para realizar determinada atividade, assim reduzindo a superfície de exposição a violações.

Ao lidarmos com a arquitetura de confiança zero, é importante ter familiaridade com alguns termos utilizados:

- ✓ **Política de acesso** – Requerimentos para um acesso ser confiável e autorizado.
- ✓ **Política de configuração** – Política que descreve as opções de configuração de um dispositivo ou sistema.
- ✓ **Princípio do menor privilégio** – É uma estratégia de segurança que se baseia na ideia de conceder autorizações apenas quando e enquanto elas forem necessárias para o desempenho de uma atividade na organização.

- ✓ **Sinal** – Informações sobre o estado de saúde do dispositivo ou sua localização são fatores que podem ser usados para ganhar confiança de um ativo. Será utilizado sempre um conjunto de sinais para a tomada de decisão.
- ✓ **Mecanismo de políticas/*Policy Engine* (PE)** – Este componente compara os sinais coletados com as políticas preestabelecidas para conceder ou não determinado acesso.
- ✓ **Ponto de administração de políticas/*Policy Administrator* (PA)** – Este mecanismo administra as solicitações de acesso de um usuário ou dispositivo para um serviço ou dados usando o mecanismo de políticas (PE) para determinar se as solicitações podem ser autorizadas.
- ✓ **Ponto de execução de políticas/*Policy Enforcement Point* (PEP)** – Este mecanismo é responsável por estabelecer, monitorar e eventualmente interromper as conexões entre o usuário e o recurso. O PEP se comunica com o PA para encaminhar as requisições e receber as atualizações das políticas.
- ✓ **Integridade do dispositivo** – validação de que um dispositivo está em conformidade com as políticas de configuração e está em bom estado. Por exemplo, as atualizações mais recentes foram instaladas ou um recurso de inicialização segura está ativado.

Segundo Miller (2022, p. 6):

> *A confiança zero começa com uma postura de negação padrão para tudo e todos, isto é, confiança zero. Em um modelo de confiança zero, sempre que um usuário ou dispositivo solicita acesso a um recurso, sua identidade deve ser verificada antes que o acesso seja concedido. A confiança é baseada não apenas na identidade do usuário e/ou dispositivo, mas outros atributos, incluindo: contexto, data e hora, geolocalização e postura de segurança do dispositivo.*

A classificação das informações também é um ponto-chave para a arquitetura de confiança zero, pois o acesso a dados pessoais, confidenciais ou sensíveis pode exigir uma política de acesso que especifica uma lista de usuários autorizados com autenticação forte, em um dispositivo que pertence à organização e está em estado íntegro, com base em políticas de configuração predefinidas, como: criptografia, níveis de aplicação de atualizações de segurança (*patch management*) e inicialização segura. Por outro lado, o acesso a dados de baixo valor, como, por exemplo, o menu do almoço, pode ser feito por qualquer pessoa da organização, independentemente da força da autenticação ou do estado do dispositivo.

Segundo Garbis e Chapman (2021), o conceito de *zero trust* foi introduzido em 2016 por John Kindervag no *white paper* da Forrester "No More Chewy Centers: Introducing

The Zero Trust Model Of Information Security". Na mesma época, o Google iniciou sua iniciativa chamada de *BeyondCorp*, que implementou os fundamentos do *zero trust*, os quais efetivamente removeram os limites de sua rede corporativa. Em 2014, a *Cloud Security Alliance* introduziu a arquitetura *Software Defined Perimeter* (SDP), que forneceu uma especificação concreta para um sistema de segurança que suporta os princípios *zero trust*. Em 2018 o NIST publicou o SP 800-207, *Zero Trust Architecture*, que consiste em um *framework* de segurança cibernética descrevendo os elementos do *zero trust*.

A arquitetura de confiança zero entrega os seguintes benefícios:

- ✓ **Redução da exposição a riscos:** quando a confiança é automaticamente herdada ou estendida a qualquer dispositivo ou usuário interno, a organização é exposta a muitos riscos cibernéticos se algum um desses componentes for comprometido. A arquitetura de confiança zero elimina esse ponto de vulnerabilidade limitando o acesso de forma granular e pontual, onde somente após uma extensiva validação o acesso é concedido.
- ✓ **Maior visibilidade:** os administradores do ambiente são capazes de saber em qualquer momento quem está na rede e o que está fazendo.
- ✓ **Maior segurança:** ao contrário de uma VPN, que age exclusivamente na camada mais básica de rede responsável pela transmissão lógica dos dados, a confiança zero amplia a segurança por trazer visibilidade dos dados na camada de aplicativos e do conteúdo dos dados trafegados, aumentando assim consideravelmente os níveis de controle e proteção.

A confiança zero elimina totalmente a ideia de rede confiável (redes internas) e não confiável (redes externas). Para o modelo, nenhuma rede é confiável. Para estabelecer esse modelo, três conceitos fundamentais devem ser levados em consideração:

- ✓ **Conceito 1** – Garantir que todos os recursos sejam acessados com segurança independentemente de sua localização, de forma que todo o tráfego seja inspecionado e protegido. Em termos práticos, é necessário usar canais criptografados para acessar informações tanto em redes internas quanto externas.
- ✓ **Conceito 2** – Utilizar a estratégia de menor privilégio no controle de acesso. Assim, os administradores de sistemas permitem que os colaboradores acessem somente as informações estritamente necessárias para que executem seu trabalho.
- ✓ **Conceito 3** – Inspecionar e guardar registros de *log* de todo o tráfego, pois o modelo de confiança zero, em vez de acreditar que os usuários irão utilizar os

recursos da rede de forma correta, sugere a inspeção ativa de todas as atividades realizadas pelos usuários.

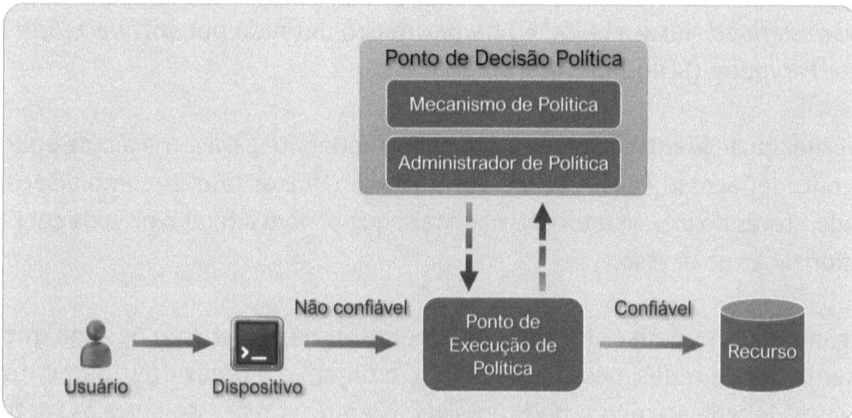

Figura 7.1. Componentes da arquitetura de confiança zero na concessão de acesso seguro aos recursos. Fonte: o autor.

A implementação do modelo não está relacionada diretamente com a aquisição ou implementação de um produto de software, hardware ou tecnologia dentro do *datacenter* das organizações. O modelo necessita que seja implementada toda uma arquitetura com:

- ✓ a habilidade de identificar e inventariar recursos e credenciais;
- ✓ recursos requisitando acessos;
- ✓ ponto de decisão baseado em políticas, composto por um motor de políticas (PE) e um módulo de administração de políticas (PA). A função do PE é determinar se o acesso a um recurso pode ser concedido. Por outro lado, o PA é responsável por estabelecer ou negar conexões;
- ✓ ponto de execução de políticas/*Policy Enforcement Point* (PEP). Este componente é responsável por habilitar, monitorar e eventualmente interromper conexões entre o requerente e o recurso.

Os elementos críticos da arquitetura de confiança zero têm como objetivo executar a política de gestão de acessos de forma granular. O modelo só funciona de maneira correta se de fato for implementada a estratégia de menor privilégio. As peças mais importantes da arquitetura são os elementos responsáveis pelo inventário dos recursos, que determinam as políticas de acesso, estabelecem onde essas políticas são implementadas e controlam como as políticas são mantidas durante o tráfego de informações.

Existem diversas formas de uma organização implementar a confiança zero, porém, para implementá-la de forma completa são necessárias três abordagens fundamentais: governança de identidades, microssegmentação e redes definidas por software/*Software Defined Networks* (SDN) ou perímetro definido por software/*Software Defined Perimeter* (SDP).

A **governança de identidades** é o principal componente para a criação de políticas. Para conceder acesso, levam-se em consideração outros fatores como dispositivo utilizado, status do ativo e fatores ambientais, que podem alterar o nível de confiança e a autorização ao acesso.

As organizações podem optar por implementar o *zero trust* com base na **microssegmentação** de redes: nessa abordagem, o objetivo é reduzir o isolamento dos elementos de rede ao menor nível possível e gerenciar o acesso entre as cargas de trabalho (*workloads*). Isso pode ser obtido através do uso de *firewalls* de próxima geração (*next generation firewalls*) para isolar cada recurso ou pequeno grupo de recursos que tenham a mesma função na camada de rede, isolando assim as cargas de trabalho. Os controles de segurança podem ser aplicados para cada segmento, o que reduz a exposição a acessos não autorizados. Entretanto, essa abordagem é de difícil implementação, principalmente em ambientes amplos, complexos e com grande diversidade de recursos. Por esse motivo, uma técnica mais moderna consiste na adoção da tecnologia de microssegmentação baseada em *host*. Nesse caso, a granularidade é obtida em nível do *host* através de agentes instalados no próprio *endpoint* que interceptam e controlam os *workloads* e as tentativas de acesso na camada de processo. A respeito dos **perímetros** (SPD) e **redes definidas por software** (SDN), nesse modelo a rede se adapta dinamicamente às necessidades de acesso. A implementação mais comum nessa abordagem é baseada em agente/*gateway*, estabelecendo um canal de comunicação seguro entre o cliente e o recurso.

O objetivo da arquitetura não é dificultar a vida do usuário. Na maioria das vezes ele é instruído por sua liderança sobre onde deve ir, quais recursos e caminhos de rede utilizar, e é para lá que ele vai para executar o seu trabalho. Porém, quando um atacante malicioso obtém acesso a uma conta, é justamente aí que a arquitetura faz a sua diferença: quando o usuário se comporta de forma anormal ou fora dos padrões preestabelecidos, a arquitetura mitiga o risco de uma invasão interrompendo a sessão e o acesso.

Estudos de casos

Esta seção irá apresentar, de forma prática, dois estudos de caso comparando a arquitetura tradicional de segurança com a arquitetura de confiança zero aplicada a ambientes corporativos.

Estudo de caso 1: limitação do acesso não desejado

Um dos melhores e mais atuais exemplos de onde a arquitetura de confiança zero deve ser aplicada são os incidentes de *ransomware* nos ambientes corporativos. Muitos administradores perdem noites de sono preocupados com o potencial impacto de ter sua rede e seus usuários afetados por um ataque desse tipo. De toda forma, o sucesso de um ataque de *ransomware* depende de o agente malicioso obter acesso a uma conta de usuário que tenha a confiança implícita de acessar diversos recursos da rede.

O fator-chave para o sucesso desse tipo de exploração é possuir uma conta de usuário que permita ao atacante se mover pelos recursos da rede – chamamos essa atividade de movimentação lateral. O atacante vai se esforçar para conseguir acesso às credenciais dos administradores a fim de escalar seus privilégios no ambiente. Ao atingir esse objetivo o atacante passa a ter controle total sobre todos os recursos da rede.

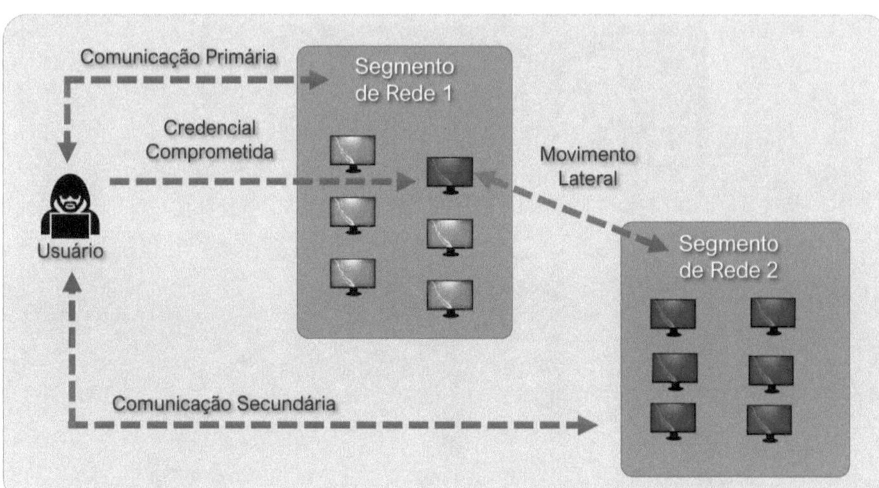

Figura 7.2. Movimento lateral durante um ataque de *ransomware*.
Fonte: o autor.

Agora imaginemos que não exista a confiança implícita citada no cenário exposto: se tirarmos de cena a possibilidade de a conta de usuário mover-se de forma livre pela rede, permitindo acesso somente aos recursos necessários para o usuário executar seu trabalho naquele momento, isso impediria o agente malicioso de fazer o movimento lateral e por sua vez conseguir escalar privilégios.

Estudo de caso 2: aplicação do princípio do privilégio mínimo

Neste estudo de caso vamos observar a arquitetura de confiança zero evitando o comprometimento de informações sensíveis em uma organização.

Na figura a seguir podemos ver a arquitetura de segurança tradicional, onde os colaboradores possuem diferentes funções: o colaborador 1 é responsável pelos recursos humanos, o colaborador 2 pela expedição e o colaborador 3 é responsável pelas vendas. Os três utilizam uma solução de VPN para acessar remotamente os recursos da organização a fim de executar as suas atividades profissionais. Assim que esses usuários são autenticados pela solução de VPN eles ganham acesso a todos os recursos disponíveis na rede corporativa, sem qualquer distinção se esses recursos são necessários ou não para a execução de suas atividades. Esse modelo não leva em conta o princípio do menor privilégio. Se um agente malicioso conseguir uma das credenciais dos colaboradores, ele terá acesso irrestrito aos recursos da rede e poderá efetuar um ataque com impacto em toda a estrutura.

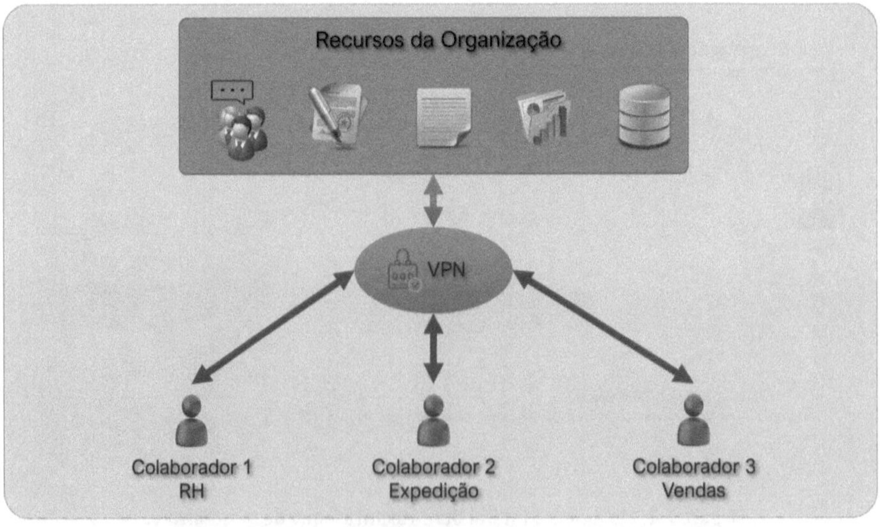

Figura 7.3. Arquitetura tradicional no modelo de segurança implícita.
Fonte: o autor.

Agora, se a mesma organização utilizar a arquitetura de confiança zero, cada colaborador terá acesso somente aos recursos estritamente necessários para execução das atividades sob sua responsabilidade. Nesse modelo o princípio do menor privilégio se faz presente. Caso essa estrutura seja comprometida, o atacante não conseguirá escalar o seu ataque, pois os acessos aos recursos estarão devidamente segmentados.

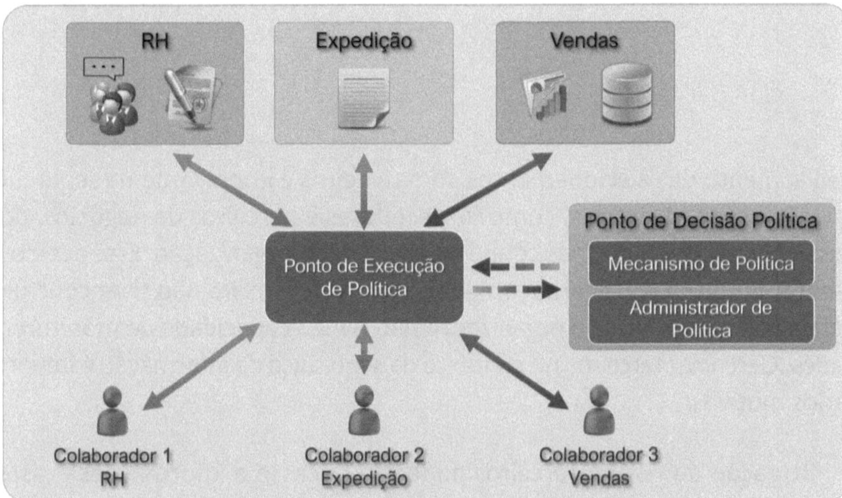

Figura 7.4. Modelo utilizando a arquitetura de confiança zero.
Fonte: o autor.

A determinação de quais recursos e informações o colaborador poderá acessar ocorre no Ponto de Decisão de Políticas (PDP), que é o recurso da arquitetura de confiança zero onde as políticas de usuários são definidas e solicitadas com base nas solicitações de acesso. Também entra em cena o Ponto de Aplicação de Políticas (PEP – *Policy Enforcement Point*), que é o sistema que monitora continuamente as ações do usuário e eventualmente corta a sessão uma vez que o acesso a determinados recursos não é mais necessário ou um comportamento malicioso é percebido.

8. Inspeção de fornecedores críticos para o negócio

Cristiano Pimenta

O gerenciamento de relacionamentos com terceiros é importante na segurança da informação porque terceiros, como fornecedores e parceiros de negócios, podem ter acesso aos dados e sistemas confidenciais de uma organização. Esse acesso pode representar um risco de segurança significativo se o terceiro não tiver controles de segurança adequados ou se a organização não tiver a capacidade de monitorar suas atividades. Gerenciar terceiros no contexto da segurança da informação é importante por vários motivos:

- ✓ **Mitigação de riscos:** terceiros podem ter acesso a informações e sistemas confidenciais. Por isso é importante garantir que eles tenham controles de segurança apropriados e que estejam seguindo as mesmas políticas e procedimentos de segurança da própria organização. Isso pode ajudar a minimizar o risco de violações de dados ou outros incidentes de segurança.
- ✓ **Conformidade:** muitas organizações estão sujeitas a vários regulamentos e requisitos de conformidade, como HIPAA, PCI-DSS, LGPD, GDPR e regulações de setores alinhados com o tema segurança das informações. Esses regulamentos exigem que as organizações garantam que seus parceiros terceirizados também cumpram os mesmos padrões – e as organizações podem ser responsabilizadas se fornecedores terceirizados não cumprirem.
- ✓ **Reputação:** um incidente de segurança envolvendo um fornecedor terceirizado pode ter um impacto significativo na reputação de uma organização e pode levar à perda da confiança do cliente.
- ✓ **Custo:** os incidentes de segurança podem ser caros, não apenas em termos de impacto financeiro, mas também em termos de tempo e recursos necessários para investigar e resolver o incidente. Ao gerenciar terceiros de forma eficaz, as organizações podem reduzir o risco de incidentes de segurança e os custos associados.

Para gerenciar terceiros de forma eficaz, as organizações precisam ter um programa robusto de gerenciamento de fornecedores que inclua a devida diligência, avaliações regulares e monitoramento contínuo. Isso ajudará a garantir que os fornecedores terceirizados cumpram suas obrigações de segurança e que quaisquer problemas sejam identificados e resolvidos em tempo hábil.

Ao gerenciar com eficácia os relacionamentos com terceiros, as organizações podem reduzir o risco de violações de dados e outros incidentes de segurança causados por terceiros. Isso pode ser alcançado implementando processos e rotinas de avaliação de risco adequados para avaliar os controles de segurança de terceiros em potencial antes de entrar em um relacionamento com eles. Também é importante ter uma compreensão clara da função do terceiro na segurança da informação da organização, incluindo a quais dados ele terá acesso, por quanto tempo será necessário e por quais controles de segurança ele é responsável.

Além disso, as organizações devem ter um plano de resposta a incidentes em caso de incidentes de segurança envolvendo terceiros e fazer avaliações e auditorias de segurança regulares de fornecedores terceirizados para garantir que eles mantenham os controles de segurança apropriados.

No geral, gerenciar relacionamentos com terceiros é importante na segurança da informação, pois pode ajudar as organizações a identificar e mitigar possíveis riscos de segurança e proteger dados e sistemas confidenciais. As etapas para gerenciar terceiros no contexto da segurança da informação podem incluir:

- ✓ **Desenvolvimento de um programa de gerenciamento de riscos de terceiros:** este programa deve incluir um processo para identificar e avaliar os riscos de terceiros, bem como um plano para mitigar esses riscos.
- ✓ **Realização da devida diligência:** antes de entrar em um relacionamento com terceiros, faça uma revisão completa de seus controles, políticas e procedimentos de segurança, para garantir que eles atendam aos padrões de segurança da organização.
- ✓ **Estabelecimento de um contrato ou acordo:** deve definir claramente as funções, responsabilidades e expectativas de ambas as partes, incluindo requisitos e expectativas de segurança.
- ✓ **Implementação de controles de segurança:** pode incluir itens como controles de acesso, criptografia de dados e segmentação de rede para limitar o acesso a dados e sistemas confidenciais.
- ✓ **Avaliações regulares de segurança:** avalie periodicamente os controles de segurança de terceiros para garantir que eles ainda atendam aos padrões de segurança da organização.

- ✓ **Plano de resposta a incidentes:** tenha um plano de resposta a incidentes em caso de um incidente de segurança envolvendo terceiros e certifique-se de que ambas as partes entendam o plano e suas funções em caso de incidente.
- ✓ **Comunicação e treinamento:** forneça comunicação e treinamento regulares a terceiros sobre políticas e procedimentos de segurança da organização.
- ✓ **Monitoramento contínuo:** monitore continuamente as atividades e os sistemas de terceiros para detectar possíveis ameaças ou problemas de segurança.

Mesmo com todos os esforços, algo pode dar errado, como a ocorrência de vazamentos de dados, o que torna a gestão de terceiros um processo ainda mais complexo. Aqui estão algumas etapas que podem ser tomadas para minimizar o risco de vazamento de dados e mitigar seu impacto:

- ✓ Realize a devida diligência ou inspeção completa em potenciais fornecedores terceirizados e provedores de serviços para garantir que eles tenham políticas e procedimentos robustos de segurança da informação em vigor.
- ✓ Use o contrato para definir claramente as responsabilidades do terceiro em relação à segurança de dados e resposta a incidentes, incluindo requisitos específicos para criptografia de dados, controles de acesso e relatórios de incidentes.
- ✓ Estabeleça auditorias e avaliações regulares de segurança de fornecedores terceirizados, para garantir que eles cumpram os termos do contrato e os regulamentos relevantes.
- ✓ Implemente um plano abrangente de resposta a incidentes que descreva as etapas a serem tomadas em caso de vazamento de dados, incluindo protocolos de comunicação, procedimentos de investigação de incidentes e requisitos de relatórios de incidentes.
- ✓ Revise e atualize regularmente o plano de resposta a incidentes, testando-o periodicamente para garantir que seja eficaz.
- ✓ Tenha uma equipe de gerenciamento de incidentes que possa ajudá-lo a detectar e responder rapidamente a qualquer vazamento ou violação.
- ✓ Esteja preparado para encerrar o relacionamento com um fornecedor terceirizado se ele não for capaz de proteger adequadamente seus dados ou se estiver envolvido em um vazamento de dados.
- ✓ Comunique-se de forma clara com as partes interessadas, incluindo clientes e parceiros, sobre quaisquer vazamentos de dados que ocorram e seja transparente sobre as medidas tomadas para resolver o problema.

É importante lembrar que, apesar das melhores medidas de segurança e dos planos de resposta a incidentes, ainda podem ocorrer vazamentos de dados. Você deve estar preparado e ter um plano para minimizar o impacto e os danos de qualquer vazamento.

A segurança da informação e a proteção de dados estão intimamente relacionadas e devem trabalhar juntas para garantir a confidencialidade, integridade e disponibilidade das informações classificadas, em destaque aquelas que são confidenciais e reguladas por lei por sua relevância. O encarregado pela proteção de dados (DPO – *Data Protection Officer*) é o responsável por monitorar a conformidade da organização com as leis e os regulamentos de proteção de dados pessoais e por garantir que sejam tratados de maneira segura e responsável, além de ser o ponto de contato da organização com a Autoridade Nacional de Proteção de Dados (ANPD) e os titulares dos dados.

A segurança da informação, por outro lado, concentra-se em proteger sistemas e redes de informação da organização contra acessos indevidos, uso inadequado, divulgação não autorizada de informações, interrupção de serviços, modificação ou destruição não autorizada de dados, entre outros. Isso inclui a implementação de medidas técnicas e organizacionais para a proteção contra ameaças cibernéticas que também alcança a gestão dos terceiros.

Dessa forma, o trabalho conjunto do time de proteção de dados e da equipe de segurança da informação amplifica a busca por garantir que a gestão dos terceiros tenha o olhar da proteção dos dados, inclua os riscos no contexto dessa convivência e possua ações específicas de mitigação.

O tema vem sendo aprofundado com muita responsabilidade por diversos organismos que se propuseram a desenvolver melhores práticas a fim de apoiar a implementação segura de ações que possam fortalecer a relação com terceiros de forma objetiva. Os principais padrões relacionados à gestão de terceiros sob a perspectiva da segurança da informação são:

- ✓ **ISO 27001:** este padrão fornece uma estrutura para um sistema de gerenciamento de segurança da informação (ISMS – *Information Security Management System*) e pode ser usado para gerenciar riscos de terceiros.
- ✓ **NIST SP 800-53:** este padrão fornece controles de segurança para sistemas de informações federais e pode ser usado para avaliar e gerenciar riscos de terceiros.
- ✓ **SOC 2:** este padrão, desenvolvido pelo *American Institute of Certified Public Accountants* (AICPA), fornece uma estrutura para avaliar a segurança, a disponibilidade, a integridade de processamento, a confidencialidade e a privacidade dos sistemas de uma organização e pode ser usado para avaliar fornecedores.

✓ **PCI DSS:** este padrão, desenvolvido pelo *Payment Card Industry Security Standards Council* (PCI SSC), fornece uma estrutura para proteger transações com cartão de pagamento e pode ser usado para avaliar e gerenciar riscos de terceiros no processamento de pagamentos.

✓ **HIPAA:** este padrão, desenvolvido pelo Departamento de Saúde e Serviços Humanos dos EUA (*Health & Human Services*), fornece requisitos de segurança e privacidade para proteger informações pessoais de saúde (PHI – *Protected Health Information*) e pode ser usado para gerenciar riscos de terceiros no setor de saúde.

O uso de metodologia e normas que possam orientar o processo é superimportante e contribui para otimizar a jornada de aprendizagem. A seguir, um *overview* de passos que o ajudarão nesse desafio:

Passo 1: escolha uma área de conformidade
Passo 2: defina uma lista de seus terceiros
Passo 3: defina riscos a serem analisados e metodologia
Passo 4: agenda de integração e apresentação do escopo
Passo 5: aplique o questionário e esteja à disposição para apoio e dúvidas
Passo 6: analisar devolutiva, computar os riscos e definir plano de mitigação
Passo 7: documentar todo o processo e evidências
Passo 8: monitorar as ações de correção
Passo 9: avalie os resultados e a justificativa de manutenção da relação contratual em relação aos riscos
Passo 10: este é um processo cíclico, então organize a agenda para nova avaliação

As organizações podem gerenciar com eficácia seus relacionamentos com terceiros e reduzir o risco de violações de dados e outros incidentes de segurança causados por terceiros.

Para isso, devem ter disposição para identificar os riscos associados, proteger os ativos contra acessos indevidos, detectar qualquer anomalia nessa relação contratual, responder de imediato a eventos adversos que possam comprometer o negócio e, havendo qualquer impacto, estar preparado para um processo de recuperação na perspectiva de se manter operacional até os processos produtivos voltarem à normalidade.

9. SGSI e SGPI

Salomão de Oliveira

Neste capítulo vamos abordar os dois temas com foco bem específico no papel da gestão, que implica um desdobramento a partir da governança corporativa.

Ainda que os dos Sistemas de Gestão estejam intrinsecamente interligados, vamos abordá-los separadamente.

SGSI – Sistema de Gestão da Segurança da Informação

De acordo com a norma NBR ISO/IEC 27001 (ABNT, 2013), que foi preparada para prover requisitos para estabelecer, implementar, manter e melhorar continuamente um sistema de gestão de segurança da informação (SGSI), "a adoção de um SGSI é uma decisão estratégica para uma organização". Isso se dá em decorrência de ser um tema que deve permear toda a organização, toda a cadeia de valor, toda a cadeia de suprimentos e fornecedores, além de envolver todas as pessoas da organização.

Um SGSI é baseado em gestão de riscos e deve estar aderente à estratégia corporativa, o que impossibilita que seja implementado como um processo meramente operacional. Envolve identificação, análise e avaliação de todas as partes envolvidas (*stakeholders*) e os requisitos decorrentes de cada interação com essas partes, além dos requisitos internos da própria organização.

Entendemos, portanto, que o SGSI é peça fundamental para a sustentabilidade do próprio negócio, considerando tento os aspectos financeiros quanto reputacionais, que cada dia têm mais relevância para as organizações.

A ISO 27001 diz ainda que o estabelecimento e a implementação do SGSI de uma organização são influenciados por necessidades e objetivos, requisitos de segurança, processos organizacionais usados, tamanho e estrutura organizacional, sendo "esperado que estes fatores de influência mudem ao longo do tempo".

Como vimos no Capítulo 3 ("Principais elementos da segurança da informação"), a segurança da informação está pautada em três elementos fundamentais: confidencialidade, integridade e disponibilidade.

O Sistema de Gestão da Segurança da Informação foi apresentado na norma ISO 27001 (ABNT, 2013) para "preservar a confidencialidade, integridade e disponibilidade da informação por meio da aplicação de um processo de gestão de riscos e fornecer confiança para as partes interessadas de que os riscos são adequadamente gerenciados".

Esta afirmativa traz no seu bojo uma série de implicações ao SGSI, uma vez que vincula a segurança da informação a um processo de gestão de riscos [corporativos] e à geração de confiança às partes interessadas de que os riscos estejam sendo adequadamente gerenciados. Mais uma vez, temos fortes indícios para acreditar que realmente o SGSI não sobrevive sem que esteja em posição estratégica na organização.

Podemos inferir que a definição dos requisitos de segurança da informação e gestão de riscos parte do negócio para os ativos e que os controles de segurança da informação e mitigação de riscos partem dos ativos para o negócio, de modo que os dois processos, de definição e de proteção, se interrelacionam em processo simbiótico, mas com papéis muito bem definidos, sob pena de tomar um pelo outro, o que poderia corromper o sistema de gestão.

A mesma norma ISO 27001 (ABNT, 2013) traz que "é importante que um sistema de gestão de segurança da informação seja parte de, e esteja integrado com, os processos da organização e com a estrutura de administração global, e que a segurança da informação seja considerada no projeto dos processos, sistemas de informação e controles". Diz ainda que "é esperado que a implementação de um sistema de gestão de segurança da informação seja planejada de acordo com as necessidades da organização".

Fica claro, portanto, que o Sistema de Gestão da Segurança da Informação (SGSI) deve estar intimamente relacionado à governança corporativa, sendo esta a responsável por definir o modelo de governança e o SGSI por aplicá-lo nos processos de gestão, de forma que os objetivos do negócio sejam suportados pelos objetivos da segurança da informação.

Nesse sentido, temos que a definição do contexto da organização na ISO 27001 (ABNT, 2013), no seu item 4, e as definições das necessidades e expectativas das partes interessadas podem afetar a capacidade de alcançar os resultados do SGSI e irão direcionar para a determinação do escopo do SGSI e dos requisitos de segurança da informação a serem observados.

Temos que "a alta direção deve demonstrar sua liderança e seu comprometimento em relação ao SGSI" (ABNT, 2013), de forma ativa e evidente, seja validando a compatibilidade do SGSI com as necessidades da organização, assegurando a integração do SGSI ao sistema global de gestão e processos da organização, assegurando os recursos necessários à implementação e manutenção do SGSI, acompanhando a medição e melhoria contínua do SGSI, e atribuindo responsabilidades e autoridade para que o SGSI seja efetivo e eficaz.

O papel da alta direção é crucial, pois o SGSI não é um projeto, mas um processo contínuo que irá requerer manutenção por prazo indeterminado, uma vez que deve integrar permanentemente todos os processos da organização.

SGPI – Sistema de Gestão da Privacidade da Informação

O Sistema de Gestão da Privacidade da Informação, que pode ser estabelecido de acordo com a norma NBR ISO/IEC 27701, deve ser integrado ao SGSI, uma vez que deste depende para ter assegurado seu objetivo. Importante entendermos que a ISO 27701 é uma "extensão" das normas ISO 27001 e 27002, sendo, portanto, dependente destas para ser implementada.

A privacidade depende da proteção dos dados pessoais, que depende da segurança da informação, que depende de uma série de outras disciplinas, como, por exemplo, a cibersegurança. São três principais temas independentes, mas interdependentes, sendo que a privacidade, objetivo do SGPI, não pode ser alcançada sem a proteção dos dados pessoais e da segurança da informação. Essa cadeia precisa ser entendida e observada para que os processos se integrem a um objetivo em comum, que é suportar a organização no cumprimento de seus objetivos de negócio, ao mesmo tempo que respeita as regulamentações e os anseios da sociedade acerca da privacidade e da proteção de dados pessoais.

O tema tem tanta relevância para a sociedade que a privacidade e a proteção de dados pessoais já são direitos fundamentais assegurados pela Constituição da República Federativa do Brasil e por diversas leis infraconstitucionais, como a LGPD (Lei nº 13.709/2018), o Código de Defesa do Consumidor (Lei nº 8.078/1990), o Estatuto da Criança e do Adolescente (Lei nº 8.069/1990), o Marco Civil da Internet (Lei nº 12.965/2014), dentre tantas outras, além de diversas portarias ou regulamentações setoriais que versam sobre o privacidade e proteção de dados pessoais para diversos ramos de negócios específicos, como de seguros, saúde suplementar, sistema financeiro, previdência privada, hospitalar, terceiro setor etc.

Fica claro, portanto, que o estabelecimento de um SGPI deve estar alinhado ao cenário ou contexto organizacional, assim como o SGSI. Os dois sistemas, como já dito, compartilham grande parte dos processos e controles, visto que devem ser integrados.

É fundamental que o entendimento, o estabelecimento e a manutenção desses sistemas de gestão (SGSI e SGPI) devem ser uma decisão estratégica, de modo a maximizar os investimentos, potencializar o atingimento dos objetivos e o efetivo gerenciamento dos riscos decorrentes do negócio.

10. Segurança ofensiva

David de Paula Santos Silva
Diego Souza

Resumo

Segurança ofensiva é um termo que se refere à ideia de adotar uma abordagem proativa para a segurança informática. Isso significa que, em vez de apenas se defender contra os ataques, a segurança ofensiva também inclui o uso de *ethical hackers* e outras atividades para encontrar vulnerabilidades nos sistemas. A ideia por trás dessa estratégia é que será mais difícil para um invasor descobrir uma vulnerabilidade se o *hacker* ético não encontrar nenhuma. Para que essa estratégia funcione, é preciso ser capaz de identificar vulnerabilidades antes que estas sejam exploradas por invasores e corrigi-las ou criar contramedidas para elas.

Existem diversos formatos, abordagens, metodologias, *frameworks* e ferramentas para proteger o ambiente e seus ativos. Existem também várias formas de diagnosticar, detectar e prever ameaças que possam surgir. É uma área muito ampla que conta com diversas peculiaridades e perspectivas diferentes relacionadas à segurança digital. Neste capítulo abordaremos a segurança ofensiva, na qual o profissional de segurança assume o ponto de vista de um atacante, também conhecido como agente malicioso, em busca de vulnerabilidades que possam ser exploradas e que tragam grande impacto aos serviços, aos negócios, à reputação e à imagem em caso de comprometimento.

Palavras-chave: segurança ofensiva; vulnerabilidades; aplicações *web*; desenvolvimento *web*; linguagens.

Introdução

As auditorias mais tradicionais são aquelas que visam analisar a parte documental e os procedimentos e melhores práticas que estão sendo adotados, mas elas não chegam a avaliar profundamente se na prática tudo o que está escrito de fato está implementado corretamente.

A segurança ofensiva tem como um dos objetivos realizar testes diretamente nos ativos e sistemas de forma intrusiva e autorizada – os chamados de **testes de invasão** (*pentest*, *pentesting* ou *penetration testing*) –, para verificar se as melhores práticas e metodologias do mercado, como a OWASP Top 10, estão sendo implementadas para mitigação de vulnerabilidades. A segurança ofensiva também pode ser usada para outros fins, como coleta de informações ou espionagem. O objetivo geral é garantir que a rede, os dados e as pessoas estejam seguros. Por outro lado, a defesa refere-se a uma estratégia geral de resposta às ameaças, impedindo que os ataques tenham sucesso ou minimizando seus efeitos. A segurança ofensiva requer uma abordagem proativa. Por exemplo, um invasor pode explorar uma vulnerabilidade em um servidor da *web* para obter acesso administrativo (*root*) na primeira etapa de sua estratégia ofensiva. O ataque poderia ser usado como um trampolim para acessar outros recursos na rede. A defesa é importante porque evita a ocorrência de atividade maliciosa e intrusão.

Testes de invasão

Os testes de invasão podem ser definidos como uma estratégia legal autorizada para buscar e explorar sistemas com o objetivo de torná-lo mais seguro. Isso inclui mapear as vulnerabilidades através de procedimentos, táticas e técnicas. Após os testes, é gerado um relatório contendo a prova de conceito (PoC) das possibilidades de exploração. As falhas também podem ser detectadas através de ferramentas conhecidas, como *scanners* de vulnerabilidades (Qualys, Acunetix, Nessus ou Burp Enterprise). A ideia geral é antecipar e reduzir a superfície de exposição de ataques, detectando e corrigindo as famosas *low-hanging fruits*, que no contexto de segurança correspondem às falhas evidentes, antes que um atacante tenha sucesso em explorá-las.

Existe diferença entre avaliar uma vulnerabilidade com algum software que contém uma lista de vulnerabilidades conhecidas e um teste de invasão. Essas ferramentas vão checar se existem serviços, arquivos padrões expostos, versões vulneráveis de programas etc. através de inúmeros *plugins*. Caso exista uma vulnerabilidade conhecida como *zero-day*, a chance de a base de dados do *scanner* não estar atualizada é grande, e por isso se faz necessária a realização de testes de invasão manuais. É importante mencionar que muitas dessas ferramentas não tentam explorar a falha identificada; servem como ponto de atenção para que alguma ação seja tomada para validar se o que a ferramenta identificou faz sentido.

Por outro lado, os *pentesters* que executam os testes de intrusão têm como objetivo a identificação e exploração das vulnerabilidades através de ataques elaborados que são descritos através da prova de conceito. Essa descrição dos passos executados é importante, pois comprova que de fato o problema existe e quais são os riscos associados, tais como: exfiltração de informação, alteração de dados, acesso indevido ao sistema, elevação de privilégios etc.

Tipos de testes

Existem atualmente três tipos de testes realizados pelos *pentesters*: caixa-branca, caixa-cinza e caixa-preta. Cada um apresenta peculiaridades que os diferenciam na hora da sua execução e detecção de vulnerabilidades. É importante mencionar que muitas das vezes quem escolhe o tipo de teste é o cliente.

- ✓ **Teste da caixa-branca:** este tipo de teste é realizado com total conhecimento do ativo que será testado, como, por exemplo: desenho da arquitetura, código-fonte, credenciais de acesso etc. Como o *pentester* possui uma riqueza de informações disponibilizadas sobre o sistema a ser analisado, a quantidade de vulnerabilidades reportada tende a ser maior e o número de falso-positivos menor, visto que os fluxos da aplicação são mais perceptíveis para o analista.
- ✓ **Teste da caixa-cinza:** realizado com poucas informações sobre o sistema – credenciais são fornecidas, por exemplo. Este tipo de teste tende a ter alguns falso-positivos, pois o analista não conhece totalmente o fluxo das informações e riscos que pode aparecer.
- ✓ **Teste da caixa-preta:** já para este último tipo de teste, o analista não recebe qualquer informação do funcionamento do sistema, no máximo a URL do ativo ou o endereço IP a ser analisado. Normalmente serve para identificar como um atacante externo, ou seja, fora da empresa, conseguiria acessar indevidamente dados internos e exfiltrar informações. Por ser realizado sem conhecimentos prévios, o número de vulnerabilidades identificadas pode ser bem menor quando comparado a um teste da caixa-branca.

Dessa forma, ao realizar um teste de intrusão, cabe à empresa analisar a melhor forma e os objetivos que pretende atingir com os testes, pois, conforme exposto anteriormente, cada um apresenta um benefício ou objetivo diferente durante a sua realização.

Perfis de *hackers*

Antes de entrarmos nos conceitos dos perfis de *hackers*, é necessário entender primeiro o que é ética. De acordo com Baumhart (1971), ética é "tudo que está em conformidade com os princípios de conduta humana; de acordo com o uso comum, os seguintes termos são mais ou menos sinônimos de ética: moral, bom, certo, justo, honesto".

Segundo Engebretson (2014), no mundo do *pentesting* não é incomum ouvir os termos "white hat", chapéu branco, e "black hat", chapéu preto, para descrever os Jedis e os Siths (referências do filme *Star Wars*). *White hat* ou *pentester* são terminologias utilizadas para descrever os *hackers* éticos, pessoas que utilizam seus conhecimentos para o bem. Os Siths são chamados de *black hats*, *crackers*, atacantes ou invasores maliciosos. Vale ressaltar que os *hackers* éticos realizam várias atividades e utilizam as mesmas ferramentas e *skills* que invasores maliciosos – o que os distingue é a ética.

Uma das maiores diferenças entre os dois tipos de *hackers* é que o *hacker* ético possui autorização para executar suas ações e utiliza todas as informações obtidas para provar que o problema/vulnerabilidade existe, além de recomendar soluções para mitigá-las. Por outro lado, o segundo tipo de *hacker*, o não ético, realiza testes sem consentimento ou autorização para fins ilícitos. Muitas vezes utiliza os dados adquiridos como moeda de troca para se beneficiar, cometer fraudes e até mesmo extorquir uma empresa ou indivíduo.

Nos dias de hoje vemos muitas notícias relacionadas com o perfil do *hacker* não ético. De acordo com uma pesquisa realizada pela IBM (2023), o custo médio do vazamento de informações aumentou 15% nos últimos três anos, passando para US$ 4,45 milhões em 2023. Isso indica que esses ataques estão acontecendo cada vez mais. E do mesmo modo que os *black hats* aperfeiçoam suas técnicas e "evoluem", as empresas também precisam aprimorar sua resiliência e capacidade de detecção e proteção.

Passos para busca de vulnerabilidades

Um dos pontos importantes para encontrar problemas de segurança é obviamente saber o que é uma vulnerabilidade, onde identificá-la, como explorá-la através de uma ou mais metodologias. A grande maioria dos *pentesters* segue as normas e diretrizes da OWASP (*The Open Web Application Security Project*), que é uma organização internacional *on-line* sem fins lucrativos com o objetivo de melhorar a segurança de softwares através da colaboração entre pesquisadores, desenvolvedores e especialistas em tecnologia.

Um dos relatórios disponibilizados é o OWASP Top 10[3], que fornece classificações e orientações de correção para os dez riscos mais críticos de segurança de aplicativos da *web*. O objetivo do relatório é oferecer aos desenvolvedores e profissionais de segurança informações sobre vulnerabilidades para que possam incorporar as mitigações e recomendações do relatório em suas próprias práticas de segurança, minimizando assim a presença de brechas em seus aplicativos.

Além da OWASP, existe também o OSSTMM (*Open Source Security Testing Methodology Manual*), que é outra metodologia de testes. De acordo com Herzog (2010), o principal objetivo da OSSTMM é fornecer um processo científico para a caracterização precisa de testes de segurança. Também inclui informações para planejamento de projetos, quantificação de resultados e regras de engajamento para quem for realizar as auditorias de segurança.

Por fim, outra metodologia importante é o PTES (2014), que fornece uma visão geral de alto nível de um teste de penetração dividida em sete etapas:

1. **Interações pré-engajamento:** é importante reunir as ferramentas necessárias, o sistema operacional, definir o escopo, restrições de horários, data de início e fim dos testes, garantir que se o serviço for hospedado por um terceiro (*third-party*) as permissões foram concedidas, alinhar os pretextos de ataques de engenharia social (se aplicável), entre outros itens. O escopo precisa ser estabelecido antes de iniciar. Ele pode ser definido como o objetivo do teste e não deve ser confundido com o que será testado. As interações de pré-engajamento são todas sobre coleta de informações, pois precisam ser planejadas com antecedência para que tudo possa ser feito a tempo e sem interrupções, seguindo o plano de ação elaborado.
2. **Coleta de informações:** informações sobre um alvo são coletadas para se planejar um ataque ou se defender. Pode ser uma tarefa tão simples quanto procurar o nome de alguém no Google, fazer uma busca no Whois, geolocalização de IPs, análise de postagens em redes sociais para casos de engenharia social, ou mais complexa, como, por exemplo, descobrir e analisar topologias de redes, portas abertas, informações sobre os sistemas etc. O principal objetivo da coleta de inteligência é descobrir o máximo de informações possíveis sobre

[3] <https://owasp.org/www-project-top-ten/>.

o alvo para identificar os inúmeros vetores de ataque que serão utilizados para que os testes sejam bem-sucedidos.

3. **Modelagem de ameaças:** a modelagem é uma abordagem para identificar, analisar e reduzir a exposição a potenciais ameaças que possam afetar a confidencialidade, integridade ou disponibilidade de informações de um sistema. É um processo sistemático que geralmente começa com a identificação de ativos, vulnerabilidades e ameaças. O objetivo é avaliar os riscos associados a esses elementos para tomar decisões sobre como mitigá-los. É importante que esse processo seja feito por membros da equipe que estejam envolvidos em todos os aspectos do desenvolvimento, da implantação e da operação de um sistema. A seguir temos um exemplo de uma modelagem de ameaça descrito por Mohanakrishnan (2021) ao identificar um algoritmo utilizado para armazenar senhas de usuários em um aplicativo desatualizado:
   - Vulnerabilidade: algoritmo de *hash* criptográfico desatualizado, como o MD5.
   - Ameaça: quebra das *hashes* de senhas através de ataque de força bruta.
   - Atacante: *hacker* que acessou o sistema através das senhas descobertas, coletou vários dados pessoais e tenta vendê-los para fraudadores.
   - Tática de mitigação: mudança para um algoritmo *hash* mais moderno e robusto, como o SHA-256.
4. **Análise de vulnerabilidades:** este é o ponto no qual são executados os testes para identificar vulnerabilidades e pontos fracos em um aplicativo, rede ou sistema. Dependendo do tipo de teste e do escopo solicitado, é utilizada a melhor abordagem para identificar, analisar e validar vulnerabilidades, como, por exemplo, *scanners*, análise de código-fonte ou os famosos testes de intrusão. Segundo Dowd, McDonald e Schuh (2007), existem três tipos de vulnerabilidades: as relacionadas ao design, as relacionadas à implementação e as relacionadas ao operacional. As vulnerabilidades relacionadas ao design são aquelas que foram criadas durante a fase de design da aplicação. As vulnerabilidades relacionadas à implementação são aquelas que foram introduzidas durante a fase de implementação do SDLC (*Software Development Life Cycle*), que podem acontecer se a implementação se desviar para resolver outras discrepâncias técnicas. Por fim, as vulnerabilidades relacionadas ao operacional são aquelas que surgem através de uso geral de um software em um ambiente específico, podendo incluir problemas com a configuração do software.
5. **Exploração:** após a identificação das vulnerabilidades no passo anterior, o *pentester* foca na tentativa de adentrar o sistema da organização burlando a segurança da vulnerabilidade mais fraca. Não se trata apenas de invadir o sistema. A exploração pode ser tão simples quanto enganar alguém via um ataque de engenharia social para fornecer sua senha. Há muitas maneiras diferentes

que um invasor pode usar para explorar um sistema, mas todas elas têm uma coisa em comum: ele precisa encontrar uma maneira de entrar no sistema. Isso pode ser feito explorando vulnerabilidades, como já foi mencionado anteriormente, ou encontrando um ponto de entrada que foi deixado aberto intencionalmente para eles, as chamadas ameaças internas (*insider threats*). Uma vez dentro do sistema, o invasor precisa contornar quaisquer restrições de segurança existentes para poder acessar informações de ativos/informações de alto valor, como base de dados contendo dados pessoais, cartões de crédito, fichas médicas, salários etc. Importante delimitar no escopo do serviço quais os impactos decorrentes que devem ser evitados durante a fase de exploração. Por exemplo, evitar o uso de técnicas que possam degradar o desempenho ou deixar um sistema inoperante, pois pode gerar impacto para os usuários. Uma forma de minimizar esse risco é estabelecer um dia da semana, horário e tempo de duração para testes que possam causar indisponibilidade. Também pode ser acordada a necessidade de deixar *flags* nos sistemas invadidos, que consistem em informações ou arquivos com mensagens comprobatórias de que a exploração teve sucesso.

6. **Pós-exploração:** o objetivo é extrair e avaliar a qualidade e o valor estimado da informação adquirida, além de manter o controle e acesso da máquina comprometida para uso futuro. Esse processo pode ser automatizado utilizando ferramentas de pós-exploração como Metasploit ou Empire. É importante mencionar que as atividades de pós-exploração devem estar claramente explícitas nas regras de engajamento e aceitas pelo cliente e destinam-se a garantir que os sistemas do cliente não estejam sujeitos a riscos desnecessários após a finalização dos testes.
7. **Entrega dos resultados:** o objetivo é a entrega de um relatório contendo todos os passos realizados antes, durante e após os testes. Normalmente o relatório contém um sumário executivo com a quantidade de vulnerabilidades encontradas e o risco associado de cada uma, um mapa estratégico de priorização, descrição de escopo, objetivos, metodologia, horários das atividades e, por fim, um detalhamento técnico, com nome da vulnerabilidade, classificação da severidade da vulnerabilidade através do CVSS[4] (*Common Vulnerability Scoring System*), descrição, recomendações de correção, referências e também provas de conceito ilustrando os passos executados na exploração com as respectivas evidências.

[4] CVSS é um método de classificação de risco das vulnerabilidades presentes em algum software através de uma pontuação. Essa pontuação permite priorizar respostas e recursos de acordo com a ameaça.

Red Team Assessment – RTA

Um RTA é um tipo de teste que avalia muito mais do que controles de segurança de uma empresa ou vulnerabilidades conhecidas. Trata-se de uma simulação que ajuda a perceber como um atacante do mundo real realizaria um ataque para adentrar os sistemas e extrair informações de forma ilícita, seja através de engenharia social, seja através dos sistemas ou até mesmo combinando os dois ou mais vetores de ataque.

Segundo uma pesquisa realizada pela Verizon (PRITAM, 2020), 86% dos ataques tiveram motivações financeiras, 22% das violações envolveram engenharia social, 55% dos ataques ocorreram por organizações criminosas e 30% envolveram pessoas internas das empresas. Normalmente o escopo inclui todas as superfícies de ataque disponíveis, sejam internas ou externas, segurança física e conscientização dos funcionários, ou seja, ele vai desde a fase de identificação de uma superfície de ataque vulnerável até a finalização bem-sucedida do ataque, incluindo a área de pessoas, que, como costumam dizer, é o elo mais fraco da segurança.

Esse tipo de teste também é utilizado para cumprir regulamentos, criar planos de respostas a incidentes, determinar a eficácia do treinamento de conscientização e revelar a capacidade da equipe responsável pela monitoração e detecção das ameaças em tempo real. Por fim, toda a realização dessa atividade é mantida em sigilo, pois faz parte dos objetivos observar o comportamento das pessoas envolvidas no caso de um ataque cibernético, revelando o nível de segurança da empresa, assim como a postura das partes envolvidas.

Wargames

Atacantes inevitavelmente quebrarão as suas camadas de defesas, é só uma questão de tempo. Quão eficazes e ágeis são suas estratégias atuais de segurança e resposta a incidentes e desastres? Elas funcionarão sob um ataque massivo?

Uma opção de preparação é adaptar jogos de guerra militares para exercícios focados em segurança cibernética. Embora o *wargame* não seja um conceito novo, ainda não é amplamente adotado pelas organizações.

O que é um exercício de *cyber wargame*?

Os jogos de ciberguerra são projetados para fornecer um olhar em tempo real sobre como um negócio ou organização se defenderia e responderia a um ataque. As equipes vermelhas (*Red Team*) utilizam as mesmas ferramentas que os atacantes para identificar os pontos fracos na estratégia de segurança de uma organização. A equipe azul (*Blue Team*), por sua vez, trabalha para impedir que qualquer invasão bem-sucedida da equipe vermelha chegue longe em um sistema. No entanto, esses exercícios são mais do que apenas testes de invasão e testes de metodologias de ataque.

O objetivo não é o mesmo que executar varreduras de vulnerabilidade ou um teste de invasão. De acordo com Johnson (2022), você não terá o mesmo tipo de resultados que obteria no *wargame* executando testes de vulnerabilidades tradicionais. Os *wargames* fornecem uma visão do estado de preparação e resposta da estratégia de segurança cibernética de uma empresa e como as equipes de segurança responderiam bem a um ataque, já as varreduras de vulnerabilidades têm um outro viés de análise.

O *cyber wargame* é muito mais abrangente do que o *red teaming* ou outros exercícios de segurança. As empresas devem envolver todas as principais partes interessadas, desde o CEO, equipes de comunicação até as equipes de segurança.

A OTAN, aliança de países da Europa e da América do Norte, por exemplo, tem conduzido *cyber wargames* por mais de 13 anos, simulando tomadas de decisão complexas que abrangem infraestruturas e alianças políticas. Além disso, de acordo com o Center for Strategic and International Studies (CSIS, 2023), *wargames* são instrumentos educacionais eficazes, ensinando os participantes sobre a variedade de ameaças cibernéticas existentes. Mais do que isso, eles são essenciais para ajudar as organizações a entender como podem adaptar e melhorar seus planos de resposta a incidentes no mundo real.

A duração de um exercício de *wargame* depende de quão minucioso se pretende que este seja. O escopo pode se estender de um mês a seis semanas. Cada teste inclui um relatório de acompanhamento que amplia os resultados para as equipes de segurança.

Teste de prontidão *cyber wargame*

A ideia do *wargame* foi retirada das forças armadas – os jogos ajudam a garantir que eles estejam prontos para gerenciar um ataque.

O *cyber wargame* difere bastante dos tradicionais testes de invasão, nos quais as empresas contratam um profissional para identificar vulnerabilidades técnicas. O *cyber wargame* é organizado em torno do negócio. O *spear phishing* é um exemplo estruturado para simular a experiência de um ataque real. Normalmente os participantes não têm total informação sobre o que vai acontecer na simulação, e isso pode variar bastante de exercício para exercício, pois dependerá do cenário e dos alvos escolhidos.

Algumas simulações mais amplas envolvem não apenas participantes da área de segurança da informação, mas também desenvolvimento de aplicações, tecnologia, infraestrutura, atendimento ao cliente, operações, marketing, jurídico e comunicações corporativas. Normalmente esses times são envolvidos quando as simulações são voltadas para a recuperação de serviços em caso de desastres.

É de extrema importância realizar uma análise inicial dos ativos de informação de negócios e potenciais vulnerabilidades de segurança para tornar o cenário relevante e mais realista possível. Os exercícios geralmente não afetam os ativos em produção – são criados ambientes segregados que replicam os de produção. O mais importante é o *wargame* conseguir testar a capacidade de uma empresa de reagir a um ataque respondendo a algumas perguntas-chave:

- ✓ **Em quanto tempo que a equipe de segurança será capaz de identificar e avaliar a violação?** Existem alguns exercícios que detectam muitas dependências de fluxo de resposta a um incidente – um exemplo comum é a equipe de CSIRT (*Computer Security Incident Response Team*) que recebe alertas apenas através de e-mail. Se o serviço de e-mail for atacado, como a equipe receberá o alerta de uma possível violação de serviço?
- ✓ **A segurança da informação está preparada para tomar decisões efetivas para conter uma violação?** Em alguns casos, a equipe toma decisões que podem comprometer todo o fluxo e dar um prejuízo ainda maior que o próprio incidente ocorrido. Se após algum incidente decidirem tirar todo o sistema do ar e não tiver sido elaborado um plano adequado, a situação pode ser muito pior.
- ✓ **Será que a equipe comunicará efetivamente a violação a todo o conjunto de partes interessadas?** Existem casos onde as diretrizes de comunicação com clientes em casos de dados violados não são diferentes da comunicação interna. Grandes problemas na imagem da empresa podem acontecer se o cliente receber a comunicação de vazamento sem nenhuma tratativa jurídica.
- ✓ **A empresa pode ajustar as estratégias e táticas comerciais após uma violação?** É importante avaliar bem o que fazer se concorrentes tiverem acesso

a informações sensíveis. A empresa conseguiria reagir de forma rápida após a divulgação de informações proprietárias sobre sua estrutura de custos?

Como funcionam os jogos

A menos que o *wargame* esteja programado para testar uma tática ou serviço muito específico de um sistema, a melhor condição é dar liberdade para o *Red Team* utilizar todos os recursos disponíveis e aplicar as habilidades técnicas para simular um ataque. Agindo dessa forma, teremos um cenário muito mais realista, pois na prática os atacantes empregam diversas técnicas insistentemente até conseguirem ter sucesso na invasão. Por isso, a diversidade do uso de táticas, técnicas e procedimentos reais de ataque é o melhor caminho para obter resultados mais efetivos e concretos.

Em um exercício prático, as equipes de segurança usam um clone do ambiente da organização para obter um resultado semelhante ao que aconteceria na realidade. A equipe vermelha inicia um ataque, enquanto a equipe azul segue as estratégias de segurança existentes para tentar detectar o ataque inicial. A partir daí, observa-se qual lado empregará métodos mais criativos e eficazes para atingir seu objetivo. De um lado, a equipe vermelha com a intenção de avançar a ofensiva para invadir a organização e, do outro, a azul empregando esforços e meios para conter as investidas da vermelha.

Automações ofensivas

Durante algum tempo, certas atividades dos *pentesters* eram realizadas de forma manual e repetitiva. Com a popularização de ferramentas, *scripts* e diversas contribuições da comunidade *cyber*, algumas empresas passaram a implementar automações ofensivas. Isso significa que o *pentester* pode se dedicar a outras tarefas e apenas validar os resultados provenientes dessas automações. Uma das mais conhecidas é o ASM (*Attack Surface Mapper*). Segundo Illusive (2018), essa automação reduz a superfície de ataque através da monitoração contínua na internet, eliminando condições que poderiam ser usadas por um invasor para facilitar um ataque. Uma grande parte dessas ferramentas, além de descobrir, também monitora, avalia, prioriza e corrige a exposição da infraestrutura de uma empresa.

De acordo com Hackerone (s.d.), essas ferramentas ainda ajudam a identificar *shadow IT* (utilização de serviço, sistema ou dispositivo sem o conhecimento da equipe de TI), artefatos que resultam de fusões de empresas e atividades de parceiros, dispositivos

IoT e transformação em nuvem, *cybersquatting* (registro e uso não autorizados de domínios semelhantes ou idênticos a marcas registradas), *malwares* e também fazem monitoramento na *dark web*. Além de avaliarem vulnerabilidades em relação a um sistema de pontuação de risco para ajudar a priorizar ações corretivas, auxiliam na implementação de mecanismos de proteção de segurança, como segmentação de rede, controle de acesso baseado em função (RBAC – *Role-Based Access Control*), por atributos (ABAC – Atribute-*Based Access Control*) ou política (PBAC – *Police-Based Access Control)* e modelos de segurança de confiança zero. Com a perspectiva do invasor externo, é fácil para as equipes de segurança priorizar esses ativos para correção com base em seu nível de facilidade de ataque e criticidade para o negócio.

Existem outros tipos de automações ofensivas. A *Adversary Emulation* simula grupos de APTs (*Advanced Persistent Threats*). Esses grupos realizam ataques a países ou organizações e atuam em busca de informações de natureza financeira, de segurança e de estratégia econômica. Exemplos são o *Fancy Bear*, da Rússia, e o *Lazarus Group*, da Coreia do Norte.

A automação de *Adversary Emulation* imita uma dessas ameaças, combinando inteligência de ameaças para definir quais ações e comportamentos o *Red Team* utilizaria e construindo diversos cenários. Ao fim das atividades, o *Red Team* e o *Blue Time* conversam para avaliar se existiram cenários que não foram identificados por eles e como podem fazer para aumentar a visibilidade desses vetores de ataques que passaram despercebidos.

Programa de recompensa – *Bug bounty*

Um dos problemas que acontecem dentro das empresas que realizam testes de intrusão é o "vício" dos *pentesters* de testar as mesmas aplicações. Esse vício impede que novas vulnerabilidades sejam identificadas, pois acabam se acostumando com o fluxo dos sistemas. Além disso, dentro de um *Red Team* não existem *pentesters* disponíveis 24 horas por dia, sete dias da semana, para se dedicarem exclusivamente a encontrar problemas de segurança. Eles possuem outras tarefas.

Para tentar amenizar esses problemas, grandes companhias como Google, Microsoft, Airbnb, Facebook, Coinbase, Twitter, entre outras, possuem programas de recompensa para pesquisadores externos. Esses programas são conhecidos como *bug bounty* e oferecem recompensas financeiras para os mais diversos tipos de vulnerabilidades – e quanto mais graves elas forem, maior será a premiação. Basicamente, essas empresas estabelecem o escopo e as regras para os testes, e disponibilizam em plataformas de recompensas como Bugcrowd, HackerOne ou Intigriti.

Em 2022, de acordo com uma matéria publicada por Greig (2022), um pesquisador foi recompensado em US$ 250.000,00 por uma falha na interface de negociação cripto da Coinbase. A causa do *bug* foi a ausência de uma validação lógica em uma API que permitia que um usuário enviasse negociações usando uma conta de origem incompatível, permitindo vender *bitcoins* mesmo sem possuí-los. Assim que a vulnerabilidade foi reportada pelo pesquisador, a equipe prontamente atuou na correção.

Este acontecimento ilustra claramente que se essa vulnerabilidade fosse descoberta por criminosos poderia acarretar prejuízos muito maiores para a empresa, se comparado ao valor da recompensa. Um programa de *bug bounty* pode ser, do ponto de vista estratégico, uma das melhores alternativas para as empresas desenvolvedoras de software incentivar pesquisadores ao redor do mundo a encontrar vulnerabilidades em seus produtos a fim de reduzir sua superfície de ataque, principalmente aquelas que possuem uma grande quantidade de sistemas de alta relevância para o negócio. Esses programas têm atraído cada vez mais a atenção devido ao valor elevado das recompensas. Em 2022, um pesquisador de segurança conhecido por 'satya0x' ganhou US$ 10 milhões ao descobrir uma vulnerabilidade na plataforma Wormhole, que é utilizada para a interoperabilidade entre *blockchains* como Ethereum, o maior prêmio pago até o momento.

Segurança estratégica

É um desafio integrar os objetivos das áreas de negócios com as metas de segurança que precisam ser alcançadas com sucesso. Conseguir mapear interdependências e interesses comuns não é uma tarefa fácil. É necessário trabalhar em uma ação conjunta com diversos times e realizar o desdobramento efetivo das ações do plano diretor.

Desenvolver uma estratégia de cibersegurança vai ajudar a reduzir riscos dos ativos. Como as tecnologias e ameaças mudam a todo instante, muitas empresas hoje criam seus planos a curtíssimo prazo, com ações direcionadas em duas etapas por ano. O objetivo final de criar uma estratégia de segurança cibernética é preparar cada vez mais a organização para reagir de forma proativa a ataques e possíveis incidentes.

Não existe uma receita de bolo para a segurança estratégica, mas é extremamente importante ter um mapeamento prévio do cenário da empresa. Precisamos entender os tipos de ataques que a organização tem sofrido nos últimos meses e quais ameaças são detectadas. O primeiro passo é mensurar e ter visibilidade do que ocorre dentro do cenário cibernético; só a partir disso vamos conseguir entender bem o que será necessário implementar. É importante também entender o cenário externo: o que acontece na concorrência e no mundo? quais foram os últimos ataques? Será que meu negócio é suscetível a esse tipo de ameaça?

É necessário avaliar o nível de maturidade da empresa em segurança cibernética. O *framework* do NIST é um excelente guia para os primeiros passos em busca desse levantamento de requisitos.

Deve-se focar no que de fato é prioridade para o negócio e atacar os problemas por camadas. No caso de um *ransomware*, sua organização possui um plano de ação para garantir a capacidade de recuperação completa? Se sim, em quanto tempo é possível realizar a recuperação mínima do ambiente sem ter grandes perdas financeiras?

Depois de todo o mapeamento do que é crítico para o negócio e de avaliar o grau de maturidade da segurança, você pode começar a pensar em um plano ferramental que vai ajudá-lo a chegar aos objetivos estratégicos definidos.

Vai depender muito do momento da organização, do quanto ela está disposta a investir em segurança da informação, do quanto o negócio depende de tecnologia e quais avanços serão realizados após esse investimento. Todo investimento gera custos com pessoas e ferramentas. Deve-se colocar na balança qual será o ponto principal atacado. Algumas empresas preferem terceirizar os serviços, desde a avaliação inicial até a implementação das medidas de segurança, com foco na resolução dos pontos mais críticos. Após o projeto implementado, a empresa acaba contratando alguns funcionários para dar continuidade ao projeto.

Após as etapas citadas, você vai precisar apresentar o projeto à alta administração e defender todos os pontos levantados e abordados, mostrar a real necessidade e ter o apoio da diretoria para que o projeto saia do papel. Elabore um plano com papéis e responsabilidades e as etapas que serão realizadas.

Por fim, é necessário e muito desafiador monitorar continuamente as estratégias que foram estipuladas no planejamento. O sucesso do plano também depende muito da avaliação periódica das ações que estão sendo tomadas. É necessário mensurar o que está sendo feito ou o que não está sendo feito dentro do projeto em determinado período; dessa forma, será possível mudar a rota em caso de algum imprevisto ou alguma mudança de prioridade da organização.

Podemos utilizar auditorias internas ou externas para medir se o que foi implementado está em conformidade com os requisitos mínimos esperados. Existe a possibilidade também de usar o *wargame* como apoio. A realização dos exercícios será capaz de simular o que poderia acontecer no caso de um incidente real.

Conclusão

Dentro de uma organização, a maior parte dos incidentes envolvendo segurança da informação, além do fator humano, inclui também o despreparo para responder de forma rápida e eficaz a possíveis ataques. Boa parte dos processos é intermediado por pessoas que em sua maioria não são preparadas para lidar com situações fora dos padrões. É necessário investir em tecnologias robustas de segurança, mas é essencial ter práticas de conscientização dos colaboradores sobre o perigo das ameaças e como proceder diante de cenários adversos. *Wargames* ajudam a mensurar a qualidade dos treinamentos voltados para a conscientização e a resposta a incidentes.

É fundamental que exista um processo maduro de identificação das fragilidades em aplicações e serviços a fim de evitar ataques. É de extrema importância existir parcerias com programas de recompensas para que especialistas do mundo inteiro testem o escopo disponibilizado, ajudando a identificar pontos críticos de maneira mais rápida. Isso também ajuda no engajamento dos times para que as correções sejam priorizadas.

Ter um time de *hackers* éticos proporciona resultados surpreendentes e de alto valor corporativo. Além de ser um profissional com *mindset* ofensivo que está sempre se atualizando em meio a fóruns, treinamentos etc., uma das maiores vantagens é ele já estar inserido na cultura da empresa, conhecer bem os sistemas e interagir com diversos times dentro da organização, tendo um domínio amplo de todo o ambiente.

PARTE III. SEGURANÇA COMPORTAMENTAL

11. Engajando as pessoas na segurança da informação

Rebeca Silva
Rodrigo Costa

A conexão entre engajamento e conscientização é imperativa para a segurança da informação. Não há como conscientizar pessoas sobre os riscos de segurança sem que elas entendam a necessidade disso.

Do mesmo modo, não há como ignorar que essa conscientização deve ser atrativa para que todos prestem atenção.

Conscientização é um assunto recorrente quando falamos de segurança da informação nas empresas ou fora delas. Afinal, quem lida com as informações somos nós, pessoas, e pesquisas recentes apontam que 82% dos incidentes de segurança têm envolvimento de pessoas (VERIZON, 2022).

Desde o primeiro contato que temos com uma informação ou dado, estamos suscetíveis a provocar um incidente. Devemos lembrar que se em algum momento agirmos sem a atenção devida, dinheiro e reputação serão colocados em jogo. A grande questão é: "será que todo mundo se importa com isso?".

Quando partimos do princípio de que a segurança deve ser algo essencial para a continuidade dos negócios de uma empresa, devemos supor que seus funcionários compraram a ideia e fazem parte dessa narrativa. Mas será que os funcionários de fato se importam com o assunto? Conseguem se identificar com ele?

Essa ausência de identificação nos leva a programas de conscientização que não conseguem engajar funcionários.

Como fazer para que essa conscientização gere resultados e engaje os funcionários?

Colocando as pessoas no centro

A conscientização vai muito além de um *checkbox* marcado ou um requisito de auditoria atendido. Ela é essencial para ensinar as pessoas a proteger a informação que usam no dia a dia.

Ou seja, do que adianta um programa de conscientização se as situações e os exemplos utilizados não refletem a realidade dos colaboradores? Se aquilo que é ensinado durante os treinamentos não for aplicável ao seu trabalho?

O alvo de um programa de conscientização deve ser as pessoas: elas devem se enxergar nas situações de risco para entender onde podem estar agindo de forma insegura. E devem conhecer as boas práticas para conseguir aplicar os ensinamentos em suas tarefas diárias.

É certo que alguns assuntos são universais e aplicados a qualquer realidade, mas podem fazer sentido apenas em alguns contextos – e é aí que talvez os funcionários se percam e parem de se importar.

Sendo acessível

Muitos funcionários não conseguem se importar com a segurança porque simplesmente não entendem a forma como o assunto é apresentado. Alguns programas partem da ideia de que as pessoas já conhecem o assunto e deixam de explicar conceitos que só são óbvios para um profissional da área.

A linguagem a ser adotada deve ser a mais próxima possível do público-alvo. A conscientização não é para o profissional de segurança da informação que trabalha na área há anos, mas para a recepcionista, para a equipe de marketing e para o financeiro e outras áreas que às vezes não sabem nem o que é um domínio em um e-mail.

Leve também em consideração funcionários que às vezes não utilizam computadores ou tecnologias similares em suas funções, como seguranças, porteiros, responsáveis pela limpeza etc. Eles também devem entender sobre segurança para proteger suas informações pessoais e também não sofrer com a atuação de engenheiros sociais que queiram tirar proveito deles para invadir o sistema de maneira física.

A abordagem para esse público deve ser diferente, por conta de não trabalharem diretamente com tecnologia. Uma *newsletter*, por exemplo, pode não ser o material adequado. Por isso, pôsteres em elevadores, palestras e vídeos podem ser uma boa alternativa.

A busca por um programa robusto e completo pode transformar a conscientização em algo chato e complexo. Se nossa abordagem não for simples, dificilmente as pessoas vão se engajar. Lembre-se: a conscientização é para as outras pessoas, não para você.

Apresentando leveza

Talvez seja uma verdade universal que a segurança da informação é um assunto chato para a maior parte da população.

Ter que fazer isso ou aquilo às vezes pode passar a ideia de algo enfadonho e desinteressante. É preciso falar de segurança com leveza e até bom humor.

Sim, é um assunto sério, com consequências preocupantes, mas que não precisa ser apresentado de maneira mecânica e engessada.

Utilizar referências conhecidas da cultura popular, trocadilhos e até brincadeiras tende a aproximar o público do assunto, parece tornar a segurança da informação algo mais interessante para quem está consumindo aquele conteúdo.

Talvez, no fim do dia, nosso objetivo seja que o funcionário aprenda algo sem saber que está aprendendo.

Sendo criativo

Uma das melhores maneiras de engajar os funcionários é entregando diferentes materiais. Um programa pautado apenas em treinamentos pode não conseguir atingir a todos. Segundo Gardner (1994), as pessoas possuem perfis cognitivos diferentes, por isso, em vez de entregar um ensino padronizado, devemos tentar entregar uma educação que favoreça o potencial de cada um.

Por isso, é importante que durante um programa de conscientização diferentes tipos de conteúdo sejam compartilhados com os funcionários. O relatório anual de conscientização do instituto SANS (SPITZNER, 2022) indica alguns tipos de materiais que podem ser adotados nos programas: palestras com convidados de fora da empresa, um *podcast* semanal ou mensal, infográficos, vídeos e *lives* com perguntas e respostas sobre diversos assuntos. Materiais que levem o funcionário a se sentir parte do conteúdo podem ser muito interessantes. Exemplos:

- ✓ Jogos de tabuleiro
- ✓ *Escape rooms*
- ✓ Jogos de perguntas e respostas em equipes
- ✓ Ações que simulem situações reais em vídeos ou peças teatrais

Fazer referência a personagens da cultura *pop*, assuntos mais comentados do momento ou memes pode ser uma boa abordagem.

Premiações são excelentes maneiras de engajar o público. Criar *rankings* de funcionários que mais participaram de ações do programa pode levar ao desejo de ser reconhecido por isso. *Vouchers* de produtos e serviços como bonificação de participação ou pontuação em algum tipo de jogo podem ser uma bela alternativa.

Um programa de conscientização dá a todos o privilégio de se tornarem protetores dos dados. A jornada de aprendizado em segurança da informação, com bons conteúdos e uma abordagem que coloque as pessoas no centro, gera um senso de responsabilidade. Todos passam a ficar mais atentos às suas atividades, o que leva à redução dos incidentes de segurança da informação.

12. Cultura e clima organizacional

Hermann Rego

Pode até parecer clichê, mas a cultura corporativa, o clima organizacional e o comportamento das pessoas são fundamentais para que a segurança da informação deixe de ser uma iniciativa e/ou uma perspectiva isolada para se tornar algo realmente compreendido, valorizado, observado e respeitado por toda a empresa. Para extrair o máximo proveito dos investimentos em segurança, as empresas precisam ter engajamento por parte dos seus colaboradores e uma cultura que incentive o desenvolvimento contínuo, a colaboração e o aprendizado ao longo da jornada.

É sabido que a segurança da informação não está restrita ao contexto computacional ou digital, mas envolve infraestrutura, arquivos e informações em meios físicos, segurança patrimonial e ambiental, pessoas, processos etc., englobando a segurança física e do ambiente, a segurança digital, a segurança cibernética e de telecomunicações, e a segurança das pessoas.

Ao tratar a mudança de cultura como um projeto de inovação, gerenciando adequadamente a mudança prevista e necessária, e percebendo essa iniciativa como algo razoavelmente moroso, contínuo e em aprimoramento constante, a empresa tem mais chance de sucesso no projeto, fazendo com que as transformações sejam sustentáveis, menos "forçadas" e de fato se incorporem aos hábitos e rituais corporativos. É necessário implementar uma cultura e um ecossistema em que todos se sintam responsáveis pela segurança, de forma que as pessoas estejam sempre "em alerta", evitando brechas e possíveis tentativas de invasão e agindo como uma primeira linha de defesa. Ledo engano achar que apenas máquinas, softwares e processos serão suficientes para mitigar problemas relacionados à segurança da informação.

Essa cultura de segurança só será efetiva e viável se o *board* das empresas tiver consciência do seu papel, adotar diretrizes claras nas políticas existentes e orientar os demais níveis organizacionais a seguir as diretrizes e seus exemplos.

13. Engenharia social: as pessoas no centro da segurança

Mario Verdibello
Yanis Stoyannis

Introdução

Engenharia social é o conjunto de técnicas utilizadas de maneira subliminar que se aproveita da compaixão e da confiança depositadas nas relações humanas para induzir a prática de ilícitos.

Por exemplo: uma pessoa liga para sua casa se dizendo ser do Ministério da Saúde e requisita seus dados pessoais. No calor da emoção, e com a ideia de ajudar (por acreditar se tratar de algo legítimo), você acaba cedendo. Como argumento para convencer, a pessoa diz que passou recentemente na TV um programa conhecido sobre a campanha. Ou seja, misturam-se elementos reais com fictícios para confundir o alvo. Ora, vamos parar um pouco para pensar: se o Ministério da Saúde fosse fazer contato com alguém, seria através das unidades de saúde de cada bairro, e não com uma ligação anônima, dificilmente verificável (esta é uma dica boa: raros serviços entram em contato com o cliente por ligação – e, ainda assim, com autorização prévia).

Imagine-se sendo a secretária de um executivo de uma multinacional; você sabe que seu patrão vai fazer uma viagem ao exterior. Sendo assim, na véspera alguém chega e lhe entrega um *pendrive*, dizendo que é novo em um determinado setor e que seu chefe irá precisar dos arquivos para a apresentação dele durante a viagem. Poucas pessoas questionariam, dada a especificidade do pedido. O que o *hacker* fez foi pesquisar no site da companhia a agenda da direção. Sabendo da viagem, inseriu previamente um *malware* no *pendrive*, que, assim que plugado, executará um código malicioso em modo *background* (em segundo plano), ou seja, de maneira imperceptível. Óbvio que o meliante iria deixar algumas planilhas ou documentos de texto com nomes convincentes para enganar a vítima.

Outra coisa que ocorre é quando alguém tira um *print screen* da sua foto de perfil do aplicativo de mensagens e a utiliza em outra conta para entrar em contato com um parente seu pedindo para adicionar o novo número se passando por você. Na verdade, o que o *script kiddie*[5] faz é escolher aleatoriamente números de telefone disponíveis na internet (ilegalmente), adicionar no aplicativo de mensagem (WhatsApp, Telegram...) e depois copiar a foto para um outro número, clonando assim o perfil. Sobre a lista de parentes, alguém pode procurar numa rede social ou simplesmente pegar o nome dos pais (já que pessoas mais velhas são mais suscetíveis a golpes digitais, por terem crescido em uma época sem tanta vivência em tecnologia) na mesma lista em que pegaram o número de telefone. Observe que, neste caso, não se trata de invasão a dispositivo informático, mas pura e simplesmente engenharia social!

A facilidade dos meliantes modernos para adquirir um *chip* usando documentos de terceiros, através do próprio site da operadora, torna o seu rastreio muito difícil, pois a pessoa pode ser cuidadosa e usar uma rede *wi-fi* pública com o intuito de não ser identificado, e ainda um celular que não esteja no nome dele, ou seja, sem vínculo algum do IMEI[6] com a pessoa.

Portanto, como vimos, cabe a cada um desconfiar de procedimentos que desviem minimamente do que é considerado usual. Como ficou explícito, as pessoas são o elo mais fraco da segurança, isto é, não apenas são o ponto mais vulnerável de qualquer esquema de segurança, como também são alvos preferenciais dos meliantes digitais.

A engenharia social pode ser usada de modo isolado (quando alguém compra indevidamente meia entrada para um evento e tenta burlar o processo de validação da sua entrada dizendo que esqueceu a carteirinha escolar em casa) ou como parte de um esquema maior. Eu, por exemplo, só gosto de baixar coisas de sites conhecidos. E mesmo estes podem ter sido invadidos e nem saber disso (nada é 100% seguro). Você pode baixar e instalar um programa que considera legítimo e, quando perceber, seu computador está sendo usado indevidamente para minerar criptomoedas em uma grande *botnet*[7] porque o programa original foi adulterado por um *hacker*.

---

[5] Nome dado a golpistas virtuais sem muito conhecimento de tecnologia.

[6] *International Mobile Equipment Identity* é um número de identificação global e único para cada celular. Na verdade, para cada *slot*: portanto, se o aparelho possuir dois *slots*, terá dois números. Para consultar, digite *#06# no seu aparelho.

[7] Rede de computadores infectados que podem ser controlados remotamente e de modo imperceptível para praticar ilícitos.

Phishing

A técnica de engenharia social mais utilizada ainda continua sendo o *phishing*: o *hacker* "pesca" o sujeito ao clicar em *links* falsos achando se tratar de algo legítimo. A escalabilidade desse golpe compensa, pois basta enviar mensagens de texto falsas para milhares de pessoas gratuitamente. Se uma delas clicar em algum dos *links*, já compensou.

Há ainda um método mais prejudicial que é o *spear phishing*, ou seja, "pesca de arpão", onde o golpe é direcionado a uma vítima predeterminada. O alvo é estudado pelos cibercriminosos, podendo ser um indivíduo, uma organização ou um grupo específico, como clientes de uma loja. A ideia não é fazer um ataque em massa, e sim algo direcionado com maiores chances de êxito. Portanto, esse tipo de ataque é muito mais perigoso, pois todos nós podemos desconfiar quando nos chega uma mensagem (por e-mail, WhatsApp, SMS etc.) dizendo que fomos escolhidos e ganhamos um desconto surreal, ou mesmo que fomos premiados em um sorteio que sequer participamos. Mas dificilmente alguém iria suspeitar se recebesse um convite para um evento relacionado ao nosso trabalho, mesmo pedindo autorizações para ter acesso à sua rede social.

Obviamente, a intenção do meliante que enviou o convite falso é se passar por você usando a sua conta na mídia social e aplicar golpes ou roubar dados das pessoas que fazem parte da sua rede de relacionamento. A dica é desconfiar sempre. Por exemplo, verificar se a data divulgada no convite corresponde à data original do evento e se o *link* para fazer o registro é de fato legítimo

Não são só as pessoas que não são da área de TI ou de segurança que caem em golpes de *phishing*. Eu mesmo já caí, comprando inadvertidamente um celular em um site clonado, chamado **compradachina**. O site original era **compredachina** (ou vice-versa). Ou seja, uma única vogal significou R$ 200 a menos no meu bolso. Portanto, preste atenção no endereço do site. Recentemente comprei uma bicicleta cara pela internet. Para verificar a autenticidade do site, visitei o Reclame Aqui[8], que é um site onde consumidores postam reclamações sobre empresas. Lá, além de verificar a autenticidade dos endereços eletrônicos das empresas (clicando na aba 'Sobre' e em 'Ir para o site'), você pode verificar a própria reputação da empresa junto aos consumidores. Outra forma, complementar a essa, de garantir a autenticidade

8 <https://www.reclameaqui.com.br/>.

de um site é indo até o Whois[9], mantido pelo NIC.br, que é o órgão responsável por implementar as deliberações do CGI Brasil (Comitê Gestor de Internet[10]). Lá você pode verificar diversas informações relativas a um domínio de internet do Brasil (.br), como, por exemplo, os dados do responsável e a data de criação. E a data é uma informação importante, pois geralmente um site usado para aplicar golpes foi criado muito próximo do início da onda de golpes. Geralmente dura no máximo três meses até ser bloqueado pelas autoridades.

Outra forma eficiente de engenharia social é quando um meliante descobre a senha da sua vítima ao vê-la digitando por cima do ombro, o chamado *shoulder surfing*. Esta técnica não se restringe apenas a olhar por cima do ombro: também devemos ter cuidado com reflexos nos vidros e câmeras de gravação – principalmente em ambientes comuns. Ainda é recomendado apagar sua digital do leitor de digitais dos caixas eletrônicos e demais lugares, como edifícios comerciais. E se, por algum motivo, você precisar usar um computador público (como do laboratório de uma faculdade), certifique-se de deslogar de todos os serviços após o uso, mesmo que dentro de sua conta local da máquina; de preferência use *safe browsers* caso precise digitar uma senha mais importante, como a de um serviço de *home banking* (não é aconselhável usar um computador público para acessar bancos).

Atualmente há muitas quadrilhas especializadas em se passar por corporações legítimas que oferecem emprego às pessoas. O caos social no Brasil é tamanho que as pessoas se aproveitam do desespero do povo por recolocação no mercado de trabalho e da alta taxa de desemprego para criar verdadeiras empresas de fachada. Vão passando o candidato de um setor para outro, e todos eles com um discurso muito bem ensaiado, criando um contexto perfeito para uma pessoa ávida por emprego depositar uma quantia como parte do processo antes de obter a tão sonhada vaga. No final, acaba sendo vítima de um golpe. Contudo, uma empresa que oferece emprego jamais iria pedir dinheiro nos processos de recrutamento, seleção e contratação, seja qual fosse o pretexto.

Atualmente, para combater o crime cibernético, é preciso desmistificar a cortina que cobre os meliantes, isto é, tornar a vida digital um pouco mais segura. Segurança da informação pode ser percebida como uma barreira para a eficiência, ou seja, quanto mais controles de segurança forem aplicados nos processos, menor será a

---

9 <https://registro.br/tecnologia/ferramentas/whois/>.

10 Órgão criado pelo governo responsável por coordenar e integrar as iniciativas relacionadas ao uso e funcionamento da internet no Brasil.

sua eficiência. Assim como temos grades e cercas em prédios para evitar a entrada de pessoas não autorizadas, também deveríamos atuar de modo análogo no mundo digital. Por exemplo, as operadoras, pensando em lucratividade, comercializam *chips (SIM Card)* quase que de graça (R$ 10) através da internet. A forma mais adequada, sob o ponto de vista de segurança, seria a pessoa ir até uma loja física, apresentar documento de identidade com foto, trazer mais comprovantes e realmente provar que a documentação pertence a ela mesma. Burlas a isso continuariam a ocorrer, porém o número de delitos decairia drasticamente.

Mas não esperemos que as empresas e o governo façam a parte deles, até mesmo porque existe um grande descompasso entre a evolução do arcabouço jurídico e o avanço tecnológico que caminha a passos largos. Nós mesmos podemos contribuir bastante para a segurança geral. De que forma? Agindo com prudência em situações que podem caracterizar um golpe e denunciando as mensagens de *phishing* que recebemos via aplicativo de mensagem (clique nos três pontinhos e em *Report*); até mesmo ligações e SMSs podem ser marcados como *spam*. Em mídias sociais sempre há uma forma de denunciar perfis falsos.

As pessoas no centro da segurança

Uma vez que o espaço virtual é considerado um domínio de guerra[11], o governo do Brasil aprovou a Estratégia Nacional de Segurança Cibernética (E-Cyber) através do Decreto nº 10.222 em fevereiro de 2020 (BRASIL, 2020). Com a ideia de concretizar essa estratégia, lançou em março de 2022 o Plano Tático de Combate ao Crime Cibernético. O eixo principal do plano seria combater as fraudes eletrônicas bancárias – só em 2021 a Febraban (Federação Brasileira dos Bancos) diz ter evitado a perda de R$ 4 bilhões com medidas de prevenção. O plano visa criar um banco de dados de ocorrências, acessíveis pelas polícias civis dos estados e da união, com o intuito de trocar informação para ajudar na celeridade de casos parecidos. Também há um cunho educativo, com o viés de produzir campanhas de prevenção e de conscientização. Será criado também um ambiente de debate e de integração entre as polícias – incluindo a federal – e diversos pesquisadores da área de segurança, órgãos públicos e privados e até organismos internacionais, com o fito de fazer frente aos cibercriminosos. Como resultado do Plano Tático – além de colocar em prática a E-Cyber – poderemos contar não apenas com prevenção, mas com a mitigação e o gerenciamento dos riscos cibernéticos oriundos dos incidentes causados pelos

[11] Domínios de guerra incluem os tradicionais ar, terra e mar e os recentes domínios espacial e cibernético.

cibercriminosos. Ocorrerá também um aprimoramento na infraestrutura crítica de segurança, além de uma melhora no embasamento legal e regulamentar – importante para que as leis sejam o espelho das demandas sociais.

As pessoas estão no centro da segurança: não apenas pela responsabilidade e pelo poder de decisão para combater as ameaças, mas porque também são as principais vítimas, especialmente devido a táticas cada vez mais avançadas de engenharia social e por atitudes de negligência e imprudência com relação à segurança que resultam em situações de risco. Se alguém tiver a curiosidade de analisar os controles de segurança da norma ISO 27002, perceberá que a imensa maioria dos controles envolve diretamente pessoas. Alguns desses controles se aplicam quando falamos em: elaboração de políticas; contratos com terceiros; classificar informação; analisar o histórico de recursos humanos; fornecer treinamentos; retirar direitos de acesso; controles de acessos; definição de senhas; conceder o menor privilégio possível a visitantes; acompanhar terceiros dentro da empresa; preocupação com o descarte de ativos de informação; segregar as funções atribuídas aos colaboradores (diminuindo a superfície de ataque); revisar os documentos que fazem parte da política de segurança da informação; estabelecer um processo controlado para a gestão de mudanças na organização; gerenciar a segurança em rede; criar procedimentos para trocas de informação; padronizar a criptografia; institucionalizar as mensagens instantâneas; gerenciar informações publicamente disponíveis); criar mecanismos para rastrear atividades do usuário (monitorando o uso dos sistemas); realizar auditorias; autenticação externa do usuário; etc.

As pessoas, em uma organização, são importantes não apenas para buscar a eficiência do uso dos controles, mas para a definição dos próprios controles. Quanto mais um controle for compreendido pela alta gestão como sendo fundamental, mais atenção a diretoria dará a ele: seja através de incentivos, no apoio à institucionalização (no dever do cumprimento por parte dos colaboradores, incluindo punições) e até mesmo quando o assunto envolve patrocinar a aquisição de alguma tecnologia de segurança necessária para a implantação de algum controle.

As pessoas são o centro da segurança em nossas vidas privadas também. Imagine que um amigo compartilhe com você via WhatsApp um *link* para uma promoção. Por vir de um amigo, você clica imediatamente, acreditando se tratar de algo legítimo. Entretanto, o celular dele pode estar comprometido, sem nem mesmo ele saber. As opções mais básicas para contornar o problema é perguntar ao seu amigo se ele realmente enviou a mensagem; ou executar o *link* em um *safe browser*. Você também pode ir até o <https://www.virustotal.com/gui/home/upload>. Lá você pode consultar URLs e arquivos (fazendo o *upload* para o site), o que retornará um status com a classificação da URL ou do artefato – sendo as duas principais *clean* ou *malicious*. A verificação é realizada com mais de 50 soluções de *antimalware* do mercado com o objetivo de proporcionar maior credibilidade aos resultados.

Cuidados com o celular

Pode acontecer de você comprar um celular novo que já venha com um monte de programas extras instalados. A minha recomendação é fazer um *hard reset*[12] nele, pois pode haver programas ocultos instalados que não aparecem quando em execução. Pode ser preciosismo, mas não custa nada fazer isso por precaução.

Outra prática importante é ativar o segundo fator de autenticação sempre que possível em todos os aplicativos, que é um método complementar de verificação de acesso além da senha. Esse segundo fator de autenticação geralmente consiste no envio de um código secreto aleatório para o seu celular via SMS ou correio eletrônico. Para ter acesso ao aplicativo, você deverá fornecer esse código logo depois da sua senha. Agindo dessa maneira, a autenticação, que é o processo de validação da pessoa que está acessando o aplicativo, se torna muito mais segura, evitando que meliantes utilizem, por exemplo, o seu aplicativo do banco para cometer fraudes como transferência de dinheiro ou empréstimos indevidos.

Uma dica é ativar o segundo fator de autenticação através de um método que impeça que o meliante tenha acesso direto ao código secreto, caso ele tenha o seu celular em mãos. O envio dos códigos via mensagem de texto, por exemplo, possibilita que o meliante tenha acesso ao aplicativo porque esse tipo de mensagem é enviado diretamente para o celular de forma aberta. Esse risco pode ser reduzido se o segundo fator de autenticação for enviado através de e-mail protegido por outra senha.

Caso você perca o celular, tenha sido roubado ou seja vítima de um *SIM swapping*[13], isso impede que alguém use o seu *chip* indevidamente, entre nos aplicativos mais comuns e resete a sua senha através do envio do código de confirmação para o celular. Se você optou por receber esse código via SMS, agora que seu *chip* está na mão de

---

[12] Procedimento que remove todas as informações do celular, deixando-o no estado de fábrica.

[13] *SIM swapping* é quando alguém, se passando por você (com todos os seus documentos – conseguidos em vazamentos da internet), consegue adquirir um *chip* de celular em seu nome, associando o seu número verdadeiro ao novo *chip* (*SIM card*).

bandidos, fica fácil para eles resetarem todas as suas senhas e fazerem uma verdadeira festa. Se você configura para receber o código por e-mail, mas deixa seu e-mail logado em modo permanente no celular, o risco é o mesmo. Por isso é importante usar um e-mail que não fique logado direto para receber as confirmações de segundo fator.

Se por algum motivo você perceber que o seu *chip* foi clonado – o que faz com que você não consiga mais fazer ou receber ligações ou ter acesso à internet através da rede móvel (3G, 4G, 5G) –, entre em contato imediato com a operadora. E se você, por algum motivo, perder acesso ao WhatsApp mesmo com seu *chip* funcionando, envie um e-mail para o <suporte@whatsapp.com> se identificando e relatando o problema.

Uma forma de evitar que o seu *chip* seja usado indevidamente em outro aparelho, em caso de furto ou roubo de celular, é ativar a senha do próprio *chip*. No Android geralmente isso está em Configurações > Segurança > Privacidade > Bloqueio do SIM. Também é possível ir em "Configurações" e pesquisar por "Bloqueio do SIM". Geralmente o PIN (*Personal Identification Number*) inicial é padrão para cada operadora e tem quatro dígitos, conforme quadro a seguir:

Claro	3636
Oi	8888
Tim	1010
Vivo	8486

Se por acaso você digitar este PIN padrão e não der certo, não tente de novo, pois com três tentativas erradas o seu *chip* será bloqueado. Você também pode alterar o PIN padrão criando um próprio para aumentar o nível de segurança. Uma vez que o PIN se encontre ativo no *chip*, será necessário ativá-lo sempre que o celular for reiniciado ou o *chip* instalado em outro aparelho. Isso impedirá que o seu *chip* seja utilizado indevidamente para fazer ligações, acessar a internet e até mesmo receber mensagens via SMS.

Outo código importante presente nos *chips* é o PUK (*PIN Unlock Key*), que tem a função de desbloquear um *chip* que foi bloqueado acidentalmente, por exemplo, ao utilizar o PIN incorreto por três vezes consecutivas. O PUK é composto por oito dígitos e suporta um limite máximo de tentativas até o seu bloqueio, geralmente nove. Se o limite de tentativas do PUK for atingido, o *chip* será bloqueado definitivamente. Se isso acontecer, você precisará ir presencialmente a uma loja da operadora para reativá-lo.

Caso não possua o cartão que vem junto com seu *chip* – com as informações de PIN e PUK –, você pode entrar em contato com as operadoras através dos seguintes números:

Claro	1052
Oi	1057
Tim	1056
Vivo	1058

O ideal é manter o cartão que vem junto com o *chip* para ter esses códigos à disposição quando necessário. A senha do *chip* é um recurso importante caso o seu celular seja roubado, pois se o seu *chip* estiver em mãos erradas ele será bloqueado com três tentativas inválidas de PIN, evitando que o bandido consiga entrar em suas contas usando o segundo fator de autenticação via SMS e faça uso do seu número de celular.

Entretanto, colocar senha no *chip* só resolve para casos em que o celular for roubado. Não tem efetividade de proteção no caso de haver um *insider,* que é um criminoso infiltrado dentro da própria operadora e que faz parte de uma quadrilha, que executa o procedimento de *SIM swap,* que consiste na associação do seu número de celular a um novo *chip* de posse dos bandidos. O que resolve nesse caso é usar como segundo fator de autenticação um e-mail que não permanece logado automaticamente no celular (de preferência, crie uma conta de e-mail dedicada somente a esse segundo fator de autenticação).

Outro código importante para segurança é o IMEI (*International Mobile Equipment Identity*). Consiste num código de 15 dígitos que é global, exclusivo e registrado de forma permanente em cada aparelho durante o processo de fabricação. Por ser único para cada aparelho, possibilita bloquear o celular em caso de perda ou roubo, além de ajudar na comprovação da propriedade do aparelho ao registrar um boletim de ocorrência. O IMEI pode ser obtido de várias formas: na nota fiscal de compra, na embalagem original, gravado próximo ao compartimento da bateria ou ao digitar o código *#06# na função telefone. Como o IMEI está associado ao *slot* do *chip*, um aparelho pode ter mais de um IMEI. Anote o IMEI do primeiro *slot* que será suficiente para bloquear o aparelho. Por isso, mantenha o IMEI em lugar seguro e use-o quando for necessário bloquear o aparelho junto à operadora. Uma vez bloqueado, o aparelho não poderá mais ser utilizado, independentemente se for instalado um novo *chip*. Essa ação ajuda a inibir o roubo de celulares para comercialização ilegal.

Uma inciativa importante para combater o roubo e furto de aparelhos é o programa chamado Celular Seguro[14], conduzido pelo Ministério da Justiça e Segurança Pública. O objetivo é agilizar o processo de comunicação do furto de celulares e o bloqueio do aparelho e de contas de aplicativos, principalmente de instituições financeiras. Caso ocorra o furto do seu celular, você ou pessoas de sua confiança previamente cadastradas poderão abrir uma ocorrência através do aplicativo do programa. Assim, todas as instituições e empresas parceiras do programa receberão o comunicado da ocorrência e poderão iniciar o processo de bloqueio. Isso não impede a necessidade de registrar a ocorrência junto às autoridades policiais e comunicar o fato junto à sua operadora e aos bancos.

Uso da inteligência artificial

Apesar da inteligência artificial (IA) ser um campo de estudo das ciências da computação de longa data - meados da década de 50 -, somente tomou impulso no mercado há alguns anos através dos assistentes pessoais, como Alexa e Siri, e se popularizou ainda mais com o surgimento de algumas plataformas, como DALL-E 2 e ChatGPT. De fato, vários fatores levaram à evolução da IA, como o barateamento dos computadores, a ampliação da capacidade de processamento, o aumento exponencial do volume de dados, a maior conectividade de rede e o aprimoramento dos modelos matemáticos e algoritmos. Temos um cenário muito promissor quanto ao uso da IA, com praticamente todos os setores do mercado apresentando resultados reais que contribuem para a evolução da sociedade em geral. Entretanto, a IA vem sendo utilizada também para promover ataques cibernéticos e empregar técnicas avançadas de engenharia social.

Data poisoning

Cada vez mais, a inteligência artificial é utilizada para a automação de processos de tomada de decisão ou apoiar os profissionais dos mais diferentes setores da economia, através de um conjunto de informações consolidadas ou com conselhos e orientações que contribuem para o processo decisório. Ocorre que os modelos baseados em aprendizado de máquina (ML - *Machine Learning*) dependem muito da qualidade dos dados utilizados para alimentação e treinamento dos algoritmos, pois se os modelos forem alimentados com dados inapropriados, a inteligência artificial será praticamente inútil ou talvez até apresente resultados prejudiciais. Isso leva a

---

14 <https://www.gov.br/pt-br/apps/celular-seguro-br>.

uma preocupação com relação a resultados totalmente equivocados através de um novo tipo de ataque cibernético, denominado *data poisoning*, ou envenenamento de dados. Trata-se de uma técnica avançada de engenharia social que busca corromper a integridade e a confiabilidade do modelo através da inserção de dados falsos ou da alteração criminosa dos dados exatamente na fase de treinamento do algoritmo. Uma vez que o modelo seja comprometido, fornecerá resultados diferentes dos esperados, induzindo os profissionais a tomar decisões inapropriadas e inadvertidas a favor dos interesses do atacante.

Para mitigar riscos relacionados ao envenenamento de dados, torna-se necessário adotar mecanismos para garantir a confiabilidade na fase de treinamento dos modelos de IA, diferentemente da fase de inferência, o que é um grande desafio de segurança pelos seguintes fatores:

- ✓ Garantir a autenticidade das fontes de informação.
- ✓ Estabelecer mecanismos de controle de integridade durante a transmissão.
- ✓ Confeccionar filtros de conformidade dos dados de treinamento através de critérios ajustados para cada modelo da IA, para que possam identificar e bloquear dados inapropriados.
- ✓ Determinar modelos para verificação e aferição dos resultados obtidos, com o intuito de validá-los, rejeitando aqueles que aparentam estar comprometidos.

Deepfake

Como a engenharia social se baseia na confiança mútua das relações humanas para a prática de ilícitos, a inteligência artificial se torna uma ferramenta poderosa para atingir esse objetivo. *Deepfake* consiste em uma técnica baseada em redes neurais para a manipulação de imagens, videos, vozes e textos com o intuito de convencer as vítimas de que as informações são legítimas e verdadeiras. Já existem inúmeras ferramentas de *deepfake* disponíveis para vários usos, inclusive diversão, mas elas têm sido cada vez mais empregadas em golpes, pois ao enganar as vítimas mais facilmente as chances de sucesso aumentam significativamente. *Deepfakes* são desenvolvidas a partir de algumas áreas da inteligência artificial, como aprendizado de máquina (*deep learning*), para reconhecer padrões a partir de um conjunto de amostras e envolvem o treinamento de redes neurais generativas (GAN – *Generative Adversarial Networks*) para criar vídeos, imagens e áudios falsos que pareçam verdadeiros. Consequentemente, os golpes serão mais difíceis de ser identificados, elevando consideravelmente as taxas de sucesso.

As estratégias para evitar cair em golpes baseados em *deepfake* não são triviais, porque apenas programas de conscientização podem não ser tão efetivos. Os usuários dificilmente conseguirão diferenciar o que é real e o que é falso, principalmente se o ataque for construído a partir de informações verdadeiras e criar uma situação que pareça fidedigna. Por exemplo, se o executivo financeiro estiver viajando para um congresso no exterior e estiver com a agenda ocupada devido aos inúmeros compromissos, um criminoso pode aproveitar essa dificuldade de comunicação devido à viagem e enviar um vídeo ou uma mensagem de voz falsa para a sua equipe se passando pelo executivo e pedindo que realizem uma transferência financeira urgente para um dos fornecedores da empresa, associando-a ao pagamento de uma fatura em aberto e explicando que conseguiu um bom desconto com o presidente da empresa, que também se encontra no mesmo congresso – mas que para conseguir esse benefício a transferência precisa ser imediata. O nome do fornecedor é real, assim como a fatura em aberto, mas a situação do desconto é falsa, assim como a conta bancária do destinatário, que pertence a um membro da organização criminosa. Pressionados pela situação e pela impossibilidade de verificação da veracidade do fato junto ao executivo, a empresa pode ser vítima do golpe por acreditar que a mensagem recebida é verdadeira devido ao contexto real.

Desse modo, outros mecanismos de controle devem ser incorporados na empresa de forma a aprimorar a segurança dos processos de negócio. No exemplo anterior, poderiam ser colocados níveis de controle para a equipe confirmar a informação com os representantes da empresa e junto à instituição financeira para averiguar se a conta bancária realmente pertence ao fornecedor.

Dicas finais

As táticas de engenharia social são potencialmente infinitas pelo fato de evoluírem com o tempo. As mais recentes utilizam recursos de *deep learning*, uma das subáreas da inteligência artificial para reconhecer padrões através de um conjunto de amostras. O próximo passo é utilizar redes neurais generativas (GAN – *Generative Adversarial Networks*) para criar vídeos, imagens e áudios falsos, o que chamamos de *deepfake*. Já existem inúmeras ferramentas de *deepfake* disponíveis para vários usos, inclusive diversão. Mas o uso da inteligência artificial para a engenharia social, o que chamamos de engenharia social avançada, é um enorme desafio para a segurança, pois vídeos e conversas falsas podem parecer reais, aumentando consideravelmente a probabilidade de enganar as pessoas. Consequentemente, os golpes serão mais difíceis de ser identificados, elevando as taxas de sucesso.

Por isso, o primeiro critério que devemos ter em mente para evitar cair em golpes de engenharia social é ter o pé no chão. Devemos sempre desconfiar de tudo, por mais que pareça verdade.

Entretanto, por mais cuidadosos que sejamos, em algum momento da vida poderemos ser vítimas de um golpe. Nesse caso, o fator primordial é reduzir o tempo em que você consegue responder a contento. Ligue para o banco imediatamente após perceber o embuste, bloqueie cartões, troque a senha de seus e-mails, comunique o roubo do celular à operadora e tome quaisquer outras medidas que julgue necessárias, como registrar o ocorrido no programa do governo denominado Celular Seguro. Nessas horas é importante ficar calmo e avaliar onde estariam os principais riscos. Também é importante fazer um BU (boletim unificado) *on-line* no site da polícia do seu estado, pois assim você se resguardará de possíveis complicações legais e será uma forma de provar futuramente que você foi vítima de um golpe e tentar ser ressarcido de eventuais prejuízos.

Evite fazer *downloads* de programas em sites desconhecidos da internet. Prefira acessar o site da empresa e baixar aplicativos em fontes fidedignas. Não abra *links* em mensagens recebidas de pessoas desconhecidas, seja por e-mail, SMS, redes sociais ou aplicativo de mensagens instantâneas. Se algum amigo lhe enviar algo fora de contexto, confirme se ele teve essa intenção. Evite ser impulsivo. Tenha sempre um antivírus de boa reputação instalado nos seus equipamentos. Outro dia digitei "youtube" errado e o antivírus me avisou: "ypoutube.com" era um site perigoso. Se for criar uma chave PIX, evite o CPF; pode ser perfeccionismo, mas muitos sites usam o CPF como *login* (quanto menos informações dermos aos atacantes, melhor).

Por último, gostaria de deixar um teste do Google contendo oito cenários para você verificar se está apto a identificar casos de *phishing*; se gostar, pode repassar aos colegas de trabalho e amigos:
<https://phishingquiz.withgoogle.com>

Vai confiar que o site é legítimo ou vai investigar antes?[15]

---

15 No caso, o site é realmente confiável; trata-se de uma parceria entre Google e Jigsaw.

14. Certificando o profissional de segurança da informação

Pedro Bezerra

Certificação em segurança da informação é um tema que ano após ano gera as mesmas dúvidas: "eu tenho que tirar certificação para trabalhar com segurança da informação?"; "devo me certificar ou fazer uma graduação?"; "qual é a melhor certificação?". Não existe uma regra única. Há profissionais com carreiras de muito sucesso que não precisaram de certificação, mas também existem profissionais com o mesmo sucesso que tiveram que se certificar.

Neste capítulo iremos apresentar características, nomes e entidades certificadoras. Não é o objetivo aqui informar qual é a melhor certificação, listar todas as existentes no mercado ou fazer qualquer tipo de ordenação por importância. Queremos auxiliá-lo em três questões:

- ✓ O meu momento atual de carreira exige uma certificação?
- ✓ Qual certificação possui as características que preciso?
- ✓ Qual será o impacto em minha carreira após obter a certificação?

Instituições, públicas ou privadas, que informam nomes de certificações durante o processo seletivo ou contratação de prestação de serviço tendem a seguir regulamentações específicas. Governos possuem processos de contratação que exigem o mais alto nível de transparência e responsabilidade com o uso do dinheiro público; portanto, exigem que os profissionais sejam certificados por institutos dedicados aos estudos de segurança da informação. Instituições privadas, quando possuem obrigações legais relacionadas à segurança da informação ou privacidade de dados, também tendem a necessitar de profissionais certificados.

Prestadores de serviço são as principais instituições que exigem certificações de profissionais de segurança da informação, pois, normalmente, atuam em projetos com quantidade limitada de tempo e recursos. Seja em consultoria ou uma operação terceirizada, ter profissionais certificados possibilita montar equipes que possuem o mesmo conhecimento, o mesmo alicerce teórico, e assim entregam valor muito rápido.

Obter uma certificação é apresentar à sociedade que você possui o conhecimento necessário para executar aquela atividade, seguindo o que reza as disciplinas da certificação. É demonstrar que você não apenas possui experiência, como também se submeteu a um processo de validação do seu conhecimento e "passou".

A certificação está diretamente ligada ao momento da carreira em que você se encontra: existem certificações para analistas, especialistas, gerentes, diretores etc. Ainda que o seu momento de carreira não exija uma certificação, é essencial que você esteja pronto para se certificar. São frequentes os casos de mudanças empresariais em que um profissional não certificado é orientado a obter uma certificação.

Mas qual certificação escolher, seja para se preparar ou para responder a uma exigência do mercado? Vamos sumarizar o conteúdo publicado por Jerimy em *Security Certification* Roadmap[16] (2022). Recomendamos que você acesse o conteúdo completo para maior facilidade na escolha de qual certificação escolher. Os próximos parágrafos apresentarão a correlação entre a disciplina técnica de segurança da informação e o nível de experiência do profissional (júnior, pleno ou sênior), com o intuito de sinalizar o nome da certificação resultante dessa correlação.

Security Certification Roadmap

As práticas de **segurança de rede** são umas das mais antigas em segurança da informação, e profissionais iniciam sua jornada de certificação através de fornecedores de tecnologia. Dentro da jornada de júnior, podemos citar os fornecedores e certificações: Cisco (CCSA), Juniper (JNCIA-SEC), Palo Alto (PCNSA) e Fortinet (NSE 3). Dentro da jornada de pleno, podemos citar os fornecedores e certificações: Cisco (CCSE), Juniper (JNCIS-SEC), Palo Alto (PCNSE) e Fortinet (NSE 5). Dentro da jornada de sênior, podemos citar os fornecedores e certificações: Cisco (CCIE Sec), Juniper (JNCIE-SEC) e Fortinet (NSE 8).

Logo após a tradicional segurança de rede, temos a disciplina de **gestão de identidade e acesso**. Ela trata de temas como segregação de papéis e funções, rotinas de desligamento dos acessos quando não mais necessário, características de perfis de

---

16 <https://pauljerimy.com/security-certification-roadmap/>.

acesso, uso seguro de senha etc. Dentro da jornada de júnior, podemos citar Microsoft (SC-900) e *Identity Management Institute* (CAMS). Dentro da jornada de pleno, podemos citar *Identity Management Institute* (CIAM). Dentro da jornada de sênior, podemos citar Cisco (CCIE Sec).

As certificações de **engenharia e arquitetura de segurança** possuem como requisito o conhecimento técnico aprofundado sobre o funcionamento de sistema operacional, softwares, serviços em nuvem etc. Assim que o profissional estiver operando a ferramenta do fornecedor com significativa experiência, ele começa a identificar recursos adicionais, e configurações de segurança são um desses recursos. As certificações desse grupo exigem que o profissional saiba blindar a tecnologia ou aplique as configurações de *hardening*. Ele deve conhecer em detalhe as recomendações de segurança do sistema operacional e os controles de proteção e monitoramento de infraestrutura em nuvem (ex.: *cloud security*, *DevSecOps*, *DevOps* etc.). Dentro da jornada de júnior, podemos citar *Amazon Cloud Practitioner* (AWS CP), *Google Associate Cloud Engineer* (Goole ACE) e *Kubernetes and Cloud Native Associate* (KCNA). Dentro da jornada de pleno, podemos citar *Amazon Certified Security – Specialty* (CSS), *Microsoft 365 Certified Enterprise Administrator Expert* (MS-100) e *Linux Foundation Certified System Administrator* (LFCS). Dentro da jornada de sênior, podemos citar *VMware Certified Design Expert* (VCDX), *Microsoft Certified Azure Solutions Architect Expert* (AZ-305) e *Linux Professional Institute LPIC-3 Security* (LPIC-3).

Segurança de ativos é uma disciplina antiga e tem seu alicerce nos conceitos de contabilidade, onde algo necessário para a operação do negócio é denominado como "ativo". Essas certificações têm características generalistas, então é comum encontrar jornadas de estudos parecidas com as certificações ITIL® ou CobiT®. Dentro da jornada de júnior, podemos citar *ITIL® Foundation, EXIN Privacy and Data Protection Foundation* (EPDPF) e *CompTIA Security+*. Dentro da jornada de pleno, podemos citar *EXIN Privacy and Data Protection Practitioner* (EPDPP), *InfoSec SCADA Security Training Boot Camp* (CSSA) e *IAPP Certified Information Privacy Technologists* (CIPT). Dentro da jornada de sênior, podemos citar *CompTIA Advanced Security Practitioner* (CASP+), *Certified Information Systems Security Professional* (CISSP) e *ITIL® Master.*

Na área de gerenciamento de riscos e segurança, temos diversas certificações, mas é importante reforçar a existência de uma disciplina antiga e específica denominada **Governança, Risco e Conformidade** (GRC). A governança tratada nesta disciplina propõe a conexão das ações de segurança da informação ao trabalhado do conselho de administração das empresas. O risco corporativo deve considerar a probabilidade e o impacto de um ataque cibernético e a conformidade deve considerar a efetividade da monitoração e da proteção da segurança da informação. Dentro da jornada de júnior, podemos citar *Information Security Foundation based on ISO IEC 27001* (EXIN), *GIAC Information Security Fundamentals* (GISF) e *Security Administrator Certification* (SSCP). Dentro da jornada de pleno, podemos citar *ISACA's Certified in the Governance of Enterprise IT* (CGEIT), *Certified Cyber Resilience Professional* (CCRP) e *EC Council Information Security Manager* (EISM). Dentro da jornada de sênior, podemos citar *ISACA's Certified Information Security Manager* (CISM), *Information Security Management Expert based on ISO/IEC 27001* (EEXIN ISM) e *GIAC Strategic Planning, Policy, and Leadership* (GSTRT).

O grupo de certificações para **testes e avaliações de segurança** tem seu alicerce na prática de auditar processos e sistemas. Essas certificações não devem ser confundidas com certificações de segurança ofensiva, que iremos abordar nos próximos parágrafos. Elas objetivam entender quais são os controles de segurança necessários para determinado nicho de mercado, quais os motivadores para sua existência, qual o seu "melhor desenho conceitual", quais testes trazem o melhor resultado possível da avaliação do controle etc. Dentro da jornada de júnior, podemos citar *EXIN Cyber and IT Security Foundation* (EXIN CIT) e *GIAC Security Essentials* (GSEC). Dentro da jornada de pleno, podemos citar *ISO/IEC 27001 Lead Auditor* (PECB 27001 LA) e *PCI Qualified Security Assessor* (QSA). Dentro da jornada de sênior, podemos citar *GIAC Systems and Network Auditor* (GSNA).

Desenvolvimento seguro é uma das disciplinas mais antigas de segurança da informação. Às vezes a vulnerabilidade está no próprio software, às vezes na interação entre o software e o sistema operacional ou hardware dedicado. Portanto, se existe vulnerabilidade, existe a necessidade de práticas de segurança no desenvolvimento do software. Dentro da jornada de júnior, podemos citar *GAQM Certified Software Security Tester* (CSST) e *MOSSE Certified Application Security Engineer* (MASE). Dentro da jornada de pleno, podemos citar *EC-Council Certified Application Security Engineer* (CASE) e *Certified Secure Software Lifecycle Professional* (CSSLP). Dentro da jornada de sênior, podemos citar *GIAC Reverse Engineering Malware* (GREM).

A **ISO 27001** simboliza há muitos anos a importância de estruturar e manter uma operação de segurança da informação. É comum profissionais tratarem essa orientação como algo do dia a dia, de certa forma até diminuindo a complexidade do tema. Observando a quantidade de certificações existente, fica claro que este é o tema mais diverso e complexo. Por conta disso, separaremos em quatro subáreas: forense ou investigação; incidente; teste de penetração/invasão; *exploitation* ou exploração da vulnerabilidade.

Certificações de **forense ou investigação** validam o conhecimento técnico do profissional em investigar equipamentos eletrônicos envolvidos em crimes digitais ou situações similares. O profissional com uma ou mais de uma dessas certificações está pronto para registrar evidências e entregá-las a advogados e ao poder público. Dentro da jornada de júnior, podemos citar *GAQM Certified Forensic Analyst* (CFA) e *Mile2 Certified Network Forensics Examiner* (NFE). Dentro da jornada de pleno, podemos citar *EC-Council Certified Hacking Forensic Investigator* (CHFI) e *GIAC Advanced Smartphone Forensics* (GASF). Dentro da jornada de sênior, podemos citar *GIAC Cloud Forensics Responder* (GCFR) e *IACIS Certified Forensic Computer Examiner* (CFCE).

O ataque cibernético, independentemente do tipo e da intensidade, recebe ações internas que normalmente são registradas em um **incidente**. O período em que um incidente está aberto é extremamente estressante e exige de todos a disciplina de seguir os procedimentos internos estabelecidos. As atividades de resposta a incidentes, restauração das cópias de segurança, análise de causa-raiz e continuidade do negócio são disciplinas exigidas para obter as certificações dessa subárea. Dentro da jornada de júnior, podemos citar *EC-Council Certified Network Defender* (CND) e *IT Governance Cyber Incident Response Management Foundation* (CIRM Fdn). Dentro da jornada de pleno, podemos citar *EC-Council Certified Incident Handler* (ECIH) e *GIAC Certified Incident Handler* (GCIH). Dentro da jornada de sênior, podemos citar *GIAC Cyber Threat Intelligence* (GCTI) e *Blue Team Level 2* (BTL2).

Teste para verificar o quanto o software ou hardware está protegido contra um ataque cibernético normalmente é chamado de **teste de penetração/invasão**. As certificações desta subárea também recebem a nomenclatura de segurança ofensiva. É comum a quase todas elas a necessidade de conhecimento técnico extremamente aprofundado e familiaridade com laboratórios de simulação de ataques. Os profissionais que encaram a jornada de certificação relatam com frequência as diversas horas que passam estudando comandos técnicos em laboratórios. O crescente interesse na carreira de *Red Team* também impulsionou o mercado a criar diversas certificações para o assunto. Dentro da jornada de júnior, podemos citar *Kali Linux Certified Professional* (KLCP) e *EXIN Ethical Hacking Foundation* (EEHF). Dentro da jornada de pleno, podemos citar *GAQM Certified Penetration Tester* (CPT) e *EC-Council Certified Penetration Testing Professional* (CPENT). Dentro da jornada de sênior, podemos citar *Offensive Security Web Expert* (OSWE) e *Offensive Security Certified Expert 3* (OSCE3).

***Exploitation* ou exploração da vulnerabilidade** é uma disciplina recente e resultante do aperfeiçoamento das práticas de *Red Team*. Quando analisamos as diversas atividades técnicas envolvidas na simulação de um ataque cibernético, constatamos que "encontrar uma vulnerabilidade" é significativamente diferente de "explorar a vulnerabilidade no cenário correto", pois toda vulnerabilidade possui um cenário específico para o sucesso da exploração. É devido a essas características que os relatórios com divulgação de vulnerabilidades colocam uma informação adicional sobre "como é fácil explorar a vulnerabilidade". Por fim, é importante informar que mesmo as certificações para iniciantes são complexas e exigem conhecimentos avançados. Dentro da jornada de júnior, podemos citar *MOSSE Certified Vulnerability Researcher and Exploitation Specialist* (MVRE). Dentro da jornada de pleno, podemos citar *eLearnSecurity Certified eXploit Developer* (eCXD) e *Offensive Security Certified Professional* (OSCP). Dentro da jornada de sênior, podemos citar *Offensive Security Exploitation Expert* (OSEE) e *GIAC Exploit Researcher and Advanced Penetration Tester* (GXPN).

PARTE IV.
SEGURANÇA TECNOLÓGICA

15. Segurança em RPA

Renato Pinheiro de Souza

Segundo a norma ISO/IEC 27000:2018 (ISO, 2018), *Information Security Management Systems – Overview and vocabulary*, "a informação é um ativo que, como qualquer outro ativo importante, é essencial para os negócios de uma organização e consequentemente necessita ser adequadamente protegida".

Em um cenário cada vez mais *on-line*, a informação está exposta a um número sem precedentes de ameaças que podem causar danos diretos e mensuráveis, como a perda de informações sensíveis de um projeto de um novo produto, por exemplo, ou prejuízos financeiros, com multas e processos decorrentes de vazamentos de dados. Entretanto, os danos não mensuráveis podem ser ainda maiores, pois, com a exposição de fragilidades nas "proteções" da empresa, sua imagem junto a parceiros e clientes pode ficar muito comprometida. Tudo isso torna a proteção citada pela ISO ainda mais crítica para o negócio.

Pilares da segurança da informação

Concluímos então que a segurança da informação deve ser "pensada" desde o momento do projeto de implantação da automação (RPA) na empresa. Mas o que devemos considerar ao tratarmos desse tema? Na literatura existe um consenso sobre os serviços essenciais que devem ser garantidos, os chamados pilares da segurança:

- ✓ **Confidencialidade:** trata da garantia de que o acesso à informação será realizado apenas e tão somente pelas entidades autorizadas pelo proprietário da informação.
- ✓ **Integridade:** trata da garantia de que a informação mantenha todas as características originais de quando foi produzida. Isso deve ser assegurado não apenas enquanto essa informação estiver em trânsito entre pares de uma comunicação, mas também quando estiver em repouso.

- ✓ **Autenticidade:** trata da garantia da identidade de quem está enviando ou recebendo a informação, ou seja, as partes envolvidas na transmissão da mensagem são conhecidas, tanto o emissor como o receptor da informação.
- ✓ **Disponibilidade:** trata da garantia de que a informação possa ser acessada pelos usuários autorizados onde quer que estejam, no momento que desejarem. Alguns autores destacam a disponibilidade como o pilar fundamental, pois se a informação não estiver disponível não será possível avaliar nenhum dos demais pilares.
- ✓ **Não repúdio:** também conhecido como irretratabilidade, ocorre quando um indivíduo não pode negar a autoria de uma ação específica.

Percebemos então que uma falha de segurança não é apenas aquela utilizada por atacantes para causar dano ou conseguir acesso ao ambiente, mas qualquer parte da infraestrutura que afete um desses pilares.

O equilíbrio da segurança

Antes de começarmos a tratar de segurança voltada para a automação (RPA), temos uma consideração importante a fazer. Não existe sistema 100% seguro. O trabalho dos profissionais de segurança da informação é tornar esses sistemas tão seguros quanto for possível – e, principalmente, seguros de acordo com as necessidades e com a capacidade da empresa.

O equilíbrio é a palavra-chave aqui: de um lado são listados os requisitos de segurança específicos para o cenário do projeto e, de outro, questões como capacidade de atendimento desses requisitos pela ferramenta, manutenibilidade, custo etc.

Com essa abordagem podemos conseguir alguns resultados importantes do ponto de vista de segurança, como, por exemplo, o mapeamento de quais requisitos de segurança não estão sendo atendidos, permitindo que sejam criados controles para reduzir ou pelo menos monitorar essa possível superfície de ataque, e também, a partir desse mesmo mapeamento, seja construído um plano de ação com os requisitos de segurança pendentes e que poderão ser tratados quando for possível.

Segurança em RPA

Dizemos em nossas apresentações sobre RPA que "robôs" são criados para mimetizar o trabalho do ser humano, fazendo-o de maneira mais rápida e com menos erros. Apesar desse mimetismo, os "robôs" constituem uma nova entidade interagindo com a infraestrutura tecnológica da empresa, expandindo com isso a gama de possíveis ataques. Assim, sua implantação deve ser planejada tendo não apenas como foco a redução de FTEs (*Full-Time Equivalent*) ou de erros nos processos, mas também o aumento da segurança, considerando as particularidades de sua operação.

Como citado no parágrafo anterior, um ambiente de RPA traz novos paradigmas para a infraestrutura de TI que precisam ser considerados. Isso se torna ainda mais crítico, pois os "robôs" normalmente têm acesso a sistemas e informações sensíveis e, dependendo de como forem configurados, funcionam em estruturas normalmente reservadas às aplicações de missão crítica. Com isso, ao explorar uma falha, um atacante poderia conseguir acesso não apenas a esses dados sensíveis, como teria uma porta aberta para executar ataques a essa estrutura reservada.

Nesse ponto cabe um destaque. Ao contrário do que vemos em filmes hollywoodianos, um ataque dificilmente é realizado a partir de um ponto único de falha. Em geral, os atacantes exploram falhas sobre falhas a fim de conseguir um acesso mais extenso aos recursos atacados. Dessa maneira, mesmo que, em um dado momento, a infraestrutura de RPA não possua vulnerabilidades conhecidas, ela pode ser usada como ponte para a exploração de falhas em outros ambientes.

Além disso, existem questões ligadas à segurança do próprio ambiente de RPA, que em várias situações se torna o ponto central na operação entre diversos sistemas da empresa. Com isso, falhas que causem períodos de indisponibilidade nesse ambiente podem afetar toda a operação.

É de vital importância que consideremos a disciplina da segurança da informação desde a construção do projeto para adoção de RPA. Trata-se de um conceito conhecido como *security by design*, que basicamente significa levar em conta a segurança durante todo o processo de desenvolvimento de qualquer solução. Não apenas com um enfoque na solução em si, mas considerando todas as partes que a compõem e sustentam. Com essa abordagem busca-se o oposto de uma segurança reativa, através da incorporação de práticas e ferramentas que visem diminuir a quantidade de ameaças às quais a solução estará exposta.

As camadas de segurança

Neste livro, ao tratarmos da segurança dos robôs, dividiremos nossa abordagem em duas camadas. A primeira olha para a solução de RPA em si e a segunda trata de alguns pontos ligados à coexistência dos robôs com a sua vizinhança, pensando em como eles afetam e são afetados por ela.

Camada do robô

A seleção da solução

Como foi dito anteriormente, é preciso levar a segurança em consideração desde o início do projeto de implantação da solução de RPA. Sendo assim, alguns requisitos da solução elencados nesta fase precisam ser considerados:

- ✓ Recuperação de falhas.
- ✓ Mecanismos para comunicação com os sistemas envolvidos.
- ✓ Controle de credenciais.
- ✓ Capacidade de crescimento (*up and out*).
- ✓ Criptografia de dados e na comunicação.

Além desses requisitos impactarem o custo e por vezes eliminarem da seleção alguns dos *players*, a sua não especificação pode acarretar a necessidade de utilização de ferramentas complementares à solução, tornando-a difícil de manter e por vezes aumentando a complexidade das automações e a superfície vulnerável a ataques.

Disponibilidade

Cada vez mais as soluções de RPA têm figurado como ferramenta fundamental para a operação das empresas, tendo um papel central na execução de processos e na integração de sistemas. Com isso, é preciso levar em consideração cenários de falhas na arquitetura que sustenta a solução. Podemos utilizar diversas estratégias, relacionadas a seguir.

Backup

Provavelmente o leitor já escutou a frase "o ótimo é inimigo do bom", fazendo referência ao fato de muitas vezes não implementarmos algo porque seria apenas bom, quando gostaríamos de ter algo ótimo.

Quando falamos de segurança, principalmente devido à complexidade e ao custo envolvido na implementação de algumas soluções, precisamos ter essa máxima em mente. Em muitos momentos será melhor ter primeiro um "bom", passo inicial em direção ao ambiente "ótimo", do que não nos movermos até que esse "ótimo" seja realizável e permanecermos em uma situação de risco.

O *backup* como mecanismo de disponibilidade de um ambiente é um bom primeiro passo, pois, em caso de indisponibilidade por perda de dados, a restauração desses dados permite deixar o ambiente novamente disponível.

O sucesso dessa estratégia está diretamente ligado ao seu planejamento. Questões como alinhamento do método de *backup* com o indicado pelo fabricante da solução de RPA (apenas de dados ou de outras entidades, como, por exemplo, máquinas virtuais), periodicidade, tipo de mídia e processo de restauração documentado, serão fundamentais para que ela realmente funcione.

Finalmente, cabe destacar que ter um processo de *backup* que nunca foi testado, no sentido de ter seus dados restaurados em uma simulação de incidente de indisponibilidade, pode significar que na verdade ele não existe. Por isso, recomenda-se um processo periódico de testes.

Alta disponibilidade

Outra estratégia disponível em diversas das soluções de RPA no mercado é a recuperação automática de falhas através de mecanismos de alta disponibilidade.

Essa estratégia pode ser conseguida através de recursos da própria solução, que pode disponibilizar servidores de orquestração e servidores de execução de automações redundantes, e mesmo através de soluções de replicação do ambiente através de, por exemplo, ferramentas de virtualização.

Com relação a esse ponto, é importante notar que as soluções disponíveis no mercado oferecem diversos níveis de recursos de alta disponibilidade, variando inclusive de acordo com o tipo de implementação utilizada, *on premises* ou *cloud*. Dessa maneira, o nível requerido pela empresa deve ser avaliado ainda no momento de projeto da implantação da solução.

Cabe ressaltar ainda que, nesses casos, é preciso dar uma atenção especial ao licenciamento da solução, que pode variar tanto para habilitar a alta disponibilidade nativa da plataforma quanto para utilizar esse recurso provido por ferramentas externas.

Proteção de credenciais

As soluções de RPA normalmente interagem com diversos outros sistemas da empresa e é uma boa prática que, para cada um deles, sejam utilizadas credenciais distintas. Isso nos leva a um outro ponto importante a ser considerado: a gestão e proteção das credenciais utilizadas pelas automações.

É crítico que a solução seja capaz de manter, de maneira segura, as credenciais durante a sua utilização e quando estiverem em repouso, armazenadas e fora de uso.

Além disso, é importante que, para fins de auditoria, a solução mantenha registro da utilização dessas credenciais por qualquer entidade da solução, tais como usuários, desenvolvedores, administradores e robôs.

Finalmente, como cada vez mais as soluções de RPA são utilizadas por toda a empresa, é crucial que elas sejam capazes de realizar um recorte de permissões, dando acesso apenas às credenciais a que uma dada entidade tenha acesso. Por exemplo, um desenvolvedor criando uma automação para um determinado "sistema XPTO" só deveria ter acesso às credenciais relacionadas a esse sistema e restrito ao ambiente de desenvolvimento.

Gerenciamento de fragilidades

Como toda aplicação dentro de uma infraestrutura tecnológica, a solução de RPA precisa ser incluída no controle de vulnerabilidades. Todos os itens que compõem a solução devem passar pelo processo de inspeção e "blindagem", através do mapeamento das fragilidades existentes e sua respectiva mitigação.

Esse processo normalmente inclui cada componente da solução, automatizada ou não, nas políticas de atualização. Além disso, é uma boa prática realizar a remoção ou, pelo menos, a desabilitação de *logins* de usuários que não sejam mais utilizados e de serviços desnecessários. Também fazem parte desse processo a remoção e o bloqueio de execução de softwares diferentes daqueles que se destinam à função desejada pela solução.

Lembre-se: o robô mimetiza um humano ao executar seu trabalho, ou seja, muitas proteções que normalmente são pensadas para um humano podem e devem ser utilizadas para o robô. Mantenha soluções de antivírus e *firewall* sempre ativadas e considere a utilização da mínima permissão (*principle of least privilege*), onde apenas aqueles sistemas, sites, arquivos, contas e perfis de acesso que são necessários para a execução do processo automatizado estarão disponíveis.

Código-fonte

Como qualquer outro desenvolvimento, o poder do "robô" está no seu "código-fonte". Ele deve ser protegido, e para isso podemos herdar a experiência obtida no desenvolvimento de software tradicional.

No desenvolvimento tradicional, além do uso do *backup* do código-fonte das automações, já discutido neste capítulo, é recomendável que ele seja versionado, permitindo com isso auditar a autoria de cada alteração e retornar a um ponto funcional do "código" no caso de evoluções malsucedidas.

Adicionalmente, é uma boa prática muito recomendável que o código-fonte em si seja auditado, seja pelos pares de desenvolvimento ou mesmo pela equipe de segurança, evitando aquilo que no mercado é chamado de *security by obscurity*, onde a segurança é garantida pela não divulgação do código-fonte, impedindo que seus "segredos" sejam descobertos, mas também que os pares avaliem sua segurança.

Finalmente, *frameworks* de desenvolvimento seguro devem ser adotados pelo fabricante da solução, como o OWASP (*Open Web Application Security Project*), que tem como intuito eliminar vulnerabilidades e reduzir a probabilidade de sucesso de eventuais ataques.

Camada da vizinhança

Como já dissemos algumas vezes, as soluções RPA mimetizam as atividades do ser humano, mas é importante ter em mente que, apesar de mimetizá-las, os "robôs" são capazes de executar muito mais operações simultaneamente, utilizando mais recursos e de formas diferentes.

Dessa maneira, é importante considerar o impacto da execução dos processos automatizados na infraestrutura de TI da empresa. Podemos listar alguns exemplos de situações em que comumente a "vizinhança" do robô não é considerada.

No âmbito da infraestrutura em si podemos citar questões ligadas ao consumo de banda de rede e internet, já que, em alguns casos, os "robôs" podem executar as atividades centenas de vezes mais rápido que um ser humano. Assim, a conexão do servidor com a rede e mesmo da rede com a internet pode ser consumida em sua totalidade, impactando não apenas a execução dos processos automatizados como outros itens da infraestrutura. Para mitigar esse problema, torna-se necessário determinar o tráfego de rede necessário para atender à demanda do projeto e estabelecer controles de fluxo de dados, como a implementação de mecanismos de QoS (*Quality of Sevice*) ou *traffic shaping*.

Ainda sobre a infraestrutura, precisamos considerar as licenças de softwares e serviços. Dependendo do tipo de licenciamento da solução RPA e de como o processo automatizado for construído, é possível executar várias "cópias" simultaneamente. Assim, um processo que antes da automatização consumia apenas um certo número de licenças, normalmente uma por usuário, pode passar a consumir mais do que foi planejado. Por exemplo, a empresa possui uma licença do sistema ERP para cada um dos três colaboradores de um determinado setor, mas após a automatização dos processos quatro "robôs" passam a funcionar simultaneamente, exaurindo assim todas as licenças e impedindo que seus colegas humanos utilizem o ERP.

Esse olhar para a vizinhança precisa considerar todas as demais áreas, uma vez que os "robôs" figuram como uma nova peça na arquitetura de TI. Assim, é importante que áreas como segurança da informação e governança sejam envolvidas para incluir a solução RPA em suas estratégias. Os robôs podem, por exemplo, disparar alarmes nos sistemas de monitoramento de segurança lateral, caso estabeleçam algum tipo de comunicação não prevista. Da mesma maneira, por exemplo, caso os processos de gestão de mudanças não considerem os "robôs", alterações em sistemas envolvidos nos processos automatizados podem afetar, sem aviso prévio ou plano de *rollback* etc., a sua operação RPA.

É claro que essa lista não é nem de longe completa. Porém, qualquer que seja a solução de RPA, independentemente do tamanho, sua adoção deve ser avaliada por toda a empresa e pelos demais times envolvidos na arquitetura corporativa de TI.

16. Gerenciando suas senhas

Mario Verdibello

Introdução

Se você anota a sua senha em um *post-it* e cola no monitor do seu trabalho, saiba que essa informação está exposta. Se utiliza a data de seu aniversário como senha do cartão, se um dia perdê-lo, quem o encontrar pode descobrir seu aniversário com uma simples busca na internet. Se você costuma usar a mesma senha para tudo, se ela for comprometida, todas as suas contas também estarão.

O aconselhável é usar uma senha diferente para cada aplicativo ou site, e que de preferência seja longa e contenha diferentes conjuntos de caracteres, como especiais, números e letras maiúsculas e minúsculas.

Há três tipos de ataques quando um hacker tenta descobrir uma senha: por **força bruta**, que é quando são testadas todas as combinações possíveis (por isso devemos usar uma senha longa para que o processo seja extremamente demorado); por um ataque através de uma **base de dados** de senhas (como a *rockyou* – que é uma listagem compilada de milhões de senhas comuns, proveniente de vazamentos); e o último e mais sofisticado método, que é o **ataque de dicionário**, onde são testadas senhas formadas por palavras que fazem parte do cotidiano das pessoas, como nome dos pais, data de aniversário, time do coração, nomes usados em filmes preferidos etc. Nesse caso, serão testadas combinações dessas informações. Este último método é muito mais efetivo do que o primeiro, pois o processo de descobrir uma senha baseia-se em palavras existentes, descartando as aleatórias.

No caso do ataque de dicionário, alguém pode se perguntar onde as informações relativas a uma pessoa poderiam ter sido conseguidas. Bem, a forma mais comum é utilizar engenharia social, pedindo para adicionar a vítima na rede social do golpista e se inteirando das informações. Outro jeito poderia ser através de uma investigação

OSINT[17] (inteligência de fontes abertas). Outra forma, não menos eficaz, seria obter informações vazadas através de fóruns da *dark web*[18] ou similares, como em grupos de *hackers* em aplicativos de mensagens com o fito de adquirir informações pessoais de bases de dados vazadas.

A ideia aqui não é incentivar alguém a cometer crimes virtuais, mas instruir o leitor sobre a importância de usar senhas seguras.

Um pouco de matemática

Importante salientar qual seria o universo amostral de cada grupo de caracteres que formam uma senha. Por exemplo, se sua senha só contém números e tem comprimento de 4 dígitos, para cada uma das posições da senha seriam possíveis 10 algarismos (de 0 a 9), perfazendo um total de 10 x 10 x 10 x 10 = 10 mil possibilidades. De acordo com a Estatística, a probabilidade de um *hacker* adivinhar a senha testando todas as combinações é de 50%, ou seja, seria necessário testar 5 mil possibilidades em média para descobrir uma senha. Alguém poderia argumentar que se trata de um número muito grande para adivinhar uma senha, porém um computador simples ou um *smartphone* consegue realizar bilhões de operações por segundo, o que possibilitaria testar todas as possibilidades e descobrir a senha em menos de um segundo.

Se, no caso anterior, acrescentarmos um algarismo a mais no comprimento da senha, ou seja, um total de cinco dígitos, o número de possíveis senhas aumenta para 100 mil (10x10x10x10x10). E caso seja permitido – pelo aplicativo, dispositivo ou site – usarmos também letras maiúsculas e minúsculas em vez de apenas números, teremos para cada posição 26 letras maiúsculas, 26 minúsculas além dos 10 algarismos originais, totalizando 62 possibilidades. Desse modo, a quantidade de possíveis senhas para 4 posições será de 62 x 62 x 62 x 62 = quase 15 milhões de possibilidades. Se juntarmos a isso a quantidade de caracteres especiais presentes na maioria dos teclados (**“!@#$%¨&*()-_+={[}]?/:;<>,.'\|^~**), teríamos pelo menos mais 32 caracteres, perfazendo um total de 94 (62+32) possibilidades para cada dígito. Para os mesmos 4 dígitos, seriam: 94 x 94 x 94 x 94 = mais de 78 milhões.

---

17 *Open source intelligence*, ou inteligência de fontes abertas, é um método de investigação em que as informações são adquiridas em ambientes disponíveis ao grande público, como Google, Facebook, Instagram etc.

18 Os sites indexados pelos algoritmos de busca chamam-se *surface web* – a internet normal como a conhecemos. Abaixo desta está a *deep web*. Uma busca normal no Google não retornaria nenhum site dessa categoria. A *dark web* é um subconjunto da *deep web* que não possui o serviço de DNS e você precisa de um navegador especial para acessar.

Se a senha for de 5 dígitos, seriam: 94 ^ 5 = 7,3 bilhões de possibilidades. Se for de 6 dígitos, serão: 94 ^ 6 = 690 bilhões. Ainda assim, fácil para um computador testar todas as possibilidades em pouco tempo, mas dá para se ter uma ideia de como o uso de conjuntos diferentes de caracteres e o tamanho da senha influenciam em sua complexidade, pois o aumento das possibilidades cresce exponencialmente. Uma senha com oito dígitos implica em cerca de seis quatrilhões de possibilidades, o que já exige uma capacidade de processamento muito elevada para testar todas as possibilidades e um período mais longo

Outro fator que influencia também é a aleatoriedade da senha. Por exemplo, se você utiliza uma palavra padrão de um idioma para formar uma senha, um ataque baseado em lista (como a *rockyou)* seria suficiente para descobri-la. A lista de um criptoanalista profissional perfaz em torno de 100 milhões de entradas. E além das palavras contidas em dicionários (que podem variar de 200 a 800 mil itens – na média – por idioma), ainda há as palavras pronunciáveis (baseadas nas possíveis sílabas de um idioma), listas contendo substituições simples de caracteres por números (como 53nh@5 ou !nd!0), listas de vazamento de senhas, padrões do teclado (como *qwerty*), dentre muitas outras.

Se uma senha é fácil para você, também é fácil para os criminosos.

Evitando a porta da frente

Alguém já deve ter se perguntado como os *hackers* fazem para tentar descobrir nossa senha, já que a maioria das interfaces de autenticação possui mecanismos que impedem repetidas tentativas de adivinhação, como o uso do *captcha*, que é uma técnica utilizada para provar que se trata de uma pessoa fazendo o acesso e não um robô. Acontece que eles não usam a porta da frente (com as defesas ativas). Eles usam a porta de trás. Ou seja, trabalham direto em cima do arquivo que contém o banco de dados das senhas, de maneira *offline*. Tal arquivo pode ir parar nas mãos de *hackers* de diversas maneiras: uma invasão ao servidor da empresa, uma conta de *admin* comprometida, um *laptop* roubado, ou mesmo um funcionário insatisfeito pode tê-lo vazado.

Dessa forma, sem incorrer em *captchas,* em atrasos irritantes, em bloqueios de conta, o arquivo de senhas, mesmo criptografado, passará pelo escrutínio dos criptoanalistas.

O que um *hacker* faz com uma senha e um *login* vazados? Ele tenta usar essas credenciais em outros sites de forma automatizada, através de *bots,* num ataque conhecido como "preenchimento de credenciais" (*credential stuffing*); assim, é possível varrer diversos sites importantes em questão de poucos segundos. A taxa de sucesso estimada pela OWASP[19] para esse tipo de ataque é de apenas 0,1%; entretanto, se um *hacker* possuir uma lista com 1 milhão de pares *login*/senha (credenciais), conseguirá obter acesso em mil casos, tornando o ataque viável.

Por esse motivo, sempre é interessante escolher uma senha diferente para cada site, pois, se sua senha vazar, afetará apenas aquele site em questão e não todos os demais. Além disso, também é muito útil usar nomes de *login* diferentes para cada site (na medida em que os sites permitam). Dessa forma, um *login* vazado afetará a menor quantidade de sites possível. Idealmente, é melhor também evitar colocar informações pessoais no *login* – que sirvam para identificar o indivíduo – como nome e e-mail.

Criando um *login* diferente para cada site, você também evita um ataque conhecido como *password spraying* (algo como pulverização de senha), que é quando um *bot* criado por pessoas mal-intencionadas testa a mesma senha para diferentes *logins* (geralmente os *logins* são provenientes de vazamentos). Os *hackers* invertem a ordem do que acontece na força bruta (o mesmo *login* testado para diferentes senhas) exatamente para escapar dos mecanismos contidos nos formulários *web* que impedem a repetição de tentativas *ad infinitum*. Portanto, pegam uma senha simples como Flamengo123, qwerty, CanetaAzul, !nfr@; e testam para a maior quantidade possível de *logins*. Por isso, também é importante não usarmos senhas tão óbvias.

Apenas a título de curiosidade, o que os *bots* fazem é usar endereços de rede (IPs) distintos se passando por dispositivos diferentes. Com isso, conseguem enganar os mecanismos presentes nas interfaces de *login*, se passando por tráfego normal. Entretanto, as ferramentas de segurança já conseguem criar *pools* de reputação de endereços IP, limitar a taxa de tentativas por IP e assim entregar resposta em tempo real aos sistemas de segurança.

Entretanto, como não podemos confiar na existência de uma ferramenta de segurança na outra ponta, podemos seguir algumas recomendações importantes. A primeira delas é usarmos dois fatores de autenticação.

---

19 *Open Web Application Security Project*, ou projeto aberto de segurança em aplicações *web*, é uma comunidade *on-line* que cria e disponibiliza de forma gratuita artigos, metodologias, documentação, ferramentas e tecnologias no campo da segurança de aplicações *web*.

2FA x 2SV

Segundo relatório de dicas para prevenção de comprometimento de senhas (OWASP CHEAT SHEET SERIES, s.d.), 99,9% dos ataques relacionados a senha cessam com o uso de múltiplos fatores de autenticação (MFA, *Multi Factor Authentication* em inglês).

Sabe quando você entra em um site e ele envia um SMS para você ou pede que escaneie um *QR code*? A isso chamamos de 2 Fatores de Autenticação (2FA – *2 Factor Authentication*), um deles sendo a senha. Mas espere... você está acessando um site do seu *smartphone* e ele manda um SMS para o seu *smartphone*... seria isso uma autenticação em dois fatores? Sinto informar, mas não. O que ocorre aqui é uma autenticação com dois passos de verificação, ou seja, 2SV (*2 Step Verification*).

Antes mesmo de conceituar a diferença entre elas, quis fazer o leitor perceber a disparidade. Nesse exemplo, caso seu celular seja subtraído de suas mãos e se encontre desbloqueado, você não estará adicionando uma camada extra de proteção, já que as senhas geralmente ficam logadas automaticamente no aparelho.

Os fatores de autenticação podem ser de três tipos:

- ✓ **"O que você sabe"**: senha, um PIN, um desenho geométrico.
- ✓ **"O que você é"**: leitura da digital, íris, formato do rosto, linhas da mão, voz, padrão de batimentos cardíacos etc.
- ✓ **"O que você possui"**: um *token* físico ou virtual (que gera senhas a cada trinta segundos), um dispositivo *bluetooth* (que funciona por aproximação) ou um autenticador USB são exemplos.

2FA se refere a dois fatores **distintos**. Alguém poderia argumentar então que, no exemplo, o celular é uma coisa que a pessoa "possui" e a senha é uma coisa que a pessoa "sabe". Conceitualmente estaria certo, mas na prática seria apenas uma ilusão, já que tanto a senha quanto o código de verificação estão chegando no mesmo lugar. É por isso que se você for configurar o segundo fator de autenticação no seu Playstation ou Xbox, na conta do Google ou da Amazon, vai estar escrito 2SV e não 2FA.

Cofre de senhas

Agora que falamos sobre a necessidade de ter uma senha e um *login* específicos para cada site, de esta senha ser comprida, usar vários conjuntos de caracteres e ser aleatória, falta falar sobre como conseguir armazenar tantas senhas.

Para isso, você fará uso de um software conhecido como cofre ou gerenciador de senhas. Nele será possível criar, armazenar e inserir suas credenciais sempre que preciso.

Em vez de decorar de cabeça todas as senhas (que pode chegar a dezenas ou até centenas), você precisa memorizar apenas uma senha-mestra e destravar o seu cofre com ela – por isso o nome.

Além de permitir trabalhar com *login* e senha, quando estiver cadastrando uma senha nova no cofre, você poderá indicar para qual URL se refere o serviço. Isso impede que você insira suas credenciais em um site clonado através de *phishing*.

Um gerenciador pode ser usado na nuvem (como SaaS), instalado localmente como aplicativo ou fazer parte de uma extensão (*plugin*) do navegador.

Também é importante que você consiga instalar uma versão do cofre de senhas em todos os seus dispositivos, portanto ele deve existir tanto para PC quanto para *mobile* e ser compatível com todos os seus sistemas operacionais (Linux, Windows, Mac, iOS, Android) caso opte pela versão local, que considero a mais segura.

Além disso, deve ser observado se o seu gerenciador de senhas preenche automaticamente suas credenciais ou se você tem que clicar com o mouse em cada campo para ser preenchido. Autopreenchimento pode até estar habilitado por padrão, mas o envio automático não. Se os dois estiverem habilitados, abre uma brecha muito grande para qualquer injeção de credenciais ocorrer, como já foi o caso.

O problema maior dos aplicativos gerenciadores de senha gratuitos é que limitam a quantidade de senhas que você pode armazenar (até 50, por exemplo); entretanto, o que talvez seja mais incômodo é limitar a quantidade de dispositivos em que ele pode ser instalado (geralmente um). Se você não quiser dispender dinheiro, instale-o no celular e tenha sempre o dispositivo com você. Ou no computador doméstico, se você não costuma se ausentar por muito tempo.

Esses aplicativos também possibilitam gerar senhas novas aleatoriamente para auxiliá-lo no processo de criação de uma senha nova. Particularmente, não gosto de usar o gerador de senha dos cofres, pois eles são pseudoaleatórios; isso significa que não podemos garantir que seu algoritmo consiga gerar todas as combinações possíveis para um dado espaço amostral. Por exemplo, como vamos checar se o gerador consegue criar todas as senhas possíveis de 16 caracteres, se isso poderia levar algumas semanas? Pode ser que ele comece a gerar números repetidos a partir de um determinado momento, sem alcançar todos os números matematicamente possíveis para aquela quantidade de dígitos. Agora, imagine que o código-fonte do cofre seja extraviado. Pronto, os *hackers* só precisam rodar o algoritmo e ver o que acontece. Não estou dizendo que não são ao menos relativamente seguros, só estou dizendo que não conheço seus algoritmos e que prefiro não confiar. Consigo gerar minhas senhas longas de cabeça, de modo que fiquem bem aleatórias.

Falando em vazamento de código, em agosto de 2022 houve um vazamento de código da LastPassword, um dos principais fabricantes de cofres. O *disclaimer* no site deles, após a divulgação do relatório, dizia apenas que não era para nos preocuparmos, afinal eles usam o conceito de mercado dos desenvolvedores de cofre conhecido como *zero knowledge*, ou seja, conhecimento zero. Isso significa que nossa senha-mestra fica guardada com a gente. Além disso, eles também usam mais de 100 mil rodadas do algoritmo de criptografia para tornar difícil a análise *off-line*, caso alguém tenha o *backup* de suas próprias senhas vazado.

Por falar em *backup* de senhas, isso também é uma característica importante na hora de escolher um gerenciador: a forma como o armazenamento de dados é feito. Alguns fabricantes salvam nossos dados na nuvem, outros localmente, e ainda outros usam a nuvem para fazer sincronização entre dispositivos. Eu prefiro os de base local, para o caso de ficar sem acesso à internet.

Também é importante que consigamos compartilhar alguns *logins* com pessoas da família ou do trabalho. A maioria dos gerenciadores permite tal funcionalidade.

Outra característica observável seria a de o cofre poder servir como visualizador de senhas temporárias. Você utiliza as senhas descartáveis, chamadas de OTP (*One-Time Password*), em vez do conhecido SMS (ver o ataque de *SIM swapping* no capítulo referente à engenharia social). Geralmente, usa-se um aplicativo instalado no dispositivo (como Google Authenticator ou Authy). Todavia, pode ser que o cofre já consiga executar esse papel de segundo fator nativamente.

Há algumas senhas, entretanto, que não devem ser guardadas no cofre. Estas devem ser memorizadas, como a senha que você usa para acessar o computador (antes de acessar o cofre de senhas), sua própria senha-mestra e aquelas que você não consegue inserir automaticamente usando o cofre. Gmail, Dropbox... cada um terá sua lista VIP. Atenção: deixar o cofre gravar suas senhas bancárias é perigoso.

Sem senhas

Há uma discussão interessante e prática sobre o futuro das senhas. Em 2013 foi criada a FIDO (*Fast Identity On-line*), que é uma aliança entre órgãos governamentais, principais empresas de tecnologia do mundo, processadores de pagamento etc. com o objetivo declarado de "ajudar a reduzir a dependência excessiva de senhas do mundo".

Baseando-se na escala do NIST (órgão americano de padrões e normas que se assemelha ao Inmetro e à ABNT) de nível de segurança de autenticação (AAL – *Authenticator Assurance Level*), a FIDO procura tornar os esquemas de senhas independentes dos usuários. O nível 1 seria através da senha pura; o nível 2 já incluiria um segundo fator de autenticação; o nível 3, que é o mais seguro, contempla pelo menos dois fatores distintos de autenticação e proteção contra adulteração através de criptografia baseada em hardware.

Por ter membros como Google, Microsoft e Apple, a quase totalidade dos sistemas operacionais e navegadores será abarcada por esse movimento, que também é conhecido como *passwordless*. Em vez de serem usadas senhas tradicionais trafegando pela rede, a ideia é resolver um desafio localmente, utilizando criptografia assimétrica. Dessa forma, seriam evitados *scams, phishings, man-in-the-middle* e *malwares* que roubam senhas. Na hora que você cadastra o seu dispositivo em um sistema FIDO, um par de chaves pública-privada é gerada (chamada de *passkeys)*. A chave pública fica no servidor para ser compartilhada e a privada no autenticador, que pode ser no dispositivo (com NFC ou *bluetooth*) ou *token* USB; assim, a chave privada não trafega pela rede. Dessa forma, em vez de possuir uma credencial para cada site e *app* específico, você apenas precisa autenticar o dispositivo (que pode ser um celular, *tablet*, PC...) que guarda a chave criptográfica de modo seguro, através da digital, leitura facial ou qualquer outro fator biométrico.

Antes de adentrarmos a fundo nas *passkeys*, é importante notar que o esquema de chaves físicas, como as da Yubico ou Titan, já supre o requisito de nível 3 da FIDO. Tanto é que a Google distribuiu 10 mil chaves físicas para pessoas que se encontram em alto risco, como jornalistas do Oriente Médio, feministas da Ásia, pessoas do alto escalão do governo americano, delegados eleitorais e funcionários de TI com funções-chave. A Yubico também disse que a cada 20 chaves físicas vendidas em seu site uma é doada. A adoção por empresas de grande porte, como Amazon, é importante por dois motivos: primeiro, para encorajar a adoção de práticas seguras pelo restante das empresas, incluindo médias e outras grandes, e segundo, para melhorar a segurança de maneira geral.

As chaves físicas são semelhantes a chaveiros. Possuem saída USB, algumas têm leitor de digital, *bluetooth* e NFC (*Near-Field Communication* – protocolo usado quando pagamos uma compra por aproximação). Com o NFC você pode desbloquear o celular, já que este é mais seguro que o *bluetooth*, pois seu raio de ação é bem limitado; e com o USB, desbloqueia o computador. Sempre que entrar em um site ou *app*, basta confirmar com a chave, dando um toque sobre ela ou com a impressão digital. Alguém poderia argumentar que é incômodo ficar carregando uma espécie de *pen drive* para cima e para baixo, além do celular e da chave do carro. Entretanto, se comparado, por exemplo, a aplicativos autenticadores, que implementam o conceito de TOTP (*Time-based One-Time Password*), as chaves são mais simples de configurar e usar. O que fazer então caso sua chave seja perdida? É recomendado possuir uma chave reserva; assim, se por algum motivo (perda, roubo, mau funcionamento) você não conseguir usá-la, irá até a nuvem e baixará sua chave privada novamente para o novo dispositivo físico autenticador reserva. Sua chave privada fica guardada na nuvem em um *backup* totalmente criptografado, quando da configuração do serviço.

Com o intuito de facilitar ainda mais a vida do usuário, a FIDO decidiu que não é necessário adquirir apenas uma chave cara para servir como dispositivo autenticador, mas também algo que o usuário já possua (como o celular).

Óbvio que há problemas nesse esquema (a perda do celular sendo um deles), entretanto, a FIDO percebeu que quando dispositivos físicos são usados 100% dos ataques de *phishing* cessam.

A forma de recuperar sua chave privada no celular é a mesma para os autenticadores físicos: *backup* na nuvem. Além de biometria, também é permitida a configuração prévia de PIN e desenho geométrico, o que não recomendo nunca, pois alguém pode "surfar" por cima de seu ombro e vê-lo digitando o PIN. Além disso, cuidado especial deve ser tomado na hora de escolher o segundo fator de autenticação na nuvem, uma vez que uma corrente é tão forte quanto seu elo mais fraco.

Por enquanto, você ainda precisará criar uma senha para entrar nos serviços e depois escolher o uso de *passkeys*. Mas, em um futuro próximo, está previsto que o conceito "sem senhas" seja realmente realizado de fim-a-fim, ou seja, com algum tipo de identificação biométrica desde o início do cadastro nos sistemas.

A cibercriminalidade está mirando cada vez mais no ponto de encontro entre a tecnologia e o ser humano, ou seja, poucos ataques concentrar-se-ão em tentar romper esquemas criptográficos, em invadir servidores ou tentar falsificar as *passkeys*. O meu palpite é que é muito mais fácil tentar se passar pelo próprio usuário. Afinal, digital e rosto nós só temos um. Não estou dizendo que isso é fácil com o novo padrão, mas as novas versões do protocolo deverão focar ainda mais nisso.

A ideia da FIDO não é acabar de vez com as senhas, mas trazer mais segurança àquilo que continua sendo a principal vulnerabilidade dos sistemas – o ser humano. Além disso, o padrão foi criado pensando na maioria (que utiliza senhas fracas e as reutiliza) e nos prejuízos decorrentes disso. Enquanto as senhas não morrem, vamos aperfeiçoando nossa relação com elas.

Desenvolvimento seguro

No que concerne ao desenvolvimento seguro, no tocante a requisitos de senhas, resolvi fazer um apanhado das diretrizes e recomendações de alguns dos principais padrões e regulamentações internacionais, como GDPR, ISO 27001, ISO 27002, PCI DSS e NIST 800-53.

Juntando o que cada regulamento ou norma propõe, conseguimos criar um arcabouço de melhores práticas. Há inúmeras dicas importantes:

- ✓ Os sistemas de gerenciamento de senha devem assegurar que o usuário crie apenas senhas de qualidade.
- ✓ Forçar os usuários a mudar a senha após o primeiro *logon*.
- ✓ Manter registro das senhas usadas anteriormente e impedir sua reutilização.
- ✓ Não mostrar as senhas na tela quando estiverem sendo digitadas.
- ✓ Armazenar os arquivos de senha separadamente dos arquivos de sistemas e dos dados da aplicação.
- ✓ Armazenar e transmitir senhas de forma segura (criptografia e/ou tokenização).
- ✓ Bloquear temporariamente as contas dos usuários após seis tentativas erradas de autenticação.
- ✓ Uma vez que uma conta foi bloqueada, ela deve permanecer assim por pelo menos 30 minutos ou até que um administrador do sistema a libere para uso.
- ✓ As telas dos sistemas ou das sessões devem ser bloqueadas após 15 minutos de inatividade.
- ✓ Restringir a repetição e o uso sequencial de caracteres (abcdef, 56789, aaaaa) para gerar senhas
- ✓ Restringir o uso de palavras rotineiras e contidas em um dicionário para a criação de senhas.

Embora a GDPR não defina nenhum requisito específico em termos práticos, ela exige a adoção de medidas de segurança de dados. Antigamente, o NIST era contra o uso de Ctrl+C Ctrl+V (copia e cola), mas agora, com o fito de incentivar o uso de gerenciadores de senhas, o está recomendando.

Outra coisa que gera polêmica é a necessidade de trocar as senhas periodicamente ou não. Existe uma grande discussão se as senhas devem ser alteradas constantemente ou somente quando ocorrer um vazamento ou outro indicador de comprometimento. Tal sugestão se baseia no fato de que usuários adotam senhas fracas quando precisam trocá-las constantemente, utilizando um mesmo padrão e o incrementando de maneira pouco diferente da anterior. Com isso, qualquer senha antiga que vaze compromete todas as outras. Além disso, a recomendação de não trocar as senhas melhora a experiência do usuário e diminui os custos associados à troca de senhas. Por outro lado, utilizar a mesma senha por longos períodos aumenta o risco de exposição e vazamento. Se uma senha antiga for descoberta, mas já tiver sido alterada, o risco de acesso indevido é minimizado.

Também é mister observar que a grande maioria dos sistemas não guarda as senhas dos usuários em texto claro. Em vez disso, é calculado o *hash* das senhas, e este é armazenado. *Hash* consiste em uma função criptográfica para checar a integridade de uma informação. A cada entrada de dados em uma função de *hash* será gerado um resultado criptografado de tamanho único e sempre igual – por isso são considerados determinísticos. Também é considerado um processo seguro porque não existe uma função inversa, ou seja, uma vez obtido o resultado da função não é possível recriar o valor original. Então, mesmo que alguém tenha acesso ao resultado do *hash* e conheça o algoritmo matemático utilizado, não é possível gerar a senha original que resultou no *hash*. Desse modo, a senha inicial fornecida por um usuário no processo de cadastramento será submetida ao algoritmo e o resultado do *hash* será armazenado. Posteriormente, durante o processo de autenticação, quando o usuário fornecer a senha, ela será submetida à mesma função de *hash* e o resultado comparado ao que foi armazenado. Caso seja igual, a senha é considerada correta e o acesso é liberado. Devido a essas características, é preferível armazenar as senhas dessa forma. Entretanto, os *hackers*, sabendo disso, mantêm tabelas com centenas de milhões de *hashes* de senhas já computadas para os principais algoritmos de mercado (MD5, SHA-1 e a família SHA-2: como SHA-256 e SHA-512). Caso o *hacker* tenha acesso ao *hash* da senha do usuário, poderá consultar a tabela de *hash* e verificar se coincide com algum existente. Caso tenha sucesso, terá descoberto a senha do usuário. Esse processo de descobrir senhas é denominado de *rainbow tables*. Sendo assim, é importante que o sistema, antes de computar o *hash*, insira uma palavra aleatória junto à senha (diferente para cada usuário e apenas conhecida pelo sistema), que é chamada de *salt*. Dessa forma, estará assegurando um maior nível de segurança, e os *hackers* teriam que manter entradas diferentes para cada *hash* de senha, para diferentes algoritmos e ainda para todas as combinações de *salts* possíveis, ou seja, cadeia aleatória de caracteres concatenada com a senha. Dessa forma, o uso de *salt* vai proteger os sistemas contra ataques de *rainbow tables*.

Outra característica que um sistema pode ter é determinar um certo nível mínimo de **entropia**. Entropia significa o quanto uma senha é resistente a ser quebrada. Convencionalmente, o que se usa é o tamanho mínimo, mas se uma senha longa contém o início do hino nacional ou o refrão de uma música famosa, será mais fácil de ser adivinhada do que **hMp79sQ%"1çFd3**. Assim, além de uma máscara para a quantidade de caracteres, poderia haver uma calculadora embutida que "setasse" o valor mínimo para cada nível de entropia, com base na criticidade de cada senha. Dessa forma, na hora de criar uma senha para um servidor, poderia ser exigido um valor muito maior do que ao ser criada uma senha convencional.

Um outro fator, que deixei por último por considerar importante, é a sugestão do NIST de que os sistemas estejam linkados dinamicamente com *blacklists* de senhas vazadas. Dessa forma, se o usuário tentar criar uma senha pertencente a uma *blacklist* de senhas vazadas, o sistema não permitirá. Quando há um vazamento de senhas, todas automaticamente passam a fazer parte da lista dos criptoatacantes. Nada mais justo do que impedir que senhas comprometidas sequer sejam criadas.

Recomendações finais

Além dos caracteres especiais, também podemos utilizar todos os caracteres da tabela ASCII, para aumentarmos o domínio dos caracteres especiais. Os geradores de senha dos cofres os utilizam.

Importante também é fazermos auditorias periódicas de nossas senhas. Cada vez mais encontramos ferramentas de *check-up* de senhas embutidas em aplicativos, sites, cofres e até antivírus. Esses *check-ups* podem nos mostrar quais senhas vazaram, quais estão fracas e quais estão repetidas, entre outras coisas. Se não pudermos contar com ajuda automatizada, façamo-las manualmente. Na auditoria é importante verificar se não há nenhuma repetição. Verifique o site <https://haveibeenpwned.com/> e garanta que esteja usando senhas fortes. É importante sempre revisarmos das mais importantes para as menos, mas não deixar nenhuma de fora. O site citado também pode ser usado para verificar se algum e-mail ou número de celular está envolvido em algum vazamento.

Se algum site requisitar alguma pergunta de segurança como forma de recuperar sua senha, minta. Invente algo, jamais escreva a verdade. Um trabalho de pesquisas em fontes abertas (OSINT) já pode ser suficiente para saber o nome de solteira da sua mãe ou do seu animal de estimação, que são algumas das perguntas usuais para recuperar senhas.

Outro tema importante para proteger as senhas é o desenvolvimento de novos algoritmos de *hash* para combater o risco de descobrir as senhas, mesmo as mais complexas, através do aumento do poder computacional. Diferentemente do passado, onde os *hashes* deveriam agilizar o processo de autenticação e reduzir o custo de processamento, os algoritmos mais recentes procuram ser mais lentos, exatamente para retardar a possibilidade de descobrir uma senha a partir do seu *hash*. Bcrypt, Scrypt, PBKDF2 e Argon2 são exemplos de uma nova geração de algoritmos de *hash* que visam minimizar o risco de ataques de força bruta.

Fazer *backups* regulares das bases de senhas é importante. Garanta também uma forte criptografia sobre elas. Caso o *backup* seja na nuvem, não é preciso dizer que sua senha no serviço utilizado deverá ser ultraforte. Os *backups* na nuvem têm a vantagem de poderem ser restabelecidos de qualquer local. Essa senha do local de nuvem que guarda o seu *backup* deve ser uma de suas senhas VIP.

Para lidar com as senhas VIP (incluindo a sua senha-mestra do cofre), várias estratégias podem ser seguidas. Entretanto, nunca as deixe em meio digital, seja onde for. Prefira anotá-las em algum livro ou papel e deixá-las em um lugar seguro. Escolha uma pessoa de sua confiança e compartilhe o local com ela, pois se algo acontecer a você – em uma eventualidade – o seu familiar ou cônjuge ainda assim conseguirá ter acesso aos seus principais serviços e possivelmente ajudá-lo. Senhas são de vital importância.

Aqui, um último adendo sobre segurança em geral. Não adianta tomar todos os cuidados elencados se você estiver utilizando uma rede *wi-fi* insegura, com nenhuma ou fraca encriptação. O recomendado é WPA2. Verifique se a URL do site se inicia com https, pois assim garantimos que a mensagem irá até o servidor criptografada. Caso isso não ocorra, é interessante usar túneis VPN para sua navegação na internet, adicionando assim uma camada extra. E, acima de tudo isso, tenha um bom antivírus moderno, tanto no PC quanto no celular.

17. Segurança por projeto (*security by design*)

Walther Krause

Introdução

Segurança por projeto (*Security by Design*) é desenvolver uma solução tecnológica considerando aspectos e requisitos de segurança desde sua concepção até a operação definitiva.

Estratégias, táticas e padrões de segurança são considerados no início de um projeto de tecnologia. Toda a arquitetura da solução baseia-se em princípios de segurança e serve de orientação para os desenvolvedores. Todo padrão que auxiliar na construção de um produto seguro deve ser aplicado, mesmo que não tenha como objetivo básico a segurança.

Segurança por projeto precisa se tornar cada vez mais a abordagem de desenvolvimento dominante para garantir a segurança e a privacidade das soluções tecnológicas. Nela, a segurança é considerada e incorporada ao sistema em todas as camadas e começa com um projeto robusto de arquitetura. As decisões de arquitetura de segurança são baseadas em estratégias, táticas e padrões de segurança bem conhecidos, definidos como técnicas reutilizáveis para atender a preocupações específicas de qualidade e segurança. Fornecem soluções para impor os requisitos necessários de autenticação, confidencialidade, integridade de dados, privacidade, responsabilidade, disponibilidade e segurança, mesmo quando o sistema está sob ataque.

Os ataques cibernéticos estão crescendo e ficando cada vez mais sofisticados. Aplicar a **segurança por projeto** provavelmente irá aumentar os custos dos projetos, mas evitará perdas financeiras enormes.

O conceito de segurança por projeto

A segurança deve ser prioridade em todo projeto de uma empresa, tanto em hardware como software. Ela deve ser planejada ainda nos estágios iniciais.

Esse pode ser um resumo de **segurança por projeto**: desenvolver hardware ou software que seja o mais livre possível de vulnerabilidades, trabalhando requisitos de segurança desde as primeiras etapas do projeto.

A maioria das definições de segurança da informação (BROSTOFF, 2004; MORRIS; THOMPSON, 1979; SIEBERG, 2005; SMITH, 2002) pode ser consolidada como a proteção contra o acesso não autorizado à informação, uso inadequado, bem como a proteção contra a indisponibilidade, garantindo a integridade e a confidencialidade dessa informação. A segurança da informação não está confinada a sistemas de computação nem à informação em formato eletrônico. O nível de proteção deve corresponder ao valor dessa informação e aos prejuízos que poderiam decorrer do seu uso inadequado. Cobre também toda a infraestrutura que permite o seu uso, como processos, sistemas, serviços, tecnologias etc., entre físico e lógico.

A segurança da informação refere-se à proteção sobre as informações de uma determinada empresa ou pessoa, isto é, aplica-se tanto às informações corporativas quanto às pessoais. Entende-se por informação todo e qualquer conteúdo que tenha valor para alguma organização ou pessoa. A **segurança por projeto** faz parte da governança para garantir a melhor segurança da informação.

Arquitetura de segurança

A arquitetura de segurança deve estar inserida na concepção inicial do projeto. Com isso, identificam-se, desde o início, a relevância das informações, seus processos de dados e a proteção necessária. A arquitetura de segurança deverá ser capaz de resistir a quaisquer tipos de ameaças, com o mínimo de impacto nos negócios da organização.

Figura 17.1. Arquitetura de segurança.
Fonte: o autor.

A criação de uma estrutura para a arquitetura de segurança permite que a empresa identifique os melhores controles e evolua seus planos. A escolha de um modelo de referência ajuda o desenvolvimento dessa estruturação.

O projeto

O projeto deve considerar os processos de desenvolvimento e os estados da informação com seus fluxos de dados, garantir os pilares da informação e atender aos princípios da informação. Todos esses componentes são essenciais para a melhor segurança possível de uma solução tecnológica.

Figura 17.2. Componentes da segurança da informação.
Fonte: o autor.

As abordagens que atualmente possuem mais repercussão são o ***DevSecOps*** para o desenvolvimento ágil e o **S-SDLC** (*Secure Software Development Lifecycle*) para o modelo em cascata. Cada organização deve escolher o caminho mais adequado para sua cultura e maturidade.

S-SDLC (*Secure Software Development Lifecycle*) é o ciclo de vida de desenvolvimento de software, como um modelo que descreve as fases e atividades envolvidas na criação de um sistema de software, desde o levantamento da necessidade (concepção) até a entrega e manutenção. Geralmente inclui etapas como análise de requisitos, design, construção, implementação, testes e manutenção. O **S-SDLC** incorpora práticas de segurança desde o início do ciclo de vida do desenvolvimento de software, tornando-o um componente intrínseco do processo, acrescentando análise de requisitos de segurança, design de segurança, construção segura, implementação segura e testes de segurança.

DevSecOps, abreviação de desenvolvimento, segurança e operações, é o modelo para automatizar a integração de todas as fases do ciclo de vida de desenvolvimento da solução de tecnologia com a segurança. As etapas iniciais, onde se estabelecem os requisitos da solução tecnológica, devem também incluir os requisitos de segurança. Esses requisitos devem estar alinhados com os princípios de segurança.

Antes ou durante o desenvolvimento dos requisitos, é preciso mapear os riscos, identificando as vulnerabilidades e seus potenciais ofensores e impactos. Esse levantamento de riscos poderá requerer uma mudança na arquitetura da solução e nos requisitos gerais do projeto. A existência de sistemas legados, utilizados frequentemente para suportar processos críticos das empresas, é um cenário comum. Mesmo em estruturas legadas, a modelagem de ameaças precisa ser usada para apresentar uma visão completa dos ativos presentes na estrutura, possibilitando a identificação e a classificação da criticidade e das vulnerabilidades desses ativos.

Pessoas são o centro da visão de segurança da informação. As soluções tecnológicas são, em geral, para uso das pessoas e organizações, que podem ser impactadas pelas falhas. Indivíduos mal-intencionados, com direitos e acessos legítimos, também podem gerar falhas. Dessa forma, o elemento **pessoas** deve ser considerado nas abordagens para a segurança da informação.

Princípios e pilares da segurança da informação

Todo projeto de solução tecnológica deve seguir os princípios e pilares da segurança da informação.

Pilares

- ✓ **Confidencialidade:** as informações são acessadas por apenas quem tiver o legítimo direito e estiver autorizado pelo proprietário da informação.
- ✓ **Integridade:** a informação mantém as características originais, conforme estabelecido pelo proprietário da informação.
- ✓ **Disponibilidade:** a informação está acessível sempre que os agentes autorizados precisarem.
- ✓ **Autenticidade:** as informações são verdadeiras e corretas.
- ✓ **Não repúdio:** o autor não pode negar a autoria ou modificação da informação.
- ✓ **Privacidade:** não é um pilar tradicional da segurança da informação, mas ganhou relevância com o advento de leis de proteção de dados pessoais. Trata de garantir que os dados pessoais sejam utilizados apenas para fins com legítimo interesse e/ou com o consentimento do proprietário dos dados.

Princípios

- ✓ **Reduzir superfície de ataque:** restringir ao máximo os acessos, caminhos ou elementos pelos quais os usuários podem chegar.
- ✓ **Utilizar padrões:** aplicar modelos, recursos e componentes padronizados e com segurança comprovada.
- ✓ **Aplicar menor privilégio:** liberar os acessos com o mínimo de permissão para que o usuário possa somente efetuar as tarefas para as quais estiver previamente autorizado.
- ✓ **Não confiar como padrão:** acessos, componentes ou dispositivos devem sempre estar com permissão negada, como base inicial de qualquer projeto. Somente após cuidadoso levantamento e análise as permissões são liberadas.
- ✓ **Segregar funções:** a utilização de um perfil por função (conhecido também como RBAC – *Role Based Access Control*) é fundamental para um controle seguro dos acessos e das atividades nas organizações. Reduz o poder de ação dos usuários, pois separa as atividades críticas por indivíduos e/ou áreas distintos.
- ✓ **Tratar a segurança no desenvolvimento e na manutenção:** os requisitos de segurança devem fazer parte de todo o processo de desenvolvimento da solução tecnológica.

Conclusão

A **segurança por projeto** deve ser uma prática obrigatória nos projetos de desenvolvimento e implantação de soluções tecnológicas. As empresas estão cada vez mais dependentes de tecnologia, tornando-se alvos de ações criminosas. O crime cibernético está atraente, pois existe uma legislação desatualizada e os ganhos potenciais são altos, com menos riscos.

A **segurança por projeto** permite a construção de soluções mais robustas, dificultando ações criminosas e possibilitando respostas mais rápidas e efetivas, com redução dos impactos. Os benefícios superam o eventual aumento de custos na construção. Adotando-se ferramentas de monitoramento, é possível medir as tentativas de invasões malsucedidas. Assim, os executivos poderão ter uma visão clara de quanto economizaram, por estarem mais bem protegidos.

A **segurança por projeto** não deve ser uma ação única. Outras iniciativas, como gerenciamento de riscos, monitoramento da segurança, cultura de segurança etc., devem estar integradas no plano de segurança cibernética, revisado periodicamente. Assim como a tecnologia passou a ser parte integrante da estratégia da empresa, a segurança também.

18. Forense em segurança

Mario Verdibello

Introdução

A forense digital existe há algum tempo no Brasil. Apenas recentemente veio a se tornar uma área corporativa imprescindível. Nas empresas, está ligada ao time de resposta a incidentes.

A ciência forense se baseia no princípio de Locard, o qual preconiza que qualquer contato entre um meliante e a cena do crime deixa rastro em ambos. Assim, mesmo sendo pensado muito antes da invenção do computador, sua aplicação estende-se também ao ambiente digital.

Um dos fatores que levaram à necessidade de peritos digitais dentro das empresas foi o aumento significativo de fraudes eletrônicas e ataques cibernéticos, advindos com a pandemia. Em 2020 fomos obrigados a trabalhar remotamente, o que acarretou um uso significativo de tecnologia e sua estrutura subjacente, o que não foi acompanhado de perto pelos devidos controles de segurança.

Muitas normas e leis, como o Marco Civil da Internet, a ISO 27001, a ISO 27701, a LGPD, dentre outras, colaboraram para incentivar a presença do perito digital nas corporações.

Uma das preocupações prementes do perito corporativo é exatamente a preservação da evidência digital, de forma que esta seja aceitável no tribunal, ou seja, sua admissibilidade legal enquanto prova.

Na maior parte das vezes, a forense computacional é vista como sinônimo de resposta a incidentes. Embora haja uma correlação direta entre ambas, ou seja, a perícia servindo de base para a investigação, a área de resposta a incidentes é muito mais ampla do que isso, contendo seus próprios conceitos de segurança. Por exemplo, em um caso de roubo de credenciais praticado por engenharia social a perícia pouco ou em nada pode ajudar.

Um pouco sobre resposta a incidentes

Antes de prosseguir com o tema, vamos examinar de perto o que constitui um tratamento padrão de resposta a incidentes:

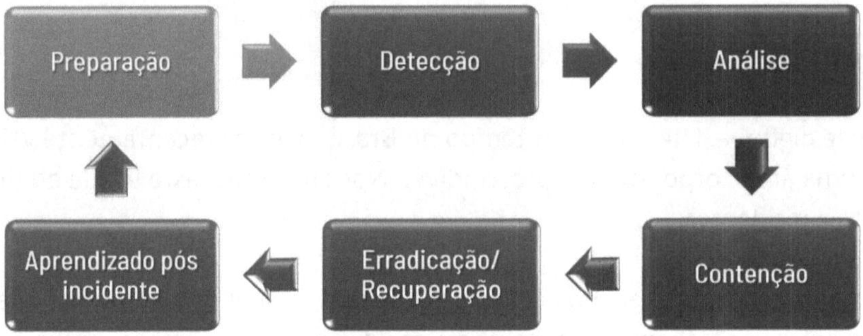

Figura 18.1. Etapas da resposta a incidentes.
Fonte: o autor.

- ✓ **Preparação:** muito antes de ocorrer um incidente de segurança, o ambiente já deve estar preparado para coletar evidências (como *logs*); com todo o hardware e software necessários implantados e configurados; além do pessoal treinado e os papéis definidos de cada membro da equipe. Além disso, o Plano de Resposta a Incidentes deve ser elaborado e validado. Exercícios regulares devem ser conduzidos para garantir que os recursos humanos estejam a par do procedimento de resposta.
- ✓ **Detecção:** milhares de eventos legítimos acontecem todos os dias. Esta fase serve para separar o que são eventos corriqueiros daquilo que é considerado um evento de segurança que pode resultar em um incidente. Tal tarefa pode ter origem através de um usuário que abre um chamado no *helpdesk* dizendo que seus arquivos estão todos aparecendo com um cadeado (que pode estar relacionado a um *ransomware*); pode ser através de um alerta enviado pelo sistema de DLP (*Data Loss Prevention* –prevenção de perda de dados) dizendo que um usuário já exfiltrou mais dados do que o habitual para o perfil dele; pode até ter origem em uma entidade externa. Quanto mais ferramentas automatizadas para fazer essa detecção, melhor; mandatória também que estas estejam com suas regras configuradas e atualizadas, para evitar a presença de falsos positivos, que ocorre quando um evento é identificado indevidamente como suspeito.

- **Análise:** uma vez detectado um evento de segurança, é hora de tentar descobrir se estamos diante de um incidente de segurança e, caso afirmativo, identificar qual o impacto causado e quais os sistemas afetados até o momento. Para isso, é necessário coletar evidências dos sistemas, como *dump* de memória, lista de processos em execução, eventos do sistema operacional, *logs* de acesso etc. Após coletadas, as evidências precisam ser analisadas. Não é necessário que a análise de todas as evidências digitais seja feita com profundidade. Uma vez que tenhamos um entendimento sólido do incidente, já podemos passar para a próxima fase. Uma boa análise visa compreender o escopo do incidente e os principais indicadores de comprometimento relacionados (IoC – *Indicators of Compromise*, em inglês), tendo como seu maior objetivo descobrir a causa-raiz que originou o incidente.
- **Contenção:** antes de efetivamente retirarmos os artefatos maliciosos instalados pelo atacante na infraestrutura tecnológica, é importante limitarmos a abrangência do ataque – seja através de um bloqueio de endereço IP e porta no *firewall* de borda, seja através do cadastro do *hash* de um arquivo malicioso no sistema de EDR (*Endpoint Detection and Response*), seja pela suspensão de algumas contas comprometidas no administrador de domínio etc. A experiência mostra que, antes de realizarmos o bloqueio de um artefato malicioso, é importante buscarmos mais evidências e indicativos sobre o ataque. Por exemplo, deve-se evitar desconectar o cabo de energia das máquinas, fazendo-o em apenas último caso, pois a prática vem mostrando que a quantidade de evidências perdidas com tal ação prejudica a investigação. Por isso, a análise deve ser feita antes da contenção.
- **Erradicação/Recuperação:** a erradicação consiste em remover da infraestrutura da empresa os artefatos deixados pelo atacante. Seja através da limpeza de um *malware* pelo antivírus, seja através da atualização de *patches* (pacotes de software para correções de brechas de segurança) do sistema operacional que corrijam a vulnerabilidade, seja através de um bloqueio de contas, inserção de artefatos em *blacklist*, voltar as máquinas virtuais para *snapshots* seguros etc. A recuperação tem a ver com a retomada do negócio, ou seja, subir as estruturas impactadas. É importante fazer uma varredura, buscando auditar se todos os softwares impactados foram atualizados, se todos os compartilhamentos usando protocolos vulneráveis foram desativados, como SMB (*Server Message Block*) da versão 1.0, se não existe nenhuma conta de acesso privilegiado como *admin* sem usuário corporativo associado, restabelecer os dados através de *backups*, escanear servidores para garantir que não tenham mais vulnerabilidades etc.

- ✓ **Aprendizado pós-incidente:** esta é uma das fases mais importantes, pois permite a preparação para o próximo incidente. Nesta fase devem ser avaliados todos os prós e contras de cada ação, incluindo averiguar a eficácia de cada uma delas durante o ciclo do incidente. A ideia é obter aprendizado sobre o que funcionou e melhorar o que não atendeu às expectativas, incluindo o aprimoramento de processos e técnicas; e até mesmo dando sugestão para treinamentos futuros. O relatório do incidente (com um sumário executivo) deve ser confeccionado e apresentado para a alta gestão, dependendo do grau do impacto.

Na fase de preparação, ocorre a elaboração do **Plano de Resposta a Incidentes**. Entretanto, antes mesmo de o plano ser elaborado, é necessário que a empresa conte com um time de resposta a incidentes (CSIRT – *Computer Security Incident Response Team*). Para isso, alguém da alta direção deve estabelecer um comunicado aos membros da empresa, garantindo adesão e explicitando seu apoio ao setor. Às vezes pode ser complicado obter o apoio executivo inicialmente, uma vez que o setor não gera lucro – apenas impede que ocorram prejuízos como indenização de clientes, rescisão de contratos por conta da interrupção dos serviços acordados, imagem prejudicada etc. Por isso, o CSIRT desempenha um papel similar ao uma apólice de seguros contra incidentes cibernéticos, ao conter ataques cibernéticos que poderiam gerar grandes prejuízos financeiros. Outro fator importante seria estabelecer quais setores, elementos e subsidiárias ficariam sob o encargo do CSIRT. Também é de suma importância estabelecer a sua missão; algo como: "a missão do CSIRT da empresa tal é responder aos incidentes cibernéticos, utilizando-se das melhores técnicas disponíveis, proativa ou reativamente, para restabelecer os serviços e demais ativos de segurança da informação dos constituintes, incluindo pessoal e sistemas, em um tempo hábil com o intuito de mitigar impactos aos negócios". Para suportar e definir melhor o escopo da missão, é importante relatar quais tipos de serviço são efetuados pelo CSIRT: os serviços reativos, que se referem à resposta ao incidente propriamente dito; e uma fase proativa, que inclui configuração de regras de *firewall*, instalação de antivírus nas máquinas clientes, atualização de *patches* de sistemas operacionais, *hardening* (configurações de segurança) de servidores e dispositivos de rede, campanhas de treinamento etc. Geralmente a fase preventiva é executada pelo *Blue Team*.

Com as bases definidas para a fundação do CSIRT, é hora de escrever o Plano de Resposta a Incidentes. Nele, devem estar contidos:

- ✓ **Declaração de criação do CSIRT.**
- ✓ **Expansão do catálogo de serviços:** os serviços definidos no item anterior se encontram relatados de forma superficial. Neste estágio é preciso aprofundá-los, uma vez que queremos diferenciar o que é um serviço normal de operação

de TI e o que é um serviço específico do CSIRT. Por exemplo, na carta inicial pode estar escrito "verificação de antivírus"; entretanto, este é um serviço corriqueiro que ocorre no dia a dia da empresa, havendo incidente de segurança ou não. No Plano de Resposta a Incidentes isso deve estar escrito como "escaneamento de *malware* após erradicação em *hosts*" ou "escaneamento inteligente em imagem *offline*", por exemplo.

- ✓ **Composição do CSIRT:** a ideia é que não apenas os cargos e seus respectivos ocupantes estejam definidos aqui, mas também suas responsabilidades; dessa forma, quando um incidente ocorrer, não haverá dúvida sobre a atuação de cada um. A composição do setor vai muito além do pessoal técnico, incluindo: no núcleo, um coordenador para o CSIRT; analistas de resposta a incidentes (incluindo ao menos um sênior); analistas SoC (*Security Operations Center*), que fazem o monitoramento dos incidentes; engenheiro ou analista de segurança, que trabalha como *Blue Team*. No time técnico de TI: administrador de rede, administrador de servidores, suporte de aplicação, de *desktop* e *helpdesk*. Na parte organizacional: jurídico, RH, marketing, comunicação, governança corporativa, serviços gerais, segurança corporativa. Recursos externos: consultores de segurança, base de dados de vulnerabilidades, fontes de dados de ameaças (*threat feeds/ threat intelligence feeds*), cooperação com entidades voltadas a combater crimes eletrônicos, bases de conhecimento de fabricantes do mercado de segurança etc.
- ✓ **Lista de contatos:** uma lista completa com os contatos das pessoas citadas, incluindo telefone e e-mail, e possivelmente a escala de cada um (incluindo primeiro e segundo contatos, além do contato de emergência).
- ✓ **Plano de comunicação interna:** para que não haja problema de falha na comunicação durante uma crise, é importante que o fluxo de comunicação interna seja definido, principalmente entre CSIRT e a liderança sênior e entre o núcleo do CSIRT e o pessoal de suporte. Assim estabelece-se uma autoridade para cada situação, evitando ruído.
- ✓ **Treinamento:** indica a necessidade de treinamento periódico da própria equipe. O interessante é construir uma boa base de conhecimento entre os integrantes e este ser o momento para uma passagem de conhecimento. O treinamento de algum assunto específico ou ferramenta pode ser conduzido por empresa externa; nesse caso, é importante que pelo menos uma vez por ano ocorra uma simulação de incidente, ou quando houver um incidente e for identificado um *gap* de conhecimento.
- ✓ **Atualização contínua do plano:** os cenários mudam, novas pessoas entram na empresa, a organização cresce, as ameaças evoluem e novos conhecimentos são necessários. Sendo assim, pelo menos uma vez por ano é interessante que esse plano passe por uma revisão.

Um pouco sobre perícia

O objetivo principal de uma perícia criminal é descobrir o(s) autor(es), a materialidade do crime, como este ocorreu, quais foram as circunstâncias, a motivação, o(s) local(s) e os meios empregados.

Quando falamos em perícia digital voltada para a segurança, o que nos interessa primordialmente é atestar o escopo do incidente (o que ele afeta – quais sistemas, redes, tipos de sistema operacional, versão de software etc.); o seu impacto (se o incidente é de baixo, médio ou alto risco; e ainda se afeta as propriedades de confidencialidade, integridade, disponibilidade, autenticidade e não repúdio dos ativos de informação); e a causa-raiz do incidente. Para incidentes que se perpetuam ao longo do tempo, faz-se necessário descobrir a causa-raiz de imediato – a ideia é ajudar com a delimitação do escopo e a abrangência do incidente e seus vetores envolvidos. Por último, queremos determinar a autoria do incidente (saber se foi uma pessoa física ou jurídica, um *insider*, um grupo de *hackers* patrocinado pelo governo de um país). No caso de *hackers* ou grupos patrocinados, veremos que é possível identificar a autoria através do uso de *threat intelligence*, pois os diversos grupos possuem um *modus operandi* peculiar).

Outra diferença que podemos apontar entre uma perícia digital criminal e uma relativa a incidente de segurança é que na criminal os vestígios são coletados e examinados à exaustão, e um laudo pericial deve apontar os quesitos perguntados pelo juiz. Quando falamos em IR (*Incident Response*), a empresa deve manter a continuidade do negócio; sendo assim, fica impraticável analisarmos vestígios *ad infinitum*. O analista do time de IR deve sempre usar o bom senso e pesar a profundidade da análise em relação à celeridade da perícia.

A perícia digital também é dividida em fases. Confira a seguir:

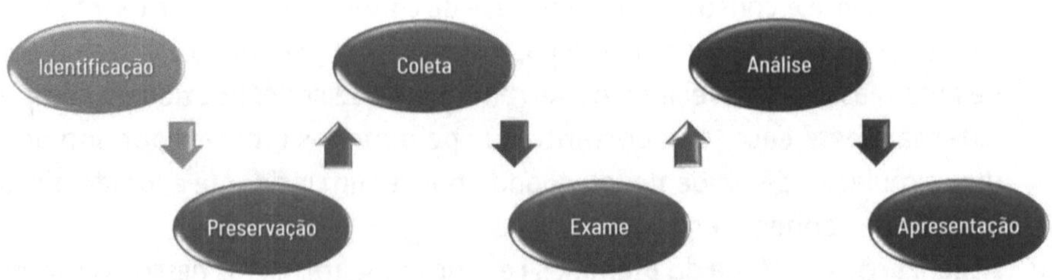

Figura 18.2. Fases da perícia digital.
Fonte: o autor.

- ✓ **Identificação:** nesta fase nos interessa identificar as possíveis fontes de vestígios digitais, com base no tipo de incidente. Sendo assim, se houve um comprometimento de credencial, por exemplo, devemos coletar os *logs* do servidor de acesso para identificar todos os usos daquela conta; realizar uma cópia do banco de dados do controlador de domínio, com vistas a investigar a quem aquela conta está associada. Se a conta for identificada, é feito um *snapshot* dos registros da máquina da pessoa, para futuramente comparar com uma imagem de *backup*, objetivando procurar alterações de privilégio baseadas em modificação dos registros etc. Sempre é importante procurar identificar mais de uma fonte para o mesmo vestígio – para garantir a confiabilidade da evidência –, uma vez que os atacantes costumam usar técnicas antiforenses. Dessa forma, se você estiver investigando alguma técnica de ataque, como *IP spoofing*, envenenamento de *cache* ou alguma corrupção no registro DNS, convém não apenas coletar o histórico de navegação do usuário, mas também o *log* do servidor DNS e os *logs* do *proxy* e do *firewall*.
- ✓ **Preservação:** uma vez identificados os vestígios, antes de coletá-los é importante garantir que estes não sejam alterados ou excluídos. Uma vez que uma máquina se torne suspeita, esta deve ser isolada da rede; seu usuário impedido de acessá-la; e evitar que esta seja desligada. Em termos de *logs* e demais ativos, garantir que o *backup* esteja sendo realizado rotineiramente e ainda assegurar controles que impeçam sua modificação. Em caso de máquinas virtuais, além de cada máquina ter seu *backup* assegurado previamente, é interessante tirar um *snapshot* dela, caso esta seja identificada como fonte de vestígios.
- ✓ **Coleta:** esta fase também é conhecida como **extração** ou **aquisição**. É aqui que os dados são propriamente extraídos do sistema alvo e replicados em mídias não voláteis (como HD, *pen drives* e até mesmo em um *storage* via rede). Muito cuidado deve ser tomado para que a evidência não seja alterada durante a extração; assim, devemos bloquear a escrita na mídia alvo durante o procedimento. Há hardwares específicos para esse fim, entretanto, um *pen drive* bootável com o sistema forense apropriado – e gratuito – já é capaz de resolver o problema. Também é importante observarmos o grau de volatilidade da evidência. Devido ao fato de dados mais voláteis serem perdidos primeiro, estes devem ser extraídos primeiro. A RFC (*Request For Comments*) 3227 versa sobre a seguinte ordem: registradores e *cache*; tabela de roteamento, *cache* ARP, tabela de processos, estatísticas do *kernel*, RAM; sistema de arquivos temporários; disco; *login* remoto e dados de monitoramento; configurações físicas, topologia de rede; mídia de armazenamento. Importante garantir a preservação das provas coletadas através da manutenção da integridade das evidências. A norma ABNT ISO/IEC 27037 – Diretrizes para identificação, coleta, aquisição e

preservação de evidência digital apresenta quatro características fundamentais para a esta etapa: auditabilidade (constatação da correta execução dos procedimentos), repetibilidade (garantia de obtenção do mesmo resultado sempre que o procedimento for executado), reprodutibilidade (diferentes condições devem gerar os mesmos resultados) e justificabilidade (justificativa de que o método empregado foi de fato o mais adequado).

- ✓ **Exame:** esta fase verifica as ferramentas e técnicas envolvidas na fase de coleta, ou seja, examina o processo usado na extração. Isso é importante para a preservação da cadeia de custódia, a qual está intimamente ligada à admissibilidade legal do vestígio. Um método ou ferramenta pode ser mais indicado que outro. Como há ainda várias lacunas legais sobre esse processo, devemos usar os manuais de melhores práticas, nacionais ou internacionais, como a ISO 27037, que versa sobre as diretrizes para manter a cadeia de custódia.
- ✓ **Análise:** esta é a fase mais complexa de uma perícia; é quando os vestígios são analisados de fato. A ideia é tentar identificar quais são os autores/agentes e seus locais (VPN, servidor comprometido, via C2 – comando e controle – de um *host* interno etc.), para depois relacioná-los. Nesta fase são respondidas as principais perguntas de um laudo. Aqui é apontada a materialidade do incidente e é feita a reconstrução do cenário envolvido – com sua respectiva *timeline*. A causa-raiz também é levantada. Como exemplo, podemos citar um *trojan* recebido através de um anexo de e-mail. Ao ser ativado, ele criou um processo falso no computador com o nome semelhante a um processo legítimo do sistema operacional com o intuito de evitar ser descoberto; em seguida, estabeleceu conectividade com um servidor de comando e controle (*C&C server*) na internet e passou a receber comandos remotos transmitidos pelo *hacker*. Nesse caso, precisamos analisar o *dump* do disco do servidor de e-mail, à procura do *malware* anexo; investigar seu código e/ou executá-lo em uma máquina virtual isolada para "ver aparecer" o novo processo sendo gerado com nome falso; e, por último, capturar o tráfego da interface de rede para mapearmos os endereços maliciosos requisitados pelo artefato, inclusive do servidor de comando e controle.
- ✓ **Apresentação:** é aqui que podemos comunicar os resultados da perícia procurando responder às perguntas usuais: quem, quando, onde, o quê, por que e como ocorreu o incidente, seja através de um sumário executivo, de um relatório de incidente ou de um laudo pericial (este último é o mais completo em detalhes). Se houve vazamento de dados pessoais, é necessário comunicar as vítimas e a ANPD, em conformidade com as determinações impostas pela LGPD. Em comunicados ao público, é interessante descrever as estratégias de contenção e remediação usadas; além disso, as recomendações finais com

vistas a cobrir as brechas e vulnerabilidades devem sempre estar presentes. Instituições financeiras e provedoras de saúde têm mais restrições legais na divulgação dos incidentes. Em comunicados externos é importante deixar claro aos usuários como o incidente os afeta.

Assuntos complementares

É sempre importante não haver ambiguidade no relatório. Também é fundamental que todos os procedimentos adotados sejam descritos, pois respeita o quesito da repetibilidade; assim, qualquer pessoa do CSIRT ou mesmo um perito forense digital que queira refazer os procedimentos da investigação conseguirá obter os mesmos resultados e ratificar o laudo inicial. A maneira pela qual a integridade dos arquivos é preservada é através do cálculo da função unidirecional – *hash*. Recomenda-se o uso de SHA-512 ou SHA-256 em vez dos algoritmos de *hash* mais antigos, como MD5 e SHA-1, por resultarem numa maior garantia de integridade devido ao menor risco de colisão, condição em que os *hashes* de dois arquivos distintos são coincidentes. Sendo assim, para qualquer arquivo na fase de coleta, para cada evidência, devemos calcular o *hash*; se for um HD inteiro, então calculamos o *hash* de todo o HD.

Um fator importante em uma perícia é determinar a sequência de tempo em que os eventos ocorreram, o que é alcançado através da construção de uma *timeline*. Imprescindível prestar atenção aos fusos horários do sistema através da coordenada universal de tempo (UTC - *Coordinated Universal Time*) e, em cada evento, registrar o tempo com seu respectivo fuso: "o IP 192.168.10.35 foi atribuído às 23:54:31, UTC -3" – de preferência, já faça a conversão para um único fuso preestabelecido para todos os eventos. Também é importante prestar atenção no formato da data. Se os sistemas estiverem configurados para utilizar um servidor central NTP (*Network Time Protocol*) ou, melhor ainda, na versão segura NTPsec, teremos garantia de que os relógios desses sistemas estarão sincronizados. Em algumas situações, é interessante anotar inclusive os milissegundos dos eventos, pois ações distintas podem ser realizadas quase simultaneamente e pode ser importante entender a ordem cronológica das ações.

Cada contato com um sistema deixa rastros – alterando a evidência. Dessa forma, peritos só devem interagir com sistemas em caso de necessidade – e que esta seja motivada. Essa é uma premissa para manter a cadeia de custódia intacta: a justificativa. O objetivo da cadeia de custódia é preservar a integridade dos vestígios, o que transpassa todo o ciclo de vida da evidência.

O formulário de cadeia de custódia para evidências digitais contém alguns campos que se destacam de um formulário de cadeia de custódia padrão. São eles:

- ✓ Uma seção para descrever detalhes sobre a **mídia digital**, com informações sobre o número da mídia no atual incidente, descrição, fabricante, modelo e número de série.
- ✓ Uma seção contendo informações sobre a **imagem ou arquivo**, com os campos: data/hora da aquisição, pessoa que realizou, método usado (*wireshark*, espelhamento...), nome do arquivo gerado, mídia de destino e o *hash*.

Para cada item coletado, um novo formulário torna-se necessário. A outra seção do formulário é sobre a cadeia de custódia em si e implica na rastreabilidade do vestígio conforme ele vai passando de mão em mão. Sendo assim, os outros campos são: sequência (indicando o passo a passo dentro do ciclo de vida da evidência), data/hora, destino/origem (contendo o nome das pessoas e sua organização) e a justificativa para se tornar o custodiante da evidência.

Evidências de rede

Houve um tempo em que falar de perícia significava apenas fazer a imagem do disco rígido de uma máquina. Hoje os ambientes são bem mais complexos, assim como a informática no geral. Sendo assim, as evidências de rede servem não apenas para coletar vestígios sobre as conexões entrantes, comunicação interna, quem acessou o quê, mas também para corroborar evidências adquiridas através dos *hosts*.

A miríade de técnicas possíveis é imensa, mas é importante saber que o propósito das técnicas de rede geralmente é **baixar um artefato malicioso, responder ao comando e controle (C2) e exfiltrar dados**. Muitas vezes um *malware* contém mais de um executável (com funções diferentes), procurando primeiro uma brecha para entrar e depois usando uma máquina para acessar outras (pivoteamento). É realizado, assim, um movimento lateral na rede, procurando novas falhas e ativos vulneráveis que sejam valiosos.

Vamos começar falando dos dispositivos mais básicos, os que estão presentes na maioria das empresas: *firewall*, *proxy*, *switches*, roteadores, servidor DHCP, controlador de domínio, servidor de autenticação, IDS/IPS (*Intrusion Detection System/Intrusion Prevention System*), servidor de aplicação publicado na internet, SIEM (*Security Information and Event Management*).

- ✓ Através do *switch*, podemos "sniffar" (escutar) uma de suas portas e também obter a tabela CAM (*Content Addressable Memory*), que relaciona quais portas físicas do *switch* estão conectadas com quais máquinas (*MAC address*).
- ✓ Pelos roteadores, conseguimos obter suas tabelas de roteamento e informações de comunicação interna (através de NetFlow ou sFlow).
- ✓ No servidor DHCP, *firewall*, IDS/IPS, *proxy*, servidor de aplicação, controlador de domínio, servidor de aplicação e SIEM, extraímos os *logs*.
- ✓ A tabela ARP (*Address Resolution Protocol*) se encontra em cada *host* da rede, mas também nos roteadores e *switches* de camada 3.

Hoje em dia os *firewalls* não são mais apenas filtros de pacote e podem incorporar funções de *proxy* (implementam filtros na camada de aplicação, não só com endereço IP, porta, protocolo, como um *firewall* tradicional) e de IDS/IPS também. Por isso, é importante que a equipe do CSIRT se familiarize com todos os modelos presentes na infraestrutura da empresa, pois de cada um pode-se obter um tipo de informação diferente. Com isso, já conseguimos cumprir a etapa de preparação do ciclo de incidente, uma vez que sabemos de antemão que tipo de informação podemos obter. E ainda conseguimos preparar o ambiente para que consolide os *logs* em armazenamento secundário – como forma de *backup* –, evitando assim a perda de informação com políticas de expurgo de disco, as quais podem sobrescrever a informação em uma mesma região quando o disco se encontra cheio.

Os *logs* das conexões de rede armazenados pelo *firewall* podem demonstrar todo o histórico do fluxo de rede que entrou e saiu da empresa. O *firewall* também guarda o histórico de conexões remotas via VPN. Assim, é interessante configurar em sua *blacklist* endereços maliciosos provenientes de listas de *threat intelligence*. Por haver a possibilidade de ocorrer falhas nesse processo, a *blacklist* é um artefato valioso a ser analisado, pois tem como objetivo impedir que computadores infectados na empresa estabeleçam conexões externas com sites suspeitos. Além disso, quaisquer alterações nas configurações do *firewall* devem ser consistidas em *logs* de antemão e analisadas como vestígio.

O serviço de DHCP é responsável por atribuir endereçamento IP dinâmico às máquinas da rede; assim, é importante coletarmos sua tabela ARP, a qual faz associação entre os endereços IP e MAC. Com isso, e junto à tabela CAM (*Content Addressable Memory*) do *switch*, conseguimos descobrir se não há algum dispositivo fantasma (*rogue*) presente na rede.

Os *logs* do controlador de domínio e do servidor de autenticação são importantes, uma vez que permitem descobrir falhas de *login* sucessivas, criação de usuários que não fazem parte da empresa, abusos de credenciais, escalonamento de privilégios e ataques como *credential stuffing* e *password spraying*.

Outro *log* importante a ser analisado é o dos servidores de aplicação que são publicados na *web*, ou seja, que podem ser acessados via internet. Diversos ataques são possíveis através desses servidores. As técnicas mais usuais são: *cross-site scripting, credential injection, SQL injection, XML injection*.

Um fator importante, no ciclo de preparação, é obter o mapa lógico da rede, sua topologia física e/ou lógica e o endereçamento de rede – qual o *range* de endereços IP remotos, qual a faixa de IP dos servidores etc. Com isso, poderemos identificar facilmente a localização dos ativos de rede, incluindo máquinas de usuário, os quais, junto com os servidores, podem ser acessados remotamente em uma resposta a incidente. Também é importante obtermos previamente as configurações de todos os dispositivos de rede, pois assim podemos comparar com a configuração atual para verificar se houve alguma alteração. Essa configuração é geralmente salvaguardada com o propósito de servir de ponto inicial para *Disaster Recovery*. Logo, é mister observar que algum grupo dentro do CSIRT deve possuir acesso a ela.

Um fator de extrema importância para ajudar nas investigações é a centralização de todos os eventos e *logs* em um único repositório para fins de consulta, desafio este que pode ser simplificado pela adoção da tecnologia SIEM (*Security Information and Event Management*). Também é importante comparar os *logs* obtidos pelo SIEM com os *logs* obtidos de maneira separada, como último recurso (em um caso pouco provável de o SIEM estar comprometido). Um fator a ser considerado são as implicações legais de ter os *logs* dos usuários sempre coletados; tal declaração afirmativa deve constar na Política de Segurança Institucional (PSI), a qual deve ser assinada pelo funcionário no momento em que começa a trabalhar na empresa, dando ciência de que será feita a coleta dos *logs* do seu computador.

Uma das formas de coletar evidências na comunicação entre uma máquina e a porta do *switch* é colocar um dispositivo TAP, que coleta dados sem interferir no tráfego. Outra forma seria fazer um espelhamento do tráfego de uma ou várias portas para outra porta exclusiva, na qual está conectado um dispositivo de armazenamento secundário, gravando todo o tráfego espelhado. O problema de usar este último recurso (SPAN – *Switch Port Analyzer*) é o *overhead* (sobrecarga) aplicado ao *switch*. Dependendo da sobrecarga gerada, pode implicar em perdas de pacotes de comunicação, o que resultará na degradação da qualidade da comunicação da rede.

Como segundo estágio de um *pentest* (teste de penetração), poderíamos citar o *port scan,* que é quando o atacante verifica quais serviços (portas) estão respondendo e quais não estão, o que possibilita obter um mapa dos processos de comunicação que se encontram ativos. Analisando-se o *log* de conexão do *firewall*, conseguimos ver a quantidade de requisições negadas. Se houver requisições negadas para um intervalo de portas – geralmente consecutivos –, há um indício forte de se tratar de um *port scan*.

Uma tática interessante dos *hackers* é sempre colocar a URL em um *script* (em VB ou PowerShell), em vez do endereço IP. Isso porque um endereço de domínio pode ser atribuído a vários IPs diferentes. Assim, se é feito o bloqueio de um IP no *firewall* de borda, ainda há outros IPs capazes de responder.

Praticamente tudo o que falamos até agora se relaciona com o mundo externo. Mas e se o ataque vier de dentro? Como fazemos para detectar um movimento lateral de um *malware*? Imagine que um servidor Linux teve seu código modificado, adicionando--se *exploits* em seu núcleo, e que tal alteração passou despercebida; sendo assim, a ameaça irá partir de dentro da sua rede, e nenhuma das sentinelas que vigiam a porta do castelo irá conseguir detê-lo. Para tal caso, felizmente, podemos usar um protocolo *open source* chamado **sFlow**. Com ele, é possível coletar, monitorar e analisar o tráfego de todas as camadas, excetuando-se a física. Com isso, podemos programá-lo para receber informações detalhadas de cada datagrama e termos uma boa visibilidade da rede interna. O sFlow pode ser instalado em *switches* e roteadores.

Imagine que um dos *firewalls* de sua empresa esteja inoperante devido a um ataque DDoS (*Distributed Denial of Service*). Imagine que, pela reputação do IP das máquinas da *botnet*, algum CSIRT avisou a sua empresa se tratar do adversário Y, o qual é um grupo destinado a ataques de *ransomware*. Com isso, com vistas a saber se sua empresa já foi contaminada ou não, você decide fazer algo para conter a ameaça. Sendo assim, por haver a possibilidade de existir um contágio prévio, e por ter sido dito que os *scripts* maliciosos apontam sempre para uma URL (em vez de IPs), você vai procurar quais foram os pedidos de consulta DNS em que os servidores internos não souberam responder, pois isso indica que, por se tratar de um endereço novo, ainda não está no *cache* dos servidores internos. Para isso, você usa o sFlow. Há uma grande chance de que endereços sendo pesquisados no momento em que se iniciou o ataque coincidam com os endereços dos servidores de onde foi baixado o *malware*. Essa é uma situação hipotética, mas plenamente factível.

Para captura de tráfego, podemos contar com o **tcpdump**, que é uma ferramenta nativa do Linux (mas já existem versões para Windows) e vem embutida em diversos dispositivos de rede. Sua desvantagem é que pode gerar perda de pacotes em redes sobrecarregadas.

As máquinas Windows contam também com o **WinpCap**. O analista deve instalá-lo de antemão, já que não vem nativamente. Interessante seria instalá-lo em todas as máquinas servidoras em que se saiba ser necessária no futuro uma captura de tráfego.

Bem, mas se o incidente já ocorreu, e alguma máquina Windows ficou de fora da fase de preparação, resta-nos usar o **RawCap**, o qual pode ser executado via *pen drive* através da porta USB. A desvantagem é que, se fôssemos instalar o WinpCap depois do incidente, estaríamos alterando diversas evidências no cenário (criação de registros e alteração, criação de arquivos etc.). Claro que esse procedimento poderia ser rigorosamente documentado de forma a reportar as mudanças, mas o esforço e o tempo despendidos seriam de essencial importância. Por isso, o procedimento deve apenas ser executado quando não houver outra forma de coletar a evidência, e esta evidência for identificada como primordial para a análise.

O **Wireshark** é outra solução usada para captura de tráfego e se destaca como uma ferramenta de análise, tendo uma GUI poderosa. Considero-o essencial para ambas as áreas, forense e segurança. Não vou me alongar aqui, mas gostaria de chamar a atenção para apenas um ponto. Quando vamos inserir o Wireshark para realizar a captura, é preciso prestar muita atenção na hora de escolher a interface adequada. Podemos pensar estar capturando os pacotes de um fluxo, mas, na verdade, colocamos o *probe* em outro fluxo. Há um site muito interessante que contém diversas capturas de tráfego de *malware*; lá você pode testar suas habilidades como "perito de segurança". O site é: <https://www.malware-traffic-analysis.net/>.

Depois de os *logs* terem sido capturados, existem várias ferramentas com as quais podemos analisá-los. A mais elementar delas é a **ElasticSearch**. Lá podemos correlacionar os *logs* (não apenas de rede) e realizar pesquisas avançadas.

Obviamente, se você tiver um SIEM na sua empresa, todos os *logs* ali já chegarão integrados (geralmente via Syslog). Mas se não for este o caso, e você tiver que optar por fazer a junção dos diversos *logs*, então recomendo o **mergecap**. Assim você poderá pesquisar por toda a rede da empresa, incluindo os *logs* de sistema e de *host*. Também é possível usar o **editcap** para editar um *log* muito grande, dividindo-o em números de pacotes (10 mil pacotes cada arquivo, por exemplo) ou por um *time frame* (de 10 em 10 minutos, por exemplo).

Se sua empresa já tiver um SIEM ou fizer uso do ElasticSearch ou outra ferramenta que permita a análise dos *logs* todos de forma integrada, melhor ainda. Sendo assim, você conseguiria analisar o fluxo interno da rede e, com isso, determinar a quantidade de tráfego seguro (SSH). *Malwares* sempre se valem da criptografia (para poder se ofuscar). Entretanto, se você conhece o fluxo normal entre os servidores e a volumetria desse tráfego, apenas a quantidade de conexões SSH já indicaria um possível tráfego malicioso.

Evidências de *host*

A parte de evidências de *host* já tem mais a ver com a perícia propriamente dita. Sendo assim, vamos falar do sistema operacional que se encontra mais em voga entre os usuários corporativos – o Windows. Apesar de haver muitas versões, todas elas têm os registros, os *logs* de eventos, a inicialização e outros artefatos em comum. Portanto, sua estrutura praticamente se apresenta a mesma no tocante à perícia. Evidentemente que versões mais novas possuem mais recursos (criptografia, identidade e acesso, segurança *wi-fi*), e, por isso, uma coisa ou outra é diferente, mas a base continua a mesma.

Uma parte importante do sistema tem a ver com as variáveis que permitem a configuração do sistema, do hardware, do ambiente, dos aplicativos e dos usuários: o chamado **registro**. Ao digitar **regedit** no *prompt* de comando, abrir-se-á o editor de registro do sistema. Nele podemos ver uma estrutura de diretório organizada em pastas (chaves). No último nível encontram-se os valores, que possuem nome, tipo e dado.

Políticas gerais de segurança, programas instalados, informação sobre inicialização do sistema, uso de dispositivos *plug and play*, indicadores de performance do sistema, documentos abertos recentemente, últimos acessos, tudo você encontra nos registros.

A localização dos registros se encontra em \Windows\System32\config\, na raiz do sistema. Lá é possível encontrar as *hives* (colmeias) mais relevantes para a perícia: DEFAULT, SAM, SECURITY, SOFTWARE, SYSTEM. Também é possível extraí-las em formato TXT usando o aplicativo **regripper**. Ou ainda visualizá-los utilizando ferramentas GUI como o **Registry Viewer** da AccessData.

Quando quisermos descobrir qual a data da última modificação de uma determinada chave ou valor, precisamos observar sua propriedade *LastWriteTime*, a qual não está disponível usando o regedit, mas pode ser extraída pelo regripper. Há muitos *scripts* úteis em PowerShell que podem ser baixados (operando sobre os registros). Para outras informações sobre os registros, como quais foram os últimos modificados, pode ser usada uma ferramenta chamada **RegScanner**, utilitário importante para questões relativas à integridade do registro.

Do ponto de vista material, um *malware* pode fazer três coisas básicas em um *host*: criação de arquivos (incluindo processos), comunicação com a internet e alteração de registros. Sobre este último ponto, sempre que quisermos saber quais registros um aplicativo criou, deletou ou alterou quando de sua instalação, poderemos usar uma ferramenta famosa, chamada **Regshot**. Basta que tiremos um *snapshot* atual do registro – antes da instalação do *malware* – e outro após. Um relatório em formato TXT será entregue. Obviamente que vamos criar um ambiente apartado para realizar tal teste. O problema é que muitos *malwares* se ofuscam, ou seja, não executam quando percebem que a placa de rede do ambiente usa um endereço MAC de máquina virtual. Para isso, às vezes vale a pena ter máquinas físicas apartadas com várias imagens de sistema operacional prontas para serem instaladas a qualquer momento.

Sobre técnicas de antianálise, interessante falarmos na compactação de executável (*packing*). A ideia é que o executável do vírus seja comprimido junto com seu descompactador e se descomprima na hora de executar (*self-extract*). Com esse mecanismo, os *malwares* conseguem driblar a varredura estática dos antivírus. Para identificarmos por qual empacotador ou compilador o arquivo PE (*Portable Executable*) foi gerado, basta usarmos o **DIE** (*Detect It Easy*). Com ele, conseguimos não apenas saber o nome do *packer*, mas também pesquisar as *strings* contidas no executável do vírus. Essas *strings* podem indicar URLs utilizadas pelo *malware*, mensagens de erro/aviso, caminhos de arquivos, nomes de funções ou bibliotecas, endereços IP etc. Também é possível saber quais funções de quais bibliotecas estão sendo utilizadas, o que nos dá uma boa ideia sobre o funcionamento do programa. Caso encontremos uma chamada a uma função de rede do sistema operacional de abrir conexões de rede, pode se tratar de um C2 (comando e controle); caso encontremos funções de biblioteca do sistema operacional de ler do teclado e enviar por e-mail, pode ser um *keylogger*; caso encontremos funções de FTP, pode se tratar de um *trojan downloader*; e por aí vai.

Há um grupo de *malware* conhecido por *rootkit*, o qual tem o intento de apagar os rastros de um atacante. Sendo assim, é possível contar com a ajuda de ferramentas de recuperação de dados (*data carving*) como o **recuva** para tentar a recuperação de um arquivo apagado. Todos os arquivos têm assinaturas, que são sequências conhecidas de caracteres, geralmente antes e depois da porção de dados. O que o programa faz é procurar por essas assinaturas e usar o aplicativo específico para tentar reconstruir o arquivo. Tal conhecimento é importante, pois nos permite procurar serviços ou DLLs apagados. Muitas vezes um aplicativo é encontrado com uma assinatura e extensões diferentes, o que é um forte indício de que está tentando se camuflar. Uma lista completa e categorizada das principais extensões de arquivos existentes pode ser encontrada em <https://www.file-extensions.org/>. Evidentemente que o aplicativo de recuperação de dados já traz a extensão verdadeira do arquivo, mas é bom nos prevenirmos caso estejamos periciando um sistema sem GUI, pesquisando assim as assinaturas (*magic numbers*) em hexadecimal.

Quanto mais cedo realizamos o *data carving*, mais chance temos de conseguir recuperar o dado, pois assim evitamos que outros dados se sobreponham na mesma posição física do disco. Além disso, HDs baseados em SSDs (*Solid State Drives*) passam por uma rotina de reorganização de espaço interno, o que pode aumentar ainda mais o problema da sobrescrita.

Outro programa importante que analisa as informações contidas em um executável é o **PEview**. Com ele, é possível analisarmos o código do vírus, seus dados globais, suas importações/exportações (funções) e recursos do programa (como menus, imagens, ícones). Para extrair os recursos do executável (caixas de diálogo, cursores e demais elementos gráficos), é usado o **Resource Hacker**, uma vez que o PEview só fornece as informações em texto.

No Windows, há um arquivo chamado de **prefetch**, o qual armazena informações sobre os aplicativos que são executados com frequência para ajudar a acelerar seu tempo de inicialização. O objetivo é apenas de performance. Todavia, sabendo que no **prefetch** podemos encontrar informações relevantes, como o caminho do arquivo executável, a data e hora da última execução, o número de vezes que o aplicativo foi executado e outras informações relevantes, podemos utilizá-lo para investigar os incidentes que envolvam *malwares* instalados em *host*. Para tal fim, podemos fazer uso do **Prefetch Viewer**.

Se o objetivo for investigar os processos já em execução, podemos usar uma versão melhorada do gerenciador de tarefas, conhecida por **Process Explorer**, fornecida pela própria Microsoft através do *sysinternals*. Com ela, é possível visualizarmos os processos em execução de forma hierárquica, visualizar e pesquisar DLLs e recursos do sistema operacional utilizados pelo processo, realizar *dump* de memória do processo e ainda fazer a integração com o VirusTotal – assim podemos ver de antemão quais artefatos são maliciosos. Além disso, há uma classificação interessante por tipos de processo: os azuis são de usuário, os rosas são de serviços, os verdes são os recém--criados, vermelhos os terminados, roxos os empacotados e cinzas os suspensos.

Também é possível visualizarmos os eventos específicos criados por um processo, como atividades no registro, no sistema de arquivos e envolvendo a criação de outros processos e *threads*. Tal utilitário é o **Process Monitor**, um *data point* importante para a coleta de evidências de *host*, pois consegue enxergar os artefatos criados por um *malware*.

Uma ferramenta importante que se encontra entre a fronteira *host*/rede é a **FakeNet**. Com ela, é possível simular diversos tipos de tráfego HTTP, SMTP, FTP, DNS, SSL e com isso forçar o *malware* a entrar em execução. *Sandboxes* já fazem isso nativamente. Uma de suas vantagens é estar disponível também para Linux e MacOS.

A maioria dos *malwares* prefere inicializar junto com o sistema operacional, se imiscuindo entre artefatos legítimos (processos, serviços, DLLs). Muitas vezes usa um nome legítimo de um serviço e aparece como uma DLL ou vice-versa. Por exemplo, o nome **user32.dll** existe; o executável **rundll32.exe** também; mas **user32.exe** ou **rundll32.dll** não. Com o intuito de visualizar e gerenciar todos os programas e serviços que são executados automaticamente durante a inicialização do Windows, podemos usar o programa **Autoruns**. Com ele podemos identificar em qual registro está contida a entrada de inicialização do programa, sua descrição, o caminho do executável, seu certificado/assinante, sua data de criação ou modificação, além de um score no VirusTotal. No menu "Options" -> "scan options..." podemos escolher verificar as assinaturas ("Verify code signatures") ou ainda checar cada artefato no Virus Total ("Check VirusTotal.com"). Também é possível esconder todas as entradas Microsoft, as do Windows, e as entradas limpas do VirusTotal – assim conseguiremos filtrar todas as entradas suspeitas. Clicando com o botão direito do mouse, o menu é bem rico, podendo inclusive ser realizada uma pesquisa *on-line* do artefato. A busca pode ser feita por todas as abas de uma vez ou separadamente, mas não esqueça de procurar nas abas "drivers" e "Scheduled Tasks", onde ficam as tarefas agendadas do Windows, pois os *malwares* costumam agendar suas tarefas para não precisarem de intervenção humana e possibilitarem a execução em datas preestabelecidas. Caso faça sua pesquisa e de fato encontre algo malicioso, pode deletá-lo e reiniciar a máquina para checar se este efetivamente desapareceu. Mas tenha cuidado para não deletar algo legítimo, pois nem todos os artefatos legítimos possuem assinatura – faça uma pesquisa exaustiva antes.

Recomendo fortemente que o leitor instale todos os programas, pois eles servem não apenas para análise de *malware*, mas também para outras questões relativas ao sistema, como *troubleshooting* de problemas, de aplicativos e performance. E possibilitam um aprendizado mais amplo.

Para ser realizada a análise de *malware*, alguns cuidados precisam ser tomados. O passo mais importante é configurar a placa de rede da máquina virtual (VM – *Virtual Machine*) em modo **desconectado**, ou seja, em modo **"Rede Isolada"**. Esse é o passo mais **IMPORTANTE** de todos, pois não queremos que um vírus se espalhe para a máquina *host* que contém o programa de virtualização. Depois de instalarmos todos os programas na máquina virtual, podemos fazer um *snapshot*. Podemos então abrir o Process Explorer, o FakeNet, o Process Monitor (filtrando pelo nome do executável), criar um *snapshot* do registro com o Regshot, salvar o estado atual do Autoruns e executar o binário.

Repare que o procedimento citado não serve apenas para analisar *malwares*, mas para investigar programas suspeitos e ainda realizar engenharia reversa de sistemas, buscando compreender seu funcionamento.

Por último, mas não menos importante, vamos falar do gerenciador de eventos do Windows. Vá até o campo de busca da barra de ferramentas da área de trabalho e digite "**Event Viewer**" ou "Visualizador de eventos". Trata-se de um local de agregação de *logs* para todos os eventos que ocorrem no Windows; conexões de rede, falhas de *login*, impressões, uso do PowerShell (legítimo ou não); tudo fica registrado nesse *log*. A quantidade de informações refletidas nele geralmente é configurada via GPO (*Group Policy*). Assim, depende de cada empresa decidir o que vai ser logado de suas máquinas Windows (incluindo as virtuais). Se alguém quiser acessar todos os *logs* de evento de uma máquina – para prosseguir com uma análise *offline* – deve acessar direto o caminho: C:\Windows\System32\winevt\Logs.

Os *logs* do Windows são categorizados em grandes grupos, divididos por tipos de eventos. Sendo assim, e tendo em conta que a maioria das evidências de incidente se encontra em um pequeno grupo – conforme a casuística –, vamos dar maior foco ao grupo de "Aplicativo, Segurança e Sistema". Vale notar que aqui também temos os grupos "Log de Instalação" e "Eventos de Hardware". Se clicarmos em cada um dos três grupos em nosso próprio computador, podemos notar alguns exemplos: ID 4720 – criação de usuário; ID 4624 – *logon*; ID 4634 – *logoff*; ID 4625 – falha de *logon*; ID 4672 – privilégios especiais atribuídos no *logon*; ID 4688 – criação de processo; ID 5140 – compartilhamento de rede é acessado (arquivo ou pasta); ID 7045 e ID 4697 – serviço criado ou modificado; ID 4670 – permissões de objeto alteradas; IDs 4768-4774 – referente ao Kerberos; ID 861 – conta desabilitada; ID 4719 – conta é reativada; ID 1102 – limpeza de *log* de segurança; ID 1105 – o *log* de segurança está cheio; ID 7034 – serviço encerrado inesperadamente (consegue imaginar por que este é importante?).

É possível que algumas dessas IDs façam parte de *frameworks* de segurança, como é o caso do Mitre ATT&CK (*Adversarial Tactics, Techniques, and Common Knowledge*, que descreve os tipos de ataques possíveis), ou mesmo das CVEs (*Common Vulnerabilities and Exposures*, banco de dado de vulnerabilidades mantido pelo NIST). Além disso, as *Event IDs* do Windows podem ser usadas como indicadores de comprometimento (IOC) ou para monitorar atividades suspeitas em tempo real em dispositivos de segurança de rede como SIEM (*Security Information and Event Management*), IDS/IPS, ferramentas de análise de *log* e algumas ferramentas de correlação de eventos. Por exemplo, alguém pode configurar no SIEM uma regra para alertar caso um número muito grande de tentativas de falhas de *login* seja gerado – para isso, basta utilizar o Event ID 4625, que coleta as falhas de *logon* do Windows.

A maioria das análises forenses é conduzida sob um HD espelhado (*dead* ou *cold forensics*). Entretanto, muitas vezes é preciso analisar o conteúdo da memória RAM (*live forensics*). O *dump* da RAM pode auxiliar em muitos aspectos, incluindo complementar a análise do HD. Coisas como chaves criptográficas e senhas são encontradas lá, conexões de rede ativas (incluindo portas TCP e UDP abertas), arquivos executáveis (que por alguma técnica antiforense conseguem se ocultar), usuários efetivamente logados, o *cache* do protocolo NetBIOS (usado para comunicação de máquinas de uma mesma LAN), quais arquivos se encontram abertos e serviços ativos, o arquivo de paginação e de hibernação (usados para possibilitar a memória virtual), tabela de roteamento (com os IPs maliciosos e pedidos para rotas desconhecidas), a presença de *rootkits* e ainda alguns dados de aplicativos que só são criados quando o programa estiver em execução. Também é possível encontrar as DLLs associadas a cada programa que está em execução, além do histórico de navegação.

Para realizar a extração da RAM, é importante configurar um *toolkit* de antemão e testá-lo antes. Existem vários: FTK Imager, EnCase, RamCapturer, Windows Memory Toolkit. Após a extração, recomendo o programa Volatility para fazer a análise, pois é o mais famoso e confiável, além de ser multiplataforma.

Não vou me alongar muito falando de técnicas de espelhamento de disco, uma vez que é um assunto batido na literatura e até mesmo na internet. A maioria das suítes forenses no mercado dão conta do recado, como Caine OS, Autopsy, EnCase, FTK Imager. A ideia é colocar o executável em um *pen drive* e dar o *boot* com ele, o qual já é pré-configurado para evitar escritas no disco, corretamente preservando, assim, as evidências. Além disso, com a virtualização do ambiente corporativo, fica muito mais fácil obter um *snapshot* de determinada máquina, incluindo servidores. Com o aumento da utilização das tecnologias em nuvem, essa virtualização está cada vez mais possível.

Sobre o Linux, podemos dizer que sua estrutura de diretórios ajuda muito na hora de fazer perícia, uma vez que os arquivos são divididos em grupos: /bin –os binários essenciais para o sistema; /boot – arquivos de inicialização do sistema; /dev – arquivos de dispositivos (físicos ou virtuais); /etc – arquivos de configuração do sistema; /home – diretório pessoal do usuário; /lib – onde ficam as bibliotecas compartilhadas do sistema; /mnt – ponto de montagem para dispositivos externos; /opt – pacotes de software instalados pelo usuário; /sbin – binários de sistema usados por superusuários; /tmp – arquivos temporários; /usr – binários de usuários; /var – arquivos variáveis como *logs*, arquivos de *cache*, alguns temporários.

Threat intelligence

Os tipos de inteligência de ameaças que existem são operacionais, táticas e estratégicas. **Operacionais** são as mais concretas e se baseiam em artefatos em si, como indicadores de comprometimento (IOCs), indicadores de ataque (IOAs) e táticas, técnicas e procedimentos (TTPs). Se alguém escalona um privilégio de conta, isso é um indicador de comprometimento; entretanto, se no *log* aparecer várias tentativas de *login* falhadas, é apenas um indicador de ataque. O nível **tático** tem a ver com um cenário um pouco mais amplo; refere-se a uma indústria, área de negócio ou região. Não foca apenas em uma única organização. Por exemplo: se você trabalha no CSIRT de um banco e descobre que estão ocorrendo tentativas reiteradas por parte dos atacantes de se passar por gerentes através de e-mails falsos similares ao originais pedindo transferências fraudulentas de dinheiro, uma campanha de advertência poderia ser feita para evitar que clientes sejam vítimas do golpe. Já o nível **estratégico** tem mais a ver com o cenário das ameaças, as tendências, quais grupos de atacantes estão se sobressaindo, em que tipo de ramo, quais vulnerabilidades estão sendo mais exploradas etc. Fazendo uma analogia um pouco ampla, é como se o nível estratégico tivesse mais a ver com os gestores, os tomadores de decisão – os homens que decidem para onde as verbas vão; o nível tático fosse o *Blue Team* – as pessoas que estabelecem os controles de segurança, definem procedimentos e fazem *hardening*; e o nível operacional fosse os respondedores de incidentes e peritos. Importante salientar que uma boa *threat intelligence* se baseia no levantamento de informações dos três tipos, tanto interna como externamente, incluindo *feeds* de dados de segurança, redes de compartilhamento de informações e fontes de inteligência governamentais.

Figura 18.3. Pirâmide da dor.
Fonte: adaptado de Bianco (2013).

Essa é a **pirâmide da dor**, de David J. Bianco (2013). Ela representa o quão difícil é perceber um conjunto de táticas, técnicas e procedimentos de um grupo – TTP. Sendo assim, valores *hash* são fáceis de ser identificados, pois são únicos – seja de um arquivo, uma figura ou um executável. Inclusive há códigos polimorfos que são gerados com *hashes* diferentes para dificultar sua identificação por assinatura. Portanto, quanto mais perto da base, mais fácil é para o atacante modificar os artefatos e usar técnicas antidetecção. Endereços IP são fáceis de identificar; depois deles os nomes de domínio. Artefatos de rede e *host* já são mais difíceis, pois foram feitos para passarem despercebidos.

A inteligência de ameaças foi desenvolvida para lidar com os APTs (*Advanced Persistent Threats*); eles são perpetrados por grupos governamentais, "hacktivistas" ou grupos internacionais de cibercriminosos. Diferem de uma ameaça comum devido ao seu foco no alvo, ao seu nível de planejamento e elaboração do ataque, ao conhecimento técnico especializado desses grupos e ainda devido à capacidade de permanecer com acesso à infraestrutura das vítimas realizando ações maliciosas sem serem detectados por longo tempo. Esses grupos, além de contarem com as mais modernas técnicas de invasão, geralmente usam vulnerabilidades *zero-day*, ou seja, que nunca foram exploradas antes. Assim, identificar artefatos de rede e *host* (como DLLs adulteradas), ferramentas feitas por esses grupos e suas táticas, técnicas e procedimentos usados como um todo, se torna cada vez mais difícil conforme vamos subindo na pirâmide da dor.

As fontes de *threat intelligence* podem ser internas, comerciais ou de código aberto. As fontes internas evoluem com o tempo, conforme vários incidentes vão sendo identificados e documentados via *playbook* – é um trabalho de formiguinha. Já as fontes comerciais são empresas de segurança que fornecem tais serviços, podendo ser adquiridos separadamente ou através da prestação de serviço de SoC (*Security Operations Center*), ou ainda através de um fabricante como a Trend Micro ou Symantec, através de seus produtos. Nesses casos, as empresas têm um setor específico de análise de *malware* e engenharia reversa, pois precisam descobrir a inteligência que será disseminada. Uma das vantagens dessa abordagem é que as grandes empresas possuem telemetria global. Já para as *open source*, temos várias fontes, como a *Open Threat Exchange*, o próprio VirusTotal, <https://www.nomoreransom.org/> (uma união de várias empresas para compartilhar chaves de *ransomware* desbloqueadas gratuitamente); AbuseIPDB (banco de dados de IPs maliciosos), EmergingThreats, Stix, Taxii, Veris e o próprio *feed* do governo, com o CDCiber. Entretanto, o problema maior é filtrar essa quantidade grande de informação – devemos ter cuidado com as regras de bloqueio, principalmente. Para ajudar a separar o joio do trigo existem algumas plataformas *open source*, como o MISP (*Malware Information Sharing Platform*), para compartilhamento, armazenamento e análise de informações de ameaças cibernéticas. Além de o MISP ser gratuito, serve para integrar todos os *feeds* de *threat intelligence* em um único lugar, gerenciando todos os IOCs apontados por essas listas; assim, fica fácil lidar com a contribuição de outros analistas e ainda facilita a percepção dos TTPs, pois sempre que um dado novo é adicionado ele correlaciona os observáveis e indicadores novos com os que já estão cadastrados. Outra coisa que achei interessante é um campo de classificação do evento chamado *threat level* – assim, os que têm indicação de *high* (alto) devem ser tratados primeiro (no sentido de ser necessário um bloqueio preventivo a esse IOC; mas muito cuidado para não bloquear um IOC e comprometer o funcionamento normal da empresa). Por exemplo, para bloquear a execução de macros em arquivos *office*, primeiro é necessário saber se a empresa não os usa para fins legítimos. Sendo assim, após mapeados todos os casos – num trabalho feito com os usuários – podemos adicionar a exceção em uma *whitelist*, bloqueando todos os outros usos de macro na empresa. Assim, quando um macro novo for desenvolvido, precisa ser passado para o setor de segurança cadastrar.

Automatizando

Embora devamos saber sempre o modo "raiz" dos procedimentos, para um time obter respostas céleres é necessário que a maioria ou totalidade dos procedimentos conte com um nível ótimo de automação.

Devido às premissas de continuidade de negócio, somente em casos muito graves precisaremos parar uma máquina para fazer seu espelhamento, analisarmos *logs* manualmente ou exportarmos manualmente IOCs para outras ferramentas.

Graças à evolução da área de resposta a incidentes, hoje podemos contar com *plugins*, *scripts* e APIs que permitem a integração entre diversos tipos de dispositivos e ferramentas de segurança. Por exemplo, a maioria dos *firewalls* de nova geração (NGFW – *Next Generation Firewall*) já traz integrado o controle da camada de aplicação, fazendo as vezes de um *proxy* e mesclando funcionalidades de IDS e IPS; além disso, também já consegue receber *feeds* de *threat intelligence* automaticamente via MISP (*Malware Information Sharing Platform*).

A maioria dos antivírus já inclui recursos de coleta de evidências forenses nos *hosts*, como *dump* de memória e de processos; os EDRs (*Endpoint Detection and Response*) também. Assim, conforme a casuística, muitas vezes esses artefatos já são suficientes para proceder com a investigação do incidente. Entretanto, caso isso não aconteça, temos a opção de tirar um *snapshot* corrente da máquina virtual onde se encontra o *host*, podendo ser *on premises* ou na nuvem. Em relação a uma cópia forense do disco, o *snapshot* tem as seguintes desvantagens: não trazer os espaços vazios do disco (sendo assim, não conseguimos recuperar um arquivo deletado); dependendo do sistema de arquivos, os metadados ou tabelas de alocação de arquivos podem ficar de fora; um *snapshot* não gerencia *bad blocks*, podendo ser copiado lixo; se um processo estiver em execução na hora do *snapshot*, pode ser que alguns arquivos temporários se percam; dependendo do sistema operacional, algumas informações de eventos podem não ser incluídas. Apesar disso, o *snapshot* pode ser obtido remota e instantaneamente, podendo valer a pena iniciar a análise por este – além de ocupar menos espaço. Entretanto, para ameaças avançadas e persistentes pode ser necessário fazer cópia *bit* a *bit*.

Uma evolução natural do EDR – o qual é focado apenas em *endpoint* – é o XDR (*Extended Detection and Response*), que é focado não só em *endpoints*, mas em redes e na nuvem. Utiliza técnicas de análise comportamental, aprendizado de máquina e outras técnicas de inteligência artificial para correlacionar eventos em tempo real.

Por fim, resumindo todo o capítulo, trago uma ferramenta que é a junção de XDR com SIEM: a **Wazuh**, que é uma plataforma *open source* capaz de detectar ameaças, monitorar *logs*, fazer análise de vulnerabilidades, seguir conformidade, gerir incidentes, prover segurança na nuvem e em *containers*, manter itens de configuração de softwares seguros e garantir integridade de arquivos. Tudo isso é alcançado com a ajuda de um agente leve instalado em servidores, *desktops*, instâncias de nuvem, *laptops* e máquinas virtuais. Como nem tudo são flores, há algumas desvantagens: como a ferramenta faz muita coisa, sua curva de aprendizado é um pouco íngreme, principalmente para necessidades específicas; por fazer muitas coisas em tempo real, o hardware necessário pode ser um gargalo, pois, mesmo que o utilizemos na nuvem, há custos associados; por último, apesar de o Wazuh estar passando por melhorias contínuas, é possível que haja problemas de compatibilidade com algumas ferramentas preexistentes no ambiente corporativo, como algumas versões do Linux. Tudo isso precisa ser mapeado na fase de preparação. Pensando nessas dificuldades, a empresa criadora do Wazuh oferece suporte para implantação e configuração, manutenção de regras, auxílio com *upgrade* de versão, testes de saúde do sistema e ainda sessões de treinamento.

PARTE V.
INOVAÇÃO E TENDÊNCIAS

19. Segurança em ambiente industrial

Alexandre Freire

A explosão da segurança cibernética industrial

O mercado de segurança cibernética industrial tem um grande potencial de crescimento devido ao aumento da digitalização e da dependência de sistemas tecnológicos e de informação. Com o aumento de ameaças cibernéticas, as empresas estão se tornando mais conscientes da importância da segurança e estão investindo em soluções para proteger suas operações críticas.

Os Sistemas de Controles Industriais (ICS – *Industrial Control System*) fornecem recursos de gerenciamento e controle para utilidades de missão crítica e se caracterizam pelo conjunto de componentes e dispositivos eletrônicos, mecânicos e de software que são usados para monitorar e controlar processos industriais. Esses sistemas são projetados para garantir que as operações de produção ocorram de maneira eficiente, segura e confiável. Compreendem sensores que medem variáveis como temperatura, pressão, vazão e nível, e dispositivos de atuação, como válvulas e motores, que ajustam as variáveis de entrada do processo. Esses componentes são conectados a um Controlador Lógico Programável (PLC – *Programmable Logic Controller*), que processa as informações coletadas pelos sensores e envia sinais aos dispositivos de atuação, servindo como uma "ponte" entre o mundo cibernético e o mundo físico.

Essa interação é realizada através dos controles "ciberfísicos" que refletem o ajuste dos processos, como um controle de temperatura em um alto forno, abertura ou fechamento de válvulas de um gasoduto, rotação de turbinas de uma hidrelétrica até sistemas complexos de controle de processos em uma refinaria de petróleo.

As funções extremamente críticas desempenhadas pelos ICSs e PLCs a partir de uma grande automatização de processos, monitoramento de variáveis e controle remoto do nível de instrumentação são essenciais para a operação segura e confiável de muitas instalações industriais. Porém, os PLCs podem ser alvo de ataques cibernéticos, que podem causar danos graves aos sistemas de controles industriais, danificando equipamentos ou mesmo colocando em risco a segurança e a vida de pessoas.

Diversos incidentes já foram observados em ambientes industriais, e alguns evoluíram para acidentes, inclusive com perda de vidas humanas. Ao contrário do que é observado em redes de tecnologia da informação (TI), onde um incidente sempre será um incidente, no ambiente industrial de tecnologia de automação (TA) ou *Operational Technology* (OT), um incidente pode permanecer como um incidente ou evoluir para um acidente caso seja observada alguma mudança nos equipamentos industriais que desestabilize o equilíbrio de um processo crítico industrial, colocando em risco a segurança e a vida humana (*safety*).

Tenho observado a explosão de profissionais de *IT Cybersecurity* que estão se especializando e agregando *OT Cybersecurity* às suas competências. Noto também profissionais de automação industrial se especializando cada vez mais em segurança cibernética. Aquela famosa e temida barreira TI x TA parece estar finalmente caindo porque a segurança cibernética industrial virou preocupação de todos.

Na portaria da fábrica

Certa vez, durante a pandemia, aguardava para realizar o teste de COVID na entrada da fábrica de uma grande produtora e exportadora de papéis para embalagens. Papo vem e papo vai, conheci um rapaz (infelizmente não lembro mais o seu nome) que me perguntou: "o que você vai fazer na parada da fábrica"? Eu disse: "vamos fazer uma visita para instalar sensores em alguns processos para ter mais visibilidade na rede e monitorar a segurança cibernética e operacional do ambiente". Prontamente ele completou: "nossa, que bacana! Isso é muito importante para a gente porque os processos aqui da planta são muito críticos e hoje os *hackers* podem entrar nos computadores ou até mesmo alterar a programação do processo, podendo causar condições perigosas para a operação, um desastre ou uma sabotagem".

Confesso ter ficado surpreso com o conhecimento e a consciência do rapaz. E me surpreendi ainda mais quando perguntei o que ele fazia. Era operador de caldeira.

Nosso papo perdurou por mais uns 20 minutos. Perguntei como ele sabia sobre os potenciais riscos envolvidos em sua operação. Ele disse: "a fábrica inteira está conectada, então estamos mais expostos".

Isso é fantástico! Fantástico! Em boa parte, o exemplo do operador de caldeira representa o processo migratório do desenvolvimento das competências de operadores de processos, engenheiros de processos, *asset owners* e *stakeholders* em geral que conhecem muito de segurança operacional de seus processos (*safety*), mas precisam aprender sobre segurança cibernética, pois já possuem plena consciência de que ataques podem alterar seus processos. Eles têm a total clareza de que um incidente cibernético pode evoluir para um acidente que colooque em risco, por exemplo, vidas humanas.

A consciência dos profissionais impulsiona o mercado

Desde 2011, quando resolvi abraçar a segurança cibernética industrial como uma de minhas especializações, tive oportunidade de participar de muitas reuniões com diferentes profissionais que hoje atuam em importantes indústrias na América Latina. Desde então, tenho observado como esses profissionais apresentam seus desafios e como estruturaram seus controles humanos, processuais e tecnológicos para reduzirem os riscos cibernéticos de suas operações em uma grande troca de experiências.

Estabelecer controles e criar contramedidas é mandatório para que essas empresas não ocupem o noticiário do dia seguinte com histórias de prejuízos astronômicos com a paralisação da cadeia produtiva, ou mesmo desastres de grandes proporções que possam implicar na perda de vidas humanas devido a ataques cibernéticos, sabotagens ou mesmo erros operacionais.

Na América Latina, sobretudo Brasil, Chile, Colômbia, Equador e México, já observamos alguns fatores essenciais que fazem parte de nossas conversas em encontros com *stakeholders* e debates com profissionais de IT e OT. A pressão imposta pelas áreas de negócio faz com que todos iniciem o embarque para uma viagem sem volta que tem como destino a obrigatoriedade de desenvolvimento de competências para apoiar a incessante busca da indústria para que seus processos sejam mais inteligentes e eficientes.

Fatores que impulsionam o mercado

Diante desse cenário, foi possível determinar quatro pilares essenciais que estão presentes na pauta dos diferentes segmentos de indústria. Esses pilares contribuem de forma direta para o desenvolvimento das competências dos profissionais e das empresas.

1. Transformação digital e advento da *cloud*

Trata-se da celeridade na adoção de novas tecnologias para obter vantagem competitiva. A transformação digital requer colaboração em todas as áreas da empresa, expandindo para clientes e parceiros. É a fundamentação da integração de sistemas de negócios suportados por IT com ambientes operacionais de OT resultando em um cenário de novos desafios de segurança.

Figura 19.1. Transformações da indústria ao longo dos anos.
Fonte: o autor.

Disseminar a cultura da segurança cibernética industrial faz parte da nova realidade da integração entre IT e OT. Os projetos de inovação tecnológica na Indústria 4.0 colocam unidades de produção inteiras com interconectividade nunca observada antes.

Cloud permite que as indústrias simplifiquem o fluxo de dados como opção mais econômica para armazenamento, processamento e análise de dados do que as ferramentas proprietárias legadas. Ferramentas baseadas em aprendizado de máquina ajudam as grandes indústrias a trabalhar com maior flexibilidade e sobretudo eficiência operacional, no entendimento de sua grande e massiva saída de dados (*big data*).

Os sistemas conectados facilitam o acesso e a movimentação de informações nas redes de IT/OT e IoT. Vivemos em um mundo onde tudo, desde sensores até controladores industriais, câmeras e termostatos, está se conectando como nunca visto antes. Isso nos permite colher os maiores benefícios da transformação digital em integrações que resultam em maior produtividade. E é esse o cenário que precisamos proteger das ameaças cibernéticas.

2. Internet das coisas (IoT)

Em 2023 atingimos 42 bilhões de dispositivos conectados, segundo pesquisa recente publicada pela Frost & Sullivan (PEREZ, 2023). É isso mesmo! 42 bilhões de dispositivos! A aplicabilidade da internet das coisas nos ambientes produtivos criou o conceito *Industrial Internet of Things* (IIoT), possibilitando que as indústrias se beneficiem enormemente através da adoção de dispositivos e sensores inteligentes que melhoram significativamente os processos de automação industrial (OT).

Porém, a grande maioria desses dispositivos não foi concebida com a segurança em mente – uma pesquisa da HP (KOVACS, 2014) mostrou que 70% dos dispositivos de IoT estão vulneráveis a ataques externos.

3. Convergência IT/OT

Este é um fator essencial a ser considerado na adoção de tecnologias que visam a integração e o compartilhamento de dados entre IT e OT. A convergência resulta no aumento de riscos de segurança porque um ataque cibernético iniciado em um ambiente pode facilmente migrar para outro em condições críticas. Esse risco é potencializado porque a grande maioria das organizações não tem visibilidade do que acontece em ambientes OT devido à escassez de equipes especializadas em segurança e à baixa integração de processos e tecnologias.

As organizações estão experimentando a convergência acelerada de OT e TI como parte de um grande ecossistema digital em evolução, onde tudo está conectado e as equipes de segurança agora são desafiadas a proteger os ativos de OT e TI nesse cenário expandido de ameaças.

Atualmente, as equipes de segurança enfrentam desafios operacionais muito diferentes de visibilidade e segurança cibernética do que vivenciaram em um passado recente. Ao mesmo tempo, organizações criminosas estão mirando nos ambientes de OT/IoT em um momento de grande escassez global de especialistas em segurança cibernética, exigindo que as equipes existentes sejam mais eficazes e produtivas frente ameaças cada vez mais sofisticadas.

4. Ameaças e gestão de riscos

Por último, a crescente onda de ameaças às indústrias com ataques sofisticados e minuciosamente direcionados faz com que a gestão de riscos e ameaças cibernéticas cresça e seja pauta essencial de comitês executivos de todas as corporações.

Desde 2020 o *World Economic Forum* (2024b) vem alertando, através do relatório anual sobre riscos globais, que ataques cibernéticos contra infraestruturas críticas se tornaram o novo normal em setores como energia, saúde e transportes e aponta como risco iminente que pode afetar a sociedade juntamente com outros fatores de alta relevância, como a crise hídrica, a crise alimentar e variações climáticas extremas.

Consideramos "infraestrutura crítica" os setores da indústria que, caso sejam afetados por condições adversas, como severos ataques cibernéticos, poderão causar impactos muitas vezes irreversíveis ao bem-estar da sociedade e à soberania de uma nação. Energia, saúde, finanças, agricultura, telecomunicações e transportes fazem parte desse seleto grupo de altíssima relevância para a gestão de riscos de um país.

A escalada de ataques cibernéticos direcionados, a espionagem digital corporativa e conflitos entre países na esfera digital são ameaças que podem impactar diretamente a produção e resiliência de diferentes segmentos da indústria, acarretando perda direta de receita, impactos reputacionais e problemas de segurança de sistemas ciberfísicos que podem afetar a sociedade como um todo.

Conclusão

Entender os desafios de inovação dos ambientes industriais impulsionados pela interconectividade é fundamental para o desenvolvimento adequado de controles de segurança cibernética e para estabelecer um ambiente operacional seguro e resiliente contra ameaças cibernéticas atuais e emergentes.

O mercado de segurança cibernética industrial desponta como um dos mais promissores. O momento é único, e cada vez mais as indústrias intensificam o desenvolvimento tecnológico para tornar seus processos mais ágeis e inteligentes. Ao mesmo tempo, profissionais almejam ampliar seus conhecimentos e habilidades técnicas com o intuito de suprir a carência de mão de obra desse segmento de mercado tão especializado.

20. Aprimoramento legal e regulatório de segurança e privacidade

Cristina Sleiman
Salomão de Oliveira

Introdução

O Direito é a positivação do que uma sociedade considera como correto de acordo com os costumes, o senso comum e também com as normas morais e éticas. Sempre que uma conduta condiz com os preceitos legais, entende-se por uma conduta lícita; o contrário, portanto, entende-se por uma conduta ilícita.

Normalmente esses conceitos estão ligados aos anseios e às necessidades da sociedade de acordo com cada época.

Costuma-se dizer que a lei vem a reboque do desenvolvimento de uma sociedade, visto que os anseios e necessidades a precedem. Assim aconteceu com os direitos trabalhistas e os direitos da personalidade, ambos uma conquista para a humanidade, e não foi diferente com a questão da privacidade.

Cabe destacar que privacidade está diretamente ligada ao ser humano, portanto, informações relativas à vida de uma pessoa, como seus dados pessoais ou sua vida pessoal, saúde, entre outras questões. Importante salientar que a percepção de privacidade mudou com o tempo. Houve época em que o casamento se consumava apenas após o ato sexual na presença de parentes, o que já não é mais concebível na nossa sociedade.

No cenário atual, de tratamento de dados pessoais em larga escala, *big data* e inteligência artificial, a privacidade só pode ser alcançada por meio de processos e tecnologias de proteção de dados, com regras e limitações do tratamento, como defende a LGPD – Lei Geral da Proteção de Dados [Pessoais] (Lei nº 13.709/2018), inspirada em grande parte pela GDPR (*General Data Protection Regulation*).

A proteção de dados pessoais está, portanto, ligada intimamente ao processo de assegurar o direito à privacidade, sendo coisas interdependentes e complementares.

Segurança da Informação (SI), por sua vez, visa proteger todo e qualquer dado, seja pessoal ou não, devendo garantir os pilares de confidencialidade, integridade e disponibilidade.

Implementar controles de SI protege as organizações contra ataques cibernéticos, perda, furto, vazamento de informação, sendo muito mais do que uma questão técnica, pois, além de prevenir os resultados materiais de um possível incidente de SI, há de se pensar na prevenção de responsabilidade legal.

Segurança da informação e conformidade legal

É importante destacar que toda organização, ao implementar controles de SI, deve buscar também a conformidade legal e, portanto, deve atentar às diversas leis aplicáveis e pautar-se nesses dispositivos legais para criação de políticas e normas internas.

Antes de citar algumas leis, vamos falar sobre as normas da família ISO/IEC 27000.

ISO é a sigla para *International Organization for Standardization* (Organização Internacional para Padronização) e IEC é a sigla para *International Electrotechnical Commission* (Comissão Eletrotécnica Internacional). Trata-se de organizações não governamentais que trabalham globalmente para a padronização de normas internacionais, possibilitando inclusive a certificação de organizações que estiverem em conformidade com as regras estabelecidas.

Não se trata de leis ou regulamentações, mas de boas práticas mundiais, ou seja, padronização do entendimento do que seria a melhor conduta.

A ISO/IEC 27001 (Sistemas de Gestão da Segurança da Informação – Requisitos) é voltada às certificações de segurança da informação para empresas, órgãos públicos e profissionais, tendo um papel importante no apoio à implementação de um Sistema de Gestão de Segurança da Informação (SGSI) nas organizações. A família ISO/IEC 27000 é muito importante também para os controles necessários no quesito privacidade. Temos como mais específica a ISO/IEC 27701 (Técnicas de segurança — Extensão da ISO/IEC 27001), ISO/IEC 27002 para Gestão da Privacidade da Informação — Requisitos e Diretrizes e a nova versão da ISO 27002 (Segurança da Informação, Segurança Cibernética e Proteção à Privacidade – Controles de Segurança da Informação).

Mas o que a ISO/IEC tem a ver com leis?

É simples: o ordenamento jurídico brasileiro leva em conta (em grande peso) a boa-fé das partes, quando falamos em processo judicial. No âmbito da SI, podemos mencionar vários incidentes que podem gerar responsabilidade jurídica, como, por exemplo, o vazamento de dados pessoais – inclusive já existe legislação específica, que vamos abordar mais à frente.

Portanto, estar em conformidade com as boas práticas mundiais é muito importante para comprovar boa-fé perante os tribunais, visto que denota a diligência, a governança e a gestão (ver art. 50 da LGPD).

Por óbvio que os aspectos legais não podem ser negligenciados. As áreas de segurança da informação, proteção de dados e privacidade devem ser assessoradas por profissional do Direito que tenha conhecimento de TI e, no mínimo, conceitos básicos de SI; afinal, em um processo judicial poderá ser preciso elaborar quesitos para uma perícia, ou mesmo analisar as respostas do perito envolvendo questões tecnológicas, além de outros processos envolvendo a prevenção, coleta e custódia de provas, gerenciamento de crises e comunicação com órgãos fiscalizadores ou regulamentares.

Nosso objetivo é alertar sobre algumas questões legais a serem observadas nas ações de segurança da informação.

A **Constituição Federal** é nossa lei maior, chamada também de Carta Magna, de forma que nenhuma lei em nosso país pode contrariá-la. Nela estão previstos os direitos fundamentais do ser humano: a intimidade, a vida privada, a honra e a imagem das pessoas, sendo assegurado o direito à indenização pelo dano material ou moral decorrente de sua violação.

Além disso, a Constituição Federal prevê a inviolabilidade do sigilo da correspondência e das comunicações telegráficas, de dados e das comunicações telefônicas, salvo, no último caso, por ordem judicial, nas hipóteses e na forma que a lei estabelecer para fins de investigação criminal ou instrução processual penal.

Proteção, também importante de se mencionar, está na garantia da livre manifestação do pensamento, mas o mesmo dispositivo veda o anonimato.

Em recente avanço social, de modo a consolidar a privacidade e a proteção de dados pessoais como direitos fundamentais, a Emenda Constitucional nº 115/22 incluiu na nossa constituição:

> *Art. 5º, LXXIX – é assegurado, nos termos da lei, o direito à proteção dos dados pessoais, inclusive nos meios digitais.*
>
> *Art. 22, XXX – proteção e tratamento de dados pessoais.*

É importante mencionar também o **Código Civil**, que por sua vez traz direitos e obrigações aos indivíduos e às empresas. Portanto, somos passivos de obrigações, cujas regras podem ser estabelecidas em contrato nos termos do Código Civil.

O **Código Penal** é o dispositivo legal que tipifica as ações consideradas crime. Também é aplicável à área de segurança da informação, mas apenas à pessoa física, com exceção de crimes ambientais.

No âmbito de segurança da informação, podemos mencionar os crimes **contra a inviolabilidade dos segredos** nos arts. 153 e 154 Código Penal:

> *Art. 153 – Divulgar alguém, sem justa causa, conteúdo de documento particular ou de correspondência confidencial, de que é destinatário ou detentor, e cuja divulgação possa produzir dano a outrem:*
>
> *Pena – detenção, de um a seis meses, ou multa.*
>
> *§ 1º Somente se procede mediante representação.*
>
> *§ 1º A. Divulgar, sem justa causa, informações sigilosas ou reservadas, assim definidas em lei, contidas ou não nos sistemas de informações ou banco de dados da Administração Pública:*
>
> *Pena – detenção, de 1 (um) a 4 (quatro) anos, e multa.*
>
> *§ 2º Quando resultar prejuízo para a Administração Pública, a ação penal será incondicionada.*
>
> *Art. 154 – Revelar alguém, sem justa causa, segredo, de que tem ciência em razão de função, ministério, ofício ou profissão, e cuja revelação possa produzir dano a outrem:*
>
> *Pena – detenção, de três meses a um ano, ou multa.*
>
> *Parágrafo único – Somente se procede mediante representação.*

O Código Penal também tipificou como crime o ato de invadir dispositivos informáticos:

> *Art. 154-A. Invadir dispositivo informático de uso alheio, conectado ou não à rede de computadores, com o fim de obter, adulterar ou destruir dados ou informações sem autorização expressa ou tácita do usuário do dispositivo ou de instalar vulnerabilidades para obter vantagem ilícita:*
>
> *Pena – reclusão, de 1 (um) a 4 (quatro) anos, e multa.*
>
> *§ 1º Na mesma pena incorre quem produz, oferece, distribui, vende ou difunde dispositivo ou programa de computador com o intuito de permitir a prática da conduta definida no caput.*
>
> *§ 2º Aumenta-se a pena de 1/3 (um terço) a 2/3 (dois terços) se da invasão resulta prejuízo econômico.*
>
> *§ 3º Se da invasão resultar a obtenção de conteúdo de comunicações eletrônicas privadas, segredos comerciais ou industriais, informações sigilosas, assim definidas em lei, ou o controle remoto não autorizado do dispositivo invadido:*
>
> *Pena – reclusão, de 2 (dois) a 5 (cinco) anos, e multa.*
>
> *§ 4º Na hipótese do § 3º, aumenta-se a pena de um a dois terços se houver divulgação, comercialização ou transmissão a terceiro, a qualquer título, dos dados ou informações obtidos.*
>
> *§ 5º Aumenta-se a pena de um terço à metade se o crime for praticado contra:*
>
> *I – Presidente da República, governadores e prefeitos;*
>
> *II – Presidente do Supremo Tribunal Federal;*
>
> *III – Presidente da Câmara dos Deputados, do Senado Federal, de Assembleia Legislativa de Estado, da Câmara Legislativa do Distrito Federal ou de Câmara Municipal; ou*
>
> *IV – dirigente máximo da administração direta e indireta federal, estadual, municipal ou do Distrito Federal.*

Até então, o ato de invadir dispositivos tinha impacto apenas no âmbito civil, ou incidência de outros tipos penais derivados na conduta de invasão, como crime de dano. No âmbito civil, o impacto está na ocorrência de dano à vítima, não havendo consequências pelo simples ato da invasão.

Privacidade e monitoramento

No âmbito da segurança da informação cabe atenção justamente à questão de privacidade no quesito monitoramento, pois o entendimento é de que pode haver monitoramento em dispositivos corporativos, portanto que pertençam ao empregador, desde que seja dado ciência ao empregado.

Hoje em dia o conhecimento legal sobre uso das tecnologias se encontra um pouco mais disseminado, mas já foi comum receber consultas sobre empresas que tinham desconfiança sobre vazamento de informação e pretendiam utilizar softwares espiões.

E já que entramos no assunto monitoramento, este pode ser feito legalmente, mas com cautela e ciência do colaborador, normatizado e instituído em políticas internas, não se tratando, portanto, de espionar ou devassar os computadores ou *smartphones* utilizados pelos funcionários, mas, sim, do monitoramento legal e avisado dos recursos tecnológicos do empregador. Mesmo o monitoramento por câmera é permitido.

Segundo a ministra Dora Maria da Costa (TST, 2019), "... o monitoramento dos empregados no ambiente de trabalho por meio de câmera, sem qualquer notícia no acórdão do Tribunal Regional a respeito de excessos pelo empregador, tais como a utilização de câmeras espiãs ou a instalação de câmeras em recintos que fossem destinados ao repouso dos funcionários ou que pudessem expor partes íntimas dos empregados, como banheiros ou vestiários, não configura ato ilícito, inserindo-se dentro do poder fiscalizatório do empregador".

Interessante destacar que os primeiros julgados entendiam como não permitido o monitoramento do e-mail utilizado pelo colaborador, no entanto esse entendimento tomou outro rumo, pacificando a corrente que sedimentou a defesa de que e-mail corporativo é ferramenta de trabalho e não de benefício do empregado, de forma que o empregador pode monitorá-lo, tendo em vista seu poder fiscalizador.

> *...pode o empregador monitorar e rastrear a atividade do empregado no ambiente de trabalho, em 'e-mail' corporativo, isto é, checar suas mensagens, tanto do ponto de vista formal quanto sob o ângulo material ou de conteúdo. [...]*[20]

---

[20] TST-RR-613/2000-013-10-00.7. 1ª Turma, rel. João Oreste Dalazen, 18 maio 2005, e TST- RR-1347-42.2014.5.12.0059. 4ª Turma, rel. Alexandre Luiz Ramos, 23 jun. 2020 (FORTUNATO *et al.*, 2021).

De toda forma, é fundamental que o empregador dê ciência de que tal monitoramento possa ser, ou será, feito, para que se retire do cenário a expectativa de privacidade quando da utilização dos dispositivos do empregador.

O cenário muda se o dispositivo for do colaborador, como, por exemplo, no caso de BYOD (*Bring Your Own Device*), situação que exigiria muito mais do que a ciência do colaborador, mas sua concordância. Além disso, o monitoramento se limitaria aos conteúdos corporativos e nunca aos seus documentos e e-mails pessoais, mas esta pode ser uma situação delicada e ainda discutível. Nesse ponto, a utilização de sistemas de Gerenciamento de Mobilidade Empresarial (EMM – *Enterprise Mobility Management*) é fundamental, pois possibilita um maior controle sobre como aplicativos e dados corporativos são acessados, em alinhamento às políticas corporativas de dispositivos móveis, além de ampliar a segurança dos dispositivos contra ameaças cibernéticas e proteger a privacidade das informações pessoais.

É importante que, do ponto de vista da responsabilidade legal, haja de fato o monitoramento, afinal o empregador possui responsabilidade objetiva perante os atos de seus empregados enquanto no exercício de suas funções. Além disso, responde perante terceiros por vazamento de informações, conforme também previsto na Lei de Proteção de Dados Pessoais, que abordaremos adiante.

> *RECURSO DE REVISTA. ACÓRDÃO REGIONAL PUBLICADO NA VIGÊNCIA DA LEI Nº 13.015/2014 E ANTERIORMENTE À LEI Nº 13.467/2017. 1. PROVA ILÍCITA. "E-MAIL" CORPORATIVO. ACESSO E UTILIZAÇÃO DO CONTEÚDO DAS MENSAGENS DOS EMPREGADOS PELO EMPREGADOR. POSSIBILIDADE. NÃO CONHECIMENTO. I. Consoante entendimento consolidado neste Tribunal, o e-mail corporativo ostenta a natureza jurídica de ferramenta de trabalho. Daí porque é permitido o empregador monitorar e rastrear a atividade do empregado em e-mail corporativo, isto é, checar as mensagens, tanto do ponto de vista formal (quantidade, horários de expedição, destinatários etc.) quanto sob o ângulo material ou de conteúdo, não se constituindo em prova ilícita a prova assim obtida. II. Não viola os arts. 5º, X e XII, da Constituição Federal, portanto, o acesso e a utilização, pelo empregador, do conteúdo do "e-mail" corporativo. III. Acórdão regional proferido em consonância ao entendimento desta Corte Superior. IV. Recurso de revista de que não se conhece. [...]*[21]

[21] RR – 1347-42.2014.5.12.0059/Tribunal Superior do Trabalho. 4ª Turma.

Perceba que ditar as regras é muito importante, tendo, como já dito, o empregador o dever de normatizar o uso de recursos tecnológicos através de políticas e normas, vinculando-as ao contrato de trabalho e dando visibilidade e publicidade a tais normas. Trata-se do poder diretivo do empregador, assim como o monitoramento tem por base seu poder fiscalizador. Portanto, dar ciência ao empregado sobre o monitoramento é condição essencial, sem a qual de fato configuraria o monitoramento ilícito, não pelo fato em si, mas pela falta de aviso prévio.

Marco Civil da Internet

A Lei nº 12.965, de 23 de abril 2014, conhecida como Marco Civil da Internet, disciplina o uso da internet no Brasil, como o próprio nome já demonstra. Esta lei apresenta direitos e estabelece deveres para organizações que disponibilizam acesso e aplicativos de internet.

O Marco Civil da Internet tem impacto direto na segurança da informação, uma vez que traz o embasamento legal que permite o monitoramento e registro de acessos à internet. Assim dispõe:

> *Art. 13. Na provisão de conexão à internet, cabe ao administrador de sistema autônomo respectivo o dever de manter os registros de conexão, sob sigilo, em ambiente controlado e de segurança, pelo prazo de 1 (um) ano, nos termos do regulamento.*
>
> *§ 1º A responsabilidade pela manutenção dos registros de conexão não poderá ser transferida a terceiros.*
>
> *§ 2º A autoridade policial ou administrativa ou o Ministério Público poderá requerer cautelarmente que os registros de conexão sejam guardados por prazo superior ao previsto no **caput**.*
>
> *§ 3º Na hipótese do § 2º, a autoridade requerente terá o prazo de 60 (sessenta) dias, contados a partir do requerimento, para ingressar com o pedido de autorização judicial de acesso aos registros previstos no **caput**.*
>
> *§ 4º O provedor responsável pela guarda dos registros deverá manter sigilo em relação ao requerimento previsto no § 2º, que perderá sua eficácia caso o pedido de autorização judicial seja indeferido ou não tenha sido protocolado no prazo previsto no § 3º.*

> *§ 5º Em qualquer hipótese, a disponibilização ao requerente dos registros de que trata este artigo deverá ser precedida de autorização judicial, conforme disposto na Seção IV deste Capítulo.*
>
> *[...]*
>
> *Art. 15. O provedor de aplicações de internet constituído na forma de pessoa jurídica e que exerça essa atividade de forma organizada, profissionalmente e com fins econômicos deverá manter os respectivos registros de acesso a aplicações de internet, sob sigilo, em ambiente controlado e de segurança, pelo prazo de 6 (seis) meses, nos termos do regulamento.*
>
> *§ 1º Ordem judicial poderá obrigar, por tempo certo, os provedores de aplicações de internet que não estão sujeitos ao disposto no* ***caput*** *a guardarem registros de acesso a aplicações de internet, desde que se trate de registros relativos a fatos específicos em período determinado.*
>
> *§ 2º A autoridade policial ou administrativa ou o Ministério Público poderão requerer cautelarmente a qualquer provedor de aplicações de internet que os registros de acesso a aplicações de internet sejam guardados, inclusive por prazo superior ao previsto no* ***caput****, observado o disposto nos §§ 3º e 4º do art. 13.*
>
> *§ 3º Em qualquer hipótese, a disponibilização ao requerente dos registros de que trata este artigo deverá ser precedida de autorização judicial, conforme disposto na Seção IV deste Capítulo.*
>
> *[...]*

Outra questão importante a conhecer para quem atua na área de segurança da informação é que, em processo judicial, todos os meios de provas são admitidos, desde que não seja considerada ilícita, ou que não seja impugnada pela parte contrária, afinal, trata-se de instrumentos pelos quais se torna possível a comprovação dos fatos relevantes ao processo. Trata-se de mais uma comprovação da necessidade da multidisciplinaridade em temas de segurança da informação, pois a coleta e a custódia de evidências consubstanciarão as provas, de modo que sejam lícitas e puras de contaminações ou erros técnicos que possam inviabilizá-las.

Esses instrumentos são utilizados para esclarecimento e convencimento do magistrado, de forma que não há hierarquia.

O Código de Processo Civil preceitua que não há hierarquia entre as provas (depoimento pessoal; confissão; exibição de documento ou coisa; prova documental; prova testemunhal; prova pericial e inspeção judicial), bem como não limita as provas aos meios apresentados em lei. Portanto, não se trata de rol taxativo.

> *Art. 369. As partes têm o direito de empregar todos os meios legais, bem como os moralmente legítimos, ainda que não especificados neste Código, para provar a verdade dos fatos em que se funda o pedido ou a defesa e influir eficazmente na convicção do juiz.*
>
> *[...]*
>
> *Art. 378. Ninguém se exime do dever de colaborar com o Poder Judiciário para o descobrimento da verdade.*

Perceba que, conforme art. 378, todos temos o dever de colaborar com a justiça, de forma que não atender a uma ordem judicial pode acarretar complicações.

Ocorre que, na sociedade digital, as provas estão cada vez mais armazenadas em dispositivos tecnológicos, como no caso de identificação de usuário, identificação e rastreabilidade de ações de colaboradores, ofensas na internet, má conduta, concorrência desleal, golpes financeiros, ataques cibernéticos, dentre outros casos.

Para que as provas possam ser utilizadas em processos judiciais, devem ser coletadas de forma transparente, garantindo a cadeia de custódia para que não perca sua força ou mesmo validade.

A aplicação das leis no âmbito de segurança da informação não se limita ao que foi mencionado, mas trouxemos pontos importantes para alertar e plantar a semente de que segurança da informação tem que interagir com profissionais da área do Direito, com destaque para o direito digital.

Segurança da informação e privacidade

Para garantir a proteção dos dados e a privacidade do titular, é necessário aplicar controles de segurança da informação.

Importante destacar uma breve explanação das origens dos anseios por privacidade, que culminaram no que temos hoje de arcabouço legal acerca do tema.

Desde a antiguidade, faraós e imperadores já utilizavam formas de proteger o sigilo de suas comunicações, buscando privacidade, seja por meio de mensageiros de confiança, que até dariam a própria vida para manter tais 'mensagens' em sigilo, ou da utilização de selos ou lacres, como os de cera, para indicar autenticidade e integridade da informação.

Esses mensageiros, de grande relevância nas sociedades, eram protegidos tanto pela segurança física quanto pela privacidade e intimidade, só mantendo contato com pessoas previamente autorizadas. Há relatos de que mensageiros, após iniciarem seus serviços a favor dos imperadores, jamais puderam sair das imediações dos palácios e manter contato externo, de modo a evitar riscos de vazamento de informações.

Em 1890 foi publicado, na *Harvard Law Review*, o artigo "The Right to Privacy", dos autores Samuel D. Warren II e Louis Brandeis, que tornou famoso "o direito de ser esquecido", ainda que não tenha sido exatamente esta a melhor tradução do inglês *the right to be let alone*. Essa publicação acabou sendo base para o artigo 12 da Declaração Universal dos Direitos Humanos (1948), onde podemos ver que "ninguém será sujeito à interferência na sua vida privada, na sua família, no seu lar ou na sua correspondência, nem a ataque à sua honra e reputação. Todo ser humano tem direito à proteção da lei contra tais interferências ou ataques.

Já a Convenção Europeia dos Direitos do Homem (TRIBUNAL EUROPEU DOS DIREITOS DO HOMEM, 1950) reforça, em seu artigo 8º, de título "Direito ao respeito pela vida privada e familiar", que:

> *(1.) Qualquer pessoa tem direito ao respeito da sua vida privada e familiar, do seu domicílio e da sua correspondência. (2.) Não pode haver ingerência da autoridade pública no exercício deste direito senão quando esta ingerência estiver prevista na lei e constituir uma providência que, numa sociedade democrática, seja necessária para a segurança nacional, para a segurança pública, para o bem-estar económico do país, a defesa da ordem e a prevenção das infracções penais, a protecção da saúde ou da moral, ou a protecção dos direitos e das liberdades de terceiros. (texto em português de Portugal)*

Para entender o contexto da privacidade e o limite imposto ao Estado, vamos ver um pouco de história. Atente para o encadeamento das datas.

Em 1918, o engenheiro Arthur Scherbius patenteou uma máquina de cifragem usando rotores que ficou conhecida como 'Enigma' e que passou a ser utilizada pela Marinha alemã por volta de 1926 e posteriormente pelo Exército e pela Força Aérea, o que deu uma grande vantagem aos nazistas durante a Segunda Grande Guerra. Os aliados só tiveram êxito em derrotar os nazistas após conseguirem decodificar as mensagens cifradas pelos alemães (1945), o que mostra o quanto, neste caso, a quebra do sigilo das comunicações e privacidade dos envolvidos se mostrou crítica, ainda que, neste episódio, para o bem da humanidade.

E o que a privacidade tem a ver com isso?

Em 1939 o governo alemão realizou um censo de todas as pessoas que viviam na Alemanha. Foram registrados idade, sexo, domicílio, profissão, religião, estado civil e, pela primeira vez, também se registrou a "raça" do indivíduo com base na de seus avós. Aquelas informações foram mais tarde registradas por milhares de funcionários através da codificação em cartões perfurados.

As informações do censo de 1939 ajudaram o oficial nazista Adolf Eichmann a criar o "Registro dos Judeus", o qual continha informações detalhadas sobre todos os judeus residentes na Alemanha. O registro também continha os nomes dos judeus na Áustria e nos Sudetos, na porção oeste da antiga Tchecoslováquia (UNITED STATES HOLOCAUST MUSEUM, s.d.).

Podemos notar que em 1939 a utilização em massa de dados pessoais, processados por meio de tecnologia, ainda rudimentar perto do que temos hoje, permitiu ao Estado causar grande mal à sociedade.

Visto esse pedaço da história, podemos entender o motivo de ter sido promulgada a Declaração Universal dos Direitos Humanos (1948), já com a pretensão de limitar o poder do Estado para coletar e utilizar dados pessoais, seguida pela Convenção Europeia dos Direitos do Homem (1950) e pela Carta dos Direitos Fundamentais da União Europeia (2000), onde podemos ler, em seus artigos 7º e 8º, sobre privacidade e proteção de dados:

> *Art. 7º – Respeito pela vida privada e familiar*
>
> *Todas as pessoas têm direito ao respeito pela sua vida privada e familiar, pelo seu domicílio e pelas suas comunicações.*
>
> *Art. 8º – Protecção de dados pessoais –*
>
> *1. Todas as pessoas têm direito à protecção dos dados de carácter pessoal que lhes digam respeito.*
>
> *2. Esses dados devem ser objecto de um tratamento leal, para fins específicos e com o consentimento da pessoa interessada ou com outro fundamento legítimo*

> *previsto por lei. Todas as pessoas têm o direito de aceder aos dados coligidos que lhes digam respeito e de obter a respectiva rectificação.*
>
> *3. O cumprimento destas regras fica sujeito a fiscalização por parte de uma autoridade independente.*
>
> *(texto em português de Portugal)*

Embora o "direito à privacidade" tenha se desenvolvido originalmente na jurisprudência e doutrina norte-americanas, foi a Europa que se notabilizou como a fonte dos principais e mais completos conjuntos de leis sobre proteção de dados pessoais, que emergiram nas décadas de 60 e 70.

Em 1980, o Comitê de Ministros da OECD (*Organization for Economic Cooperation and Development*) publicou as "Diretrizes sobre Proteção da Privacidade e dos Fluxos Transfronteiriços de Dados Pessoais", estabelecendo os princípios básicos sobre proteção de dados e fluxo de informações entre países que possuem leis em conformidade com esses princípios.

Em 1981, o Conselho da Europa promulgou a Convenção "Para a proteção dos indivíduos com respeito ao processamento automático de dados pessoais", que entrou em vigor em 1985, com foco na privacidade individual.

No Brasil o conceito de privacidade foi introduzido na Constituição de 1988, com base na Carta dos Direitos Fundamentais da União Europeia, como se pode ler em seu artigo 5º, nos incisos transcritos a seguir:

> *X – são invioláveis a intimidade, a vida privada, a honra e a imagem das pessoas, assegurado o direito a indenização pelo dano material ou moral decorrente de sua violação;*
>
> *XI – a casa é asilo inviolável do indivíduo, ninguém nela podendo penetrar sem consentimento do morador, salvo em caso de flagrante delito ou desastre, ou para prestar socorro, ou, durante o dia, por determinação judicial;*
>
> *XII – é inviolável o sigilo da correspondência e das comunicações telegráficas, de dados e das comunicações telefônicas, salvo, no último caso, por ordem judicial, nas hipóteses e na forma que a lei estabelecer para fins de investigação criminal ou instrução processual penal.*

Em 24 de outubro de 1995 foi promulgada a Diretiva nº 95/46/EC relativa ao processamento de dados pessoais (FILHO, 2013). Ela passa a exigir que cada país membro da União Europeia tenha uma agência ou comissário de proteção de dados que supervisione a aplicação dos princípios e leis de proteção à privacidade individual. Exige, ainda, que cada país edite suas próprias leis sobre o processamento de dados pessoais. A Diretiva estabeleceu um prazo de três anos após a data de sua vigência, para que os países membros da União Europeia adotassem as medidas legislativas e regulamentares necessárias para atender à Diretiva.

Considerado um avanço e ampliação da Diretiva nº 95/46/CE, o Regulamento Geral de Proteção de Dados (RGPD ou em inglês GDPR) entrou em vigor em 25 de maio de 2016, com previsão de ser aplicado integralmente a partir de 25 de maio de 2018, ao mesmo tempo que revoga a Diretiva.

Ao contrário de uma diretiva, que deve ser transposta para a legislação nacional de cada estado membro, o Regulamento (RGPD) é vinculativo e diretamente aplicável a todos os estados membros. O RGPD é "Texto com Relevância EEE", o que significa que se aplica a todos os países do Espaço Econômico Europeu (EEE), composto por todos os estados membros da UE, Islândia, Liechtenstein e Noruega (PORTO, 2018).

O RGPD foi a base para a Lei Geral de Proteção de Dados Pessoais (LGPD) do Brasil, como veremos adiante.

Voltando à legislação brasileira, no Código de Defesa do Consumidor (lei nº 8.078, de 11 de setembro de 1990), o legislador incluiu a preocupação com a utilização de dados pessoais nas relações consumeristas, uma vez que o poder entre as partes, desbalanceadas para que se permitisse um equilíbrio saudável entre a relação e a proteção dos consumidores, merecia regulamentação. Nesse sentido, podemos ver em seu artigo 43 que:

> *O consumidor, sem prejuízo do disposto no art. 86, terá acesso às informações existentes em cadastros, fichas, registros e dados pessoais e de consumo arquivados sobre ele, bem como sobre as suas respectivas fontes.*
>
> *§ 1º Os cadastros e dados de consumidores devem ser objetivos, claros, verdadeiros e em linguagem de fácil compreensão, não podendo conter informações negativas referentes a período superior a cinco anos.*
>
> *§ 2º A abertura de cadastro, ficha, registro e dados pessoais e de consumo deverá ser comunicada por escrito ao consumidor, quando não solicitada por ele.*

§ 3º O consumidor, sempre que encontrar inexatidão nos seus dados e cadastros, poderá exigir sua imediata correção, devendo o arquivista, no prazo de cinco dias úteis, comunicar a alteração aos eventuais destinatários das informações incorretas.

§ 4º Os bancos de dados e cadastros relativos a consumidores, os serviços de proteção ao crédito e congêneres são considerados entidades de caráter público.

§ 5º Consumada a prescrição relativa à cobrança de débitos do consumidor, não serão fornecidas, pelos respectivos Sistemas de Proteção ao Crédito, quaisquer informações que possam impedir ou dificultar novo acesso ao crédito junto aos fornecedores.

§ 6º Todas as informações de que trata o caput deste artigo devem ser disponibilizadas em formatos acessíveis, inclusive para a pessoa com deficiência, mediante solicitação do consumidor.

Quando da regulamentação da internet no Brasil, com a lei nº 12.965, de 23 de abril de 2014, conhecida como 'Marco Civil da Internet', o legislador também trouxe à baila o tema da proteção de dados pessoais e privacidade, quando em seu art. 3º dispõe que:

A disciplina do uso da internet no Brasil tem os seguintes princípios:

...

II – proteção da privacidade;

III – proteção dos dados pessoais, na forma da lei;

...

VI – responsabilização dos agentes de acordo com suas atividades, nos termos da lei;

Poderemos ver na LGPD – Lei Geral de Proteção de Dados (lei nº 13.709, de 14 de agosto de 2018) a consolidação desses princípios, além da introdução de outros, a reboque do que vimos na RGPD.

A LGPD coloca o Brasil no rol de países com uma lei geral de proteção de dados moderna e que atende aos anseios da sociedade atual, além de se colocar par a par com a legislação de outros países, atendendo a requisito da OCDE (Organização para a Cooperação e Desenvolvimento Econômico) para aceitar o Brasil. Coloca o país, ainda, em condição de manter relações empresariais com empresas do EEE, dado que atende aos principais requisitos da RGPD.

Como consolidação da privacidade e proteção de dados pessoais como um direito fundamental, a Emenda Constitucional nº 115/22 incluiu na nossa constituição:

> *Art. 5º, LXXIX – é assegurado, nos termos da lei, o direito à proteção dos dados pessoais, inclusive nos meios digitais.*
>
> *Art. 22, XXX – proteção e tratamento de dados pessoais.*

Com isso, o Brasil reafirma seu compromisso com a privacidade e proteção de dados, sob controle da ANPD (Autoridade Nacional de Proteção de Dados), responsável pela regulamentação, fiscalização e aplicação de sanções previstas na LGPD.

A LGPD é uma lei fundamentalmente principiológica, que busca bem mais que a simples proteção de dados pessoais, como podemos ver em seu art. 1º:

> *Esta Lei dispõe sobre o tratamento de dados pessoais, inclusive nos meios digitais, por pessoa natural ou por pessoa jurídica de direito público ou privado, com o objetivo de proteger os direitos fundamentais de liberdade e de privacidade e o livre desenvolvimento da personalidade da pessoa natural. (grifo nosso)*

A LGPD tem uma característica bem peculiar, lembrando o Código de Defesa do Consumidor, uma vez que apresenta direitos e deveres para as organizações, além de prever a inversão do ônus da prova e direito de Ação de Regresso.

Normalmente o ônus da prova cabe ao autor da ação, portanto, àquele que alega os fatos constitutivos de seus direitos, e ao réu provar a existência de fato impeditivo, modificativo ou extintivo do direito do autor.

A inversão do ônus da prova tem por objetivo garantir a ampla defesa, ao tentar equilibrar a desigualdade existente entre as partes – isso porque, em linguagem bem informal, em certas situações, como no caso dos consumidores, nem sempre a vítima tem acesso a provas necessárias ou condições técnicas e financeiras de produzi-las em seu favor.

O direito de Ação de Regresso, por sua vez, é o direito de uma pessoa haver de um terceiro a importância que teve que arcar no cumprimento de obrigação, cuja responsabilidade seria deste terceiro. É o caso, por exemplo, da condenação do Controlador por dano causado pelo Operador, que dará direito de regresso ao Controlador de ser ressarcido pelo Operador no que lhe couber.

Atentarmos aos requisitos da LGPD é condição e não escolha, sendo preciso conhecer e entender os princípios para sua aplicação, pois seu não atendimento também poderá culminar em sanções administrativas.

Nesse sentido, no que tange à segurança da informação, ressaltamos a seguir comentários sobre alguns princípios, dentre os dez presentes na LGPD:

- ✓ **Princípio da Transparência:** obrigação de informar aos titulares sobre os tratamentos a serem aplicados aos seus dados pessoais.
- ✓ **Princípio da necessidade:** responsabilidade de tratar apenas o necessário de dados pessoais para o atingimento da finalidade para a qual serão tratados. Aplica-se, aqui, o conceito da minimização: quanto menos, melhor!
- ✓ **Princípio da segurança:** obrigação de implementar controles técnicos e administrativos aptos a proteger os dados pessoais. É a aplicação da segurança da informação para alcançar a proteção de dados pessoais.
- ✓ **Princípio da prevenção:** necessidade de adotar medidas de prevenção de ocorrência de danos aos titulares decorrentes do tratamento de seus dados pessoais.
- ✓ **Princípio da responsabilidade e prestação de contas:** dever de ser capaz de comprovar a conformidade com a lei, de forma que se tornam essenciais os registros de atividades de tratamento e comprovação das ações implementadas.

A LGPD estabelece as hipóteses legais que permitem o tratamento de dados, de forma que toda finalidade deve estar atrelada a uma das hipóteses do art. 7º para dados pessoais ordinários, art. 11 para dados pessoais sensíveis ou art. 14 para dados de crianças ou adolescentes.

Há quem discuta sobre o termo correto, entre hipóteses e bases legais, mas nosso objetivo não é ficar no campo da semântica, ainda que se chamem as hipóteses de bases legais. O que nos interessa neste pormenor é alertar para a necessidade de que haja essa relação direta da hipótese ou base a algo que a sustente.

A tabela a seguir apresenta as hipóteses autorizativas para tratamento de dados, a título ilustrativo, dado que as hipóteses diferem, conforme citado, a depender do tipo de dado:

Art. 7a – Dados Ordinários	Art. 11 – Dados Sensíveis
I. Consentimento II. Obrigação legal ou regulatória III. Políticas públicas IV. Estudos por órgãos de pesquisas V. Execução de contrato VI. Exercício regular de direitos VII. Proteção da vida VIII. Tutela da saúde IX. Legítimo interesse X. Proteção do crédito	I. Consentimento II. Sem fornecimento de consentimento do titular, nas hipóteses em que for indispensável para: a) Obrigação legal ou regulatória b) Políticas públicas c) Estudos por órgãos de pesquisas d) Exercício regular de direitos, inclusive em contrato e) Proteção da vida f) Tutela da saúde g) Prevenção à fraude

Considerando que todo tratamento deve ser legitimado pelas hipóteses legais citadas, se considerarmos do ponto de vista de segurança da informação, e dependendo do tratamento dos dados, o Controlador poderá utilizar-se da hipótese de obrigação legal ou regulatória, como, por exemplo, no caso do Marco Civil da Internet, ou para instituições financeiras que devem atender regulação do BACEN, exercício regular de direitos, como no caso de armazenamento para posterior utilização em processo judicial, assim como o legítimo interesse (apenas no caso de dados pessoais e não para dados pessoais sensíveis), citando como exemplo ações de marketing direto.

No caso de dados pessoais sensíveis, podemos citar como exemplo a biometria ou o reconhecimento facial, que, para finalidade de prevenção à fraude nos processos de identificação e autenticação em sistemas eletrônicos, encontra respaldo no art. 11, g.

Para detalhar a LGPD, seria preciso uma obra inteira, mas vamos nos limitar a fechar esse texto mencionando os artigos 46 a 49 da lei, que estão ligados diretamente com segurança da informação.

O que diz a lei:

> *Art. 46. Os agentes de tratamento devem adotar medidas de segurança, técnicas e administrativas aptas a proteger os dados pessoais de acessos não autorizados e de situações acidentais ou ilícitas de destruição, perda, alteração, comunicação ou qualquer forma de tratamento inadequado ou ilícito.*
>
> *§ 1º A autoridade nacional poderá dispor sobre padrões técnicos mínimos para tornar aplicável o disposto no caput deste artigo, considerados a natureza das informações tratadas, as características específicas do tratamento e o estado atual da tecnologia, especialmente no caso de dados pessoais sensíveis, assim como os princípios previstos no caput do art. 6º desta Lei.*

> *§ 2º As medidas de que trata o caput deste artigo deverão ser observadas desde a fase de concepção do produto ou do serviço até a sua execução.*

O artigo 46 estabelece diretamente a responsabilidade dos agentes, tanto Controlador como Operador, de implementar controles de segurança da informação, ressaltando que esses controles envolvem medidas técnicas e administrativas.

Assim, podemos entender medidas técnicas como a aplicação de criptografia, controles de acessos, anonimização e pseudonimização[22], dentre outras tecnologias de segurança da informação. Já as medidas administrativas estão ligadas diretamente a questões de políticas e normas internas, assim como atualização de contratos e, ousamos dizer, também à capacitação dos colaboradores.

O parágrafo segundo, por sua vez, apresenta a obrigatoriedade de observar as medidas técnicas e administrativas desde a fase de concepção de cada produto ou serviço. Isso quer dizer que as equipes de segurança da informação e privacidade deverão apoiar as áreas de negócios da organização para que possam identificar os recursos necessários para adequar o novo projeto, seja este um serviço ou produto, processo, procedimento, aplicativo etc.

Esse procedimento é mais conhecido como *privacy by design*, ou seja, privacidade desde a concepção. Mas atenção, pois a palavra "novo" pode trazer confusão, pois o "novo" pode se tratar de uma mudança, uma atualização que exige uma customização de um processo – e, neste caso, a mudança também deve ser analisada.

Para aplicar o *privacy by design*, será necessário estabelecer um conjunto de procedimentos específicos que envolva todas as etapas de um projeto, desde sua ideação até sua operação, melhoria contínua e término.

Quem pensa que a LGPD estabelece responsabilidade apenas para as empresas está enganado. O art. 47 estabelece claramente a responsabilidade de toda pessoa que intervenha em uma das fases de tratamento de dados pessoais. Portanto, todo e qualquer colaborador que tenha acesso aos dados pessoais dentro de uma organização terá obrigação de protegê-los, isso porque o conceito de tratamento de dados

---

[22] Na anonimização os dados pessoais são substituídos por identificadores artificiais ou pseudônimos, de forma a não existir possibilidade de vinculá-los novamente a uma pessoa natural. Já na pseudonimização existe a possibilidade de reverter o processo mediante a utilização de informações complementares mantidas em ambiente seguro.

pessoais inclui até um simples acesso, bastando que o colaborador veja os dados no sistema, mesmo que não tenha permissão de alteração desses dados, para se estabelecer a obrigação de protegê-los.

> *Art. 47. Os agentes de tratamento ou qualquer outra pessoa que intervenha em uma das fases do tratamento obriga-se a garantir a segurança da informação prevista nesta Lei em relação aos dados pessoais, mesmo após o seu término.*

Outro ponto muito importante no quesito segurança da informação é que a lei prevê o dever de "Report", ou seja, o dever de comunicar à ANPD (Autoridade Nacional de Proteção de Dados Pessoais), e também aos titulares de dados pessoais, no caso de ocorrência de incidente que possa representar risco relevante ao titular, o que, mais uma vez, embora seja atribuição do DPO (encarregado do tratamento de dados pessoais), deve ter total apoio da área de segurança da informação, além do jurídico, da comunicação corporativa, da TI, dentre outras áreas que se relacionam com o tema, processos ou dados afetados.

Para efetivação da comunicação, será preciso entender o que aconteceu, além de informar as medidas preventivas utilizadas e mitigatórias, ou seja, o que foi feito para evitar o incidente e o que foi, está ou será feito após o incidente para minimizar os dados e evitar recorrência.

Assim diz a lei:

> *Art. 48. O controlador deverá comunicar à autoridade nacional e ao titular a ocorrência de incidente de segurança que possa acarretar risco ou dano relevante aos titulares.*
>
> *[...]*

Por fim, o art. 49 estabelece que os sistemas utilizados para o tratamento de dados pessoais devem ser estruturados de forma a atender aos requisitos de segurança, aos padrões de boas práticas e de governança e aos princípios gerais previstos na lei e às demais normas regulamentares.

No quesito governança, cabe mencionar o art. 50, que estabelece a necessidade da formulação e aplicação das boas práticas e de governança (falamos das normas ISO no início deste capítulo) e de se criar um Plano de Resposta a Incidentes:

Art. 50. Os controladores e operadores, no âmbito de suas competências, pelo tratamento de dados pessoais, individualmente ou por meio de associações, poderão formular regras de boas práticas e de governança que estabeleçam as condições de organização, o regime de funcionamento, os procedimentos, incluindo reclamações e petições de titulares, as normas de segurança, os padrões técnicos, as obrigações específicas para os diversos envolvidos no tratamento, as ações educativas, os mecanismos internos de supervisão e de mitigação de riscos e outros aspectos relacionados ao tratamento de dados pessoais.

§ 1º Ao estabelecer regras de boas práticas, o controlador e o operador levarão em consideração, em relação ao tratamento e aos dados, a natureza, o escopo, a finalidade e a probabilidade e a gravidade dos riscos e dos benefícios decorrentes de tratamento de dados do titular.

§ 2º Na aplicação dos princípios indicados nos incisos VII e VIII do caput do art. 6º desta Lei, o controlador, observados a estrutura, a escala e o volume de suas operações, bem como a sensibilidade dos dados tratados e a probabilidade e a gravidade dos danos para os titulares dos dados, poderá:

I – implementar programa de governança em privacidade que, no mínimo:

a) demonstre o comprometimento do controlador em adotar processos e políticas internas que assegurem o cumprimento, de forma abrangente, de normas e boas práticas relativas à proteção de dados pessoais;

b) seja aplicável a todo o conjunto de dados pessoais que estejam sob seu controle, independentemente do modo como se realizou sua coleta;

c) seja adaptado à estrutura, à escala e ao volume de suas operações, bem como à sensibilidade dos dados tratados;

d) estabeleça políticas e salvaguardas adequadas com base em processo de avaliação sistemática de impactos e riscos à privacidade;

e) tenha o objetivo de estabelecer relação de confiança com o titular, por meio de atuação transparente e que assegure mecanismos de participação do titular;

f) esteja integrado a sua estrutura geral de governança e estabeleça e aplique mecanismos de supervisão internos e externos;

g) conte com planos de resposta a incidentes e remediação; e

h) seja atualizado constantemente com base em informações obtidas a partir de monitoramento contínuo e avaliações periódicas; (grifo nosso)

Gestão de terceiros – Tecnologia e segurança da informação

Não menos importante que os demais tópicos, a gestão de terceiros é também um requisito de diligência e responsabilidade para o Contratante – ou, se pensarmos em termos de LGPD, para o Controlador.

Nos contratos com terceirizados é muito importante aplicar o questionário de prontidão, que avalia o nível de maturidade desse terceirizado quanto à adequação à LGPD.

Esse questionário deve conter perguntas não apenas de governança, mas também de segurança da informação, desde questões que envolvem controles técnicos até treinamentos e capacitação.

Nesse particular, cabe a aplicação do que dispõe o art. 39 da LGPD:

> *Art. 39. O operador deverá realizar o tratamento segundo as instruções fornecidas pelo controlador, que verificará a observância das próprias instruções e das normas sobre a matéria. (grifo nosso)*

Notemos que a lei imputa ao Controlador o dever de observar (auditar) se o Operador está de fato seguindo suas próprias instruções e as normas sobre a matéria, qual seja, proteção de dados e privacidade.

Esse dever demanda que a gestão de riscos em terceiros, assim como a diligência nas contratações de serviços nos quais haja tratamento de dados pessoais, ganhe novos contornos de criticidade e relevância dentro das organizações, pois que, se não for feito, acarreta responsabilidade ainda maior ao Controlador, que falhou nesse quesito.

Na relação de consumo, independentemente da LGPD, aplica-se a responsabilidade objetiva, portanto, não importando se o fornecedor der causa, aquele que está na linha de frente com o consumidor responde objetivamente arcando com as responsabilidades perante a lei. No entanto, cabe ação de regresso contra o fornecedor.

Na LGPD, há previsão expressa da responsabilidade solidária entre Controlador (contratante) e Operador (terceirizado/contratado). Isso quer dizer que ambos respondem pelo dano causado ao titular, mas também se aplica, como já mencionado, o direito de ação de regresso.

Apenas como reforço ao tema da relação de consumo, dispõe a LGPD:

> *Art. 45. As hipóteses de violação do direito do titular no âmbito das relações de consumo permanecem sujeitas às regras de responsabilidade previstas na legislação pertinente.*

Por isso, é muito importante conhecer quem será contratado, questionar e avaliar o nível de maturidade em LGPD e segurança da informação como requisitos fundamentais para elevar o nível de segurança jurídica.

Além do questionário, uma vez que se tenha certeza da possibilidade de contratação da empresa/prestador, devem ser acrescentadas as cláusulas contratuais pertinentes a cada caso, vinculando as obrigações relacionadas à segurança da informação, assim como à conformidade com a LGPD e qualquer outra legislação aplicável, bem como as responsabilidades em caso de incidentes, indenizações ou penalizações.

Conclusão

Após essa explanação de possíveis situações de aplicação legal no âmbito de segurança da informação e proteção de dados pessoais, fica mais fácil percebermos que a conformidade legal é essencial para os projetos de qualquer organização que envolvam dados pessoais, principalmente no quesito privacidade. A interação entre as áreas se torna mais clara e imprescindível ao alcance da conformidade legal e aos objetivos do ordenamento jurídico acerca desses temas tão caros a todos nós.

Com o advento da LGPD, e outras regulamentações que dela decorrem, acentua-se a importância das campanhas de conscientização, sensibilização, atualização de políticas e normas, revisão e aditivação de contratos, assim como o planejamento e a implementação de controles técnicos e administrativos aptos a proteger os dados pessoais.

Por fim, cabe ressaltar que as ações preventivas, internas e em terceiros, têm forte peso como mitigação de riscos jurídicos sobre eventual demanda civil, administrativa ou mesmo criminal.

Finalizamos reforçando que a LGPD cobre bem mais do que seu nome pode transparecer, como podemos ver em seu art. 1º:

> *Esta Lei dispõe sobre o tratamento de dados pessoais, inclusive nos meios digitais, por pessoa natural ou por pessoa jurídica de direito público ou privado, com o objetivo de proteger os direitos fundamentais de liberdade e de privacidade e o livre desenvolvimento da personalidade da pessoa natural. (grifo nosso)*

21. Governança de identidades e acessos (GIA)

Alfredo Santos
Yanis Stoyannis

Introdução

Governança de identidades e acessos consiste no conjunto de normas, mecanismos, processos e controles existentes em uma organização que tem por objetivo alocar e gerenciar o acesso de usuários (colaboradores, prestadores de serviço, clientes) aos recursos tecnológicos (e-mail, sistemas de gestão e processos, entre outros) durante todo o ciclo de vida na organização, desde o registro profissional no sistema de RH, ou outra fonte fidedigna de controle, até o encerramento do contrato de trabalho.

Características de gestão e governança de identidades

A gestão de identidades e acessos tem por objetivo identificar unicamente um indivíduo e todos os acessos sistêmicos concebidos e utilizados para o desempenho de suas atribuições profissionais. O indivíduo recebe um identificador lógico e único, personalizado, que chamamos de conta de acesso ou *login*. De acordo com a função e o cargo do colaborador, torna-se necessário conceder acesso a diferentes sistemas da organização, compatível com suas funções e atribuições. Durante a sua vida profissional na organização, podem ocorrer alterações de cargo, atividades e atribuições, como promoções ou mudanças de áreas. Desse modo, pode haver a necessidade de mudanças de acesso nos sistemas e, para cada sistema, atribuir o perfil mais adequado para suas atividades. Ao final do ciclo de vida, com o encerramento do contrato de trabalho, todos os acessos vigentes precisarão ser excluídos, com o intuito de evitar que a conta possa ser utilizada indevidamente por outra pessoa. Resumidamente, temos:

IAM – *Identity & Access Management* e IDM – *Identity Management*

- ✓ Ciclo de vida da identidade
- ✓ Criação, modificação, exclusão
- ✓ Concessão de perfil

Enquanto a gestão de identidades tem uma finalidade mais técnica, a governança está mais voltada ao estabelecimento de diretrizes de controles de acesso na organização. A governança de identidades tem por objetivo identificar possíveis situações de risco e inibir que acessos concedidos para qualquer funcionário possam gerar impactos para a organização. Para evitar e identificar falhas nos processos, a governança pode estabelecer a necessidade de executar auditorias periódicas. A governança de identidades (IAG – *Identity & Access Governance*) contempla:

- ✓ Definição das diretrizes de acesso.
- ✓ Gestão de riscos de acessos não autorizados ou potencialmente prejudiciais.
- ✓ Verificação de conformidade de cargos x sistemas x perfis.
- ✓ Auditoria.
- ✓ Tratamento de incidentes envolvendo acessos.

Principais componentes de um GIA

Existem vários elementos importantes para uma gestão eficiente de governança de identidades e acessos. Organizações com níveis de maturidade reduzidos em GIA correm sérios riscos de sofrerem incidentes de segurança ou serem penalizadas em processos de auditoria. Os componentes são:

- ✓ A identidade em si
- ✓ Metadiretório – Repositório das identidades
- ✓ Fontes autoritativas
- ✓ Recursos conectados
- ✓ *Workflows* de aprovação
- ✓ Processos de governança
- ✓ Rastreabilidade

O que é uma identidade?

Uma identidade é a representação digital de uma pessoa. Essa representação digital normalmente é composta por um identificador único e outros dados (atributos) como documentos, nome, e-mail etc.

Exemplo de identidade digital:

Atributo	Valor
ID	100
NOME	ALFREDO SANTOS
DOCUMENTO PESSOAL	12345678901234
E-MAIL	ALFREDO.SANTOS@MEUEMAIL.COM
MATRÍCULA	123456

Atributos

Uma identidade possui atributos que poderão ser úteis para a identificação em si da pessoa ou para recursos que serão conectados, caso a informação faça sentido para eles.

Atributo	Valor
ID	100
NOME	ALFREDO SANTOS
DOCUMENTO PESSOAL	12345678901234
E-MAIL	ALFREDO.SANTOS@MEUEMAIL.COM
MATRÍCULA	123456
CARGO	ANALISTA FINANCEIRO
DEPARTAMENTO	FINANÇAS
LOCALIDADE	SÃO PAULO - BRASIL

Recursos conectados

Recursos conectados são todos os ambientes destino que possuem um repositório de usuários que possa ser gerenciado recebendo leituras, inserções, exclusões, alterações etc.

Exemplos de recursos:

- ✓ Correio eletrônico.
- ✓ Bancos de dados JDBC.
- ✓ ERP (*Enterprise Resource Planning*).
- ✓ *Mainframe*.
- ✓ Unix.

- ✓ LDAP.
- ✓ Arquivos texto.
- ✓ Acesso físico (catracas, portas etc.).
- ✓ Servidores de mensagem.
- ✓ Sistemas de *help desk*.
- ✓ Aplicações na nuvem.
- ✓ Aplicações de terceiros.

Fontes autoritativas

Fontes autoritativas são as bases de dados corporativas fidedignas dos usuários, ou seja, proveem os dados pessoais necessários e confiáveis para suportar os processos de gestão de acesso aos recursos tecnológicos, como a criação, alteração e exclusão de identidades nos sistemas, além de informações complementares essenciais para a gestão de segurança, como e-mail ou acessos vigentes.

Fontes autoritativas de cadastro

Responsáveis por prover os dados básicos de identificação de um usuário, como nome, registro de documentos pessoais (RG, CPF etc.), departamento e localidade do trabalho. Devem conter dados confiáveis, sendo a primeira base de dados a registrar que um usuário mudou de cargo, departamento, entrou ou saiu de férias ou foi desligado.

Exemplos:

- ✓ Sistemas de RH.
- ✓ Cadastros de terceiros.
- ✓ Cadastros de clientes.
- ✓ Cargas periódicas de dados.

Fontes autoritativas de acesso

Responsáveis por prover informações sobre o que cada usuário pode usar nos sistemas a que tem acesso. Pode ser um sistema desenvolvido na própria empresa ou um produto de mercado. A fonte autoritativa determina a concessão e remoção de acessos de usuários, informando o serviço de gerenciamento de identidade sobre a ação a ser realizada.

Exemplos:

- ✓ Cadastro em um banco de dados de aplicações/acessos.
- ✓ Cadastro em um repositório LDAP de aplicações/acessos.

Outra abordagem comum é que as autorizações sejam gerenciadas na própria ferramenta de gerenciamento de identidade por meio de *workflows* ou por perfis de acesso.

Fontes autoritativas de e-mail
Responsáveis por prover o e-mail atualizado do usuário. Tradicionalmente, essa informação é gerenciada pelo administrador de correio eletrônico e é propagada aos demais recursos conectados. Entretanto, existe a possibilidade de que o e-mail possa ser originado também pela ferramenta de gerenciamento de identidade, baseando-se em regras de criação, como, por exemplo, primeiro nome + sobrenome ou primeira letra do primeiro nome + sobrenome. Mas um processo desse tipo pode ser complicado de gerenciar devido a conflitos de nomes gerados (asantos@empresa.com pode ser Alfredo Santos ou André Santos).

Exemplos de fontes autoritativas:

- ✓ Sistemas de correio eletrônico.
- ✓ Gerador de nome de e-mail corporativo.

Metadiretório

Metadiretório (ou *identity warehouse*/cubo de identidades) é o repositório central de identidades e acessos, responsável por ser o intermediário entre as fontes autoritativas e os recursos conectados.

O armazenamento de dados pode ser em banco de dados relacional ou em diretórios com estrutura de dados hierárquica, como, por exemplo, LDAP, mas alguns dados podem não ficar armazenados no metadiretório porque são consumidos somente por parte dos sistemas.

Provisionamento de identidades e contas
Provisionamento de identidades e contas é o processo de sincronização de dados entre recursos para criação de identidades e contas em recursos alvo.

Exemplos de eventos de provisionamento:

- ✓ Funcionário novo registrado no sistema de RH é automaticamente criado no metadiretório.
- ✓ Alteração de cargo ou área de funcionário no sistema de RH é alterado automaticamente no metadiretório.

- ✓ E-mail de usuário cadastrado no correio eletrônico é enviado para o metadiretório e outros sistemas.
- ✓ Autorização de acesso concebida para um usuário é enviada para provisionamento no sistema em que foi solicitado o acesso.
- ✓ Demissão de funcionário registrada no sistema de RH resulta em bloqueio automático em alguns sistemas e exclusão em outros em que o usuário tinha acesso.
- ✓ Alteração de departamento de um colaborador no sistema de RH pode resultar na exclusão do acesso nos sistemas que tinha acesso, porque são incompatíveis com a suas atribuições na nova área.
- ✓ A promoção de um funcionário na mesma área pode implicar no incremento de novos perfis de acesso no sistema atual pelo fato de ter recebido maiores responsabilidades e atribuições.

Tipos de conectores

Soluções de GIA precisam ter conexão com outros recursos para realizar ações automáticas de provisionamento como criação de acessos e alteração de permissões para leitura, alteração e/ou exclusão. Estes são os principais tipos de conectores usuais encontrados no mercado:

- ✓ JDBC – Para ler e escrever dados em bancos de dados
- ✓ LDAP – Para ler e escrever dados em diretórios de usuários
- ✓ AD – Para ler e escrever dados em *Microsoft Active Directory*
- ✓ *Web service* – Para ler e escrever com APIs diversas
- ✓ ERP – Conector específico conforme o ERP
- ✓ SCIM – É um conector tipo *web service*, mas seguindo um padrão para GIA/IAM
- ✓ CSV (*Comma-Separated Values*) – Formato exclusivo para leitura de arquivo texto
- ✓ *Custom* – O próprio nome diz: normalmente desenvolvido usando alguma linguagem como Java para atender a uma questão mais específica de conectividade

Mapeamento de atributos

O mapeamento de atributos é uma peça fundamental em GIA porque ele determina como a informação fluirá de um sistema para outro. Aqui é o momento de analisar o que faz sentido ser mapeado e permitir apenas o essencial, sempre considerando a privacidade dos dados.

Aqui temos um exemplo da fonte autoritativa alimentando o GIA:

Fonte autoritativa		Metadiretório	
Campo	**Tamanho**	**Campo**	**Tamanho**
Matrícula	10	ID	10
Funcionário	255	Nome	255
Unidade	100	Unidade	100
Localidade	100	Localidade	100
Cargo	150	Cargo	200
E-mail	255	E-mail	255

E um exemplo de mapeamento entre o metadiretório e um sistema conectado, já carregando um número limitado de campos:

Metadiretório		Sistema conectado 1	
Campo	**Tamanho**	**Campo**	**Tamanho**
ID	10	Identificador	10
Nome	255	Nome completo	255
Unidade	100	Depto	50

Transformação de dados

Próximo ao mapeamento de dados, a transformação visa reorganizar a informação para que a transmissão obedeça a critérios preestabelecidos. Confira exemplos a seguir:

Campos	Transformação	Valor exemplo
Matrícula Nome	Matrícula + "-" + Nome	123456 – Alfredo Luiz dos Santos
Nome completo	Tirar primeiro nome	Alfredo Luiz dos Santos -> Alfredo

Regras de localização

Regras de localização são utilizadas para relacionar identidades no metadiretório com as contas correspondentes nos sistemas conectados.

Metadiretório	Aplicação
CN	CN
CN	samAccountName
CN	ID

Registros de mudanças

Registros de mudanças são repositórios do histórico profissional dos usuários contendo o registro de todas as mudanças significativas, sob o ponto de vista de gestão de identidades. São utilizados por agentes de integração para a geração de eventos e consultas.

Exemplos de registros de mudanças (*change logs*):

- ✓ Tabela de banco de dados alimentada automaticamente por *trigger*.
- ✓ Arquivo texto.
- ✓ Repositório pré-preparado de produtos de mercado (quando estes estão prevendo uma solução de identidade e acesso).

Evento	Nome	Departamento	Estado civil	Data e hora
Admissão	Alfredo Santos	TI	Solteiro	20/05/2011 – 09:00
Alteração	Alfredo Santos	TI	**Casado**	10/10/2012 – 114:00
Demissão	Alfredo Santos	TI	Casado	15/03/2013 – 09:00

Ciclo de vida das identidades

Ciclo de vida da identidade consiste no registro do histórico profissional de cada usuário ao longo de sua vida profissional dentro da organização. Qualquer alteração significativa deve ser registrada, controlada e monitorada para garantir rastreabilidade em processos de auditoria e investigação.

O ciclo de vida da identidade contempla:

- ✓ Registro inicial da identidade do usuário
- ✓ Alterações de dados cadastrais
- ✓ Alterações de acessos nos sistemas, incluindo inclusões e remoções
- ✓ Afastamento em decorrência de férias e licenças, que geram bloqueios temporários nos sistemas
- ✓ Desligamento com bloqueio ou exclusão definitivos da identidade e das respectivas contas de acesso nos sistemas

Workflow

Workflows são outra peça-chave em GIA, pois consistem em processos preestabelecidos que determinam como cada solicitação de acesso aos sistemas e outras requisições relacionadas serão avaliadas e aprovadas. Isso é importante para garantir que a liberação de acesso nos sistemas vigentes seja adequada e não resulte em riscos organizacionais.

A modelagem dos *workflows* varia de acordo com as características organizacionais de cada empresa.

Em algumas organizações, a solicitação de acesso de um usuário a um determinado sistema é atribuída ao seu gestor imediato, que pode melhor determinar o perfil de acesso mais adequado para o seu subordinado desempenhar as suas funções. Uma vez que a solicitação é formalizada no *workflow*, caberá ao responsável pelo sistema/perfil avaliar se o pedido é condizente com as atribuições do funcionário e aprovar o acesso caso entenda ser pertinente. Entretanto, caso o responsável pelo sistema tenha algum receio de que a solicitação não é adequada, tem a responsabilidade de recusá-la e justificar sua decisão. O gestor poderá então reavaliar a necessidade de acesso do subordinado e fazer os ajustes necessários para uma nova solicitação esclarecendo o motivo, caso ainda entenda ser necessário.

Kit de admissão ou direitos de acesso do usuário

Kit de admissão consiste no conjunto básico de acessos a que todo usuário tem direito no momento de ingresso na organização, independentemente do seu cargo ou função.

Normalmente, alguns atributos são selecionados para serem monitorados e as regras são criadas com base neles.

Alguns atributos mais utilizados:

- ✓ Nome
- ✓ Endereço
- ✓ Departamento
- ✓ Cargo
- ✓ Localidade

Basicamente, todos os funcionários têm direito de acesso ao sistema de RH e a outras informações importantes da organização, tais como:

- ✓ Relógio de ponto para controle das horas trabalhadas
- ✓ Solicitação de férias

- ✓ Informações sobre pagamento mensal de salário
- ✓ Atestado médico
- ✓ Informações institucionais
- ✓ Avisos importantes da empresa

Alguns *kits* podem conceber outros acessos complementares automáticos dependendo da área de atuação, como recursos humanos, jurídica, vendas, suporte técnico etc. Para esses casos, havendo mudança de área, os acessos devem ser revistos e ajustados conforme a nova realidade.

Mudanças organizacionais e o impacto nos acessos

A realocação de profissionais nos departamentos ou áreas deve ser considerada em uma estratégia de GIA. É importante que uma solução de GIA identifique essas situações e inicie um processo de revalidação de todos os acessos previamente concebidos ao profissional. A sugestão aqui é estabelecer um prazo limite a partir da mudança do profissional. Por exemplo, caso a revalidação não ocorra em até cinco dias úteis, todos os acessos vigentes serão revogados, exceto os básicos.

Encerramento de uma identidade

Mais importante até do que gerenciar as mudanças, o encerramento de uma identidade e suas contas de acesso é o processo mais crítico do GIA. Ele deve ser realizado de forma tempestiva ou quase imediata após o encerramento do contrato de trabalho de um profissional.

Todos os acessos devem ser removidos e as contas inativadas. Isso é muito importante, pois, caso a pessoa retorne à empresa, ela não deve retomar os acessos antigos, que podem não fazer mais sentido para a sua nova função. Agindo dessa forma, também evita-se que as contas do usuário desligado sejam utilizadas indevidamente por outras pessoas, tendo em vista que uma das premissas básicas da segurança da informação é que todo acesso é individual e intransferível.

Reconciliação

Reconciliação ou agregação de contas é o processo de consolidação de informações de acesso para identificar eventuais divergências. Esse processo é conduzido por conectores que buscam as informações em todos os recursos e as consolidam em uma base única para a execução de rotinas de verificação junto às fontes autoritativas.

Alguns exemplos de identificação de divergências:

- ✓ A conta não possui uma identidade para ser ligada, ou seja, não possui um responsável – uma conta nessa condição é denominada de conta órfã.
- ✓ A conta foi incluída ou alterada diretamente no recurso sem seguir os *workflows* de aprovação – pode ser um erro operacional ou até uma tentativa de fraude.
- ✓ A conta é ligada a uma identidade de um colaborador que foi desligado da empresa.
- ✓ O perfil de acesso em determinado sistema está incompatível com o que foi aprovado.

Caso algo indevido seja detectado, podem ser definidas regras para remediação, como, por exemplo, bloqueio de contas que deveriam estar inativas.

Integração com *help desk/service desk*

Normalmente uma solução de GIA pode ser integrada com soluções de *service desk* para automatizar determinadas ações com aberturas de *tickets*. A integração pode melhorar a experiência dos usuários ao concentrar todas as solicitações de acesso na plataforma de GIA. Ajuda também a reduzir os riscos de segurança através da automatização de bloqueios de acesso ou da emissão de alertas no caso de encerramento do ciclo de vida de uma identidade

IA na concessão do acesso

Inteligência artificial para apoio nas aprovações é algo que segue em crescimento. Uma solução de GIA com suporte em tecnologias baseadas em aprendizado de máquina pode, por exemplo, auxiliar aprovadores de acesso no processo de avaliação e tomada de decisão através de análise de riscos e a probabilidade ações indevidas, como fraudes.

Mapeamento de sistemas

Toda boa governança de identidades começa com ações de catalogar as informações. Entenda os sistemas da sua empresa, verifique se há algum risco regulatório e estabeleça um "dono" para ser o ponto focal de questões técnicas e até de negócio.

Sistema	Tecnologia	Gestão de usuários	Dono
A	Java	LDAP	João
B	.NET	BD	Maria
C	Java	BD	Marcelo

Perfis de acesso

O que é um perfil de acesso?

Perfil de acesso é um conjunto de capacidades e funcionalidades que uma pessoa pode executar em um sistema computacional através de sua conta de acesso, com o intuito de desempenhar suas atividades profissionais. Geralmente, cada sistema computacional tem um conjunto distinto de perfis de acesso. Um perfil tem as seguintes características:

- ✓ **Perfil de negócio:** representação das atividades e tarefas que são atribuídas ao cargo de um profissional. Exemplo: um atendente de *call center* pode executar atividades em um ou mais sistemas para atender a diferentes serviços contratados pelos clientes. Um perfil de negócio normalmente possui um ou mais perfis técnicos.
- ✓ **Perfil técnico:** representa um conjunto de capacidades funcionais disponíveis em um sistema.
- ✓ **Capacidades:** uma possível ação que um usuário pode executar em um sistema baseado no seu perfil.

Segregação de funções

Na segregação de funções (SoD – *Segregation of Duties*) são analisados e mapeados conflitos de acessos. O objetivo é impedir que uma única pessoa tenha privilégios suficientes para realizar ações que caracterizam uma situação de risco, como uma fraude. Um analista do setor de Compras, por exemplo, que possa acessar um sistema para registrar novos fornecedores, cadastrar notas ficais e autorizar o pagamento de materiais ou serviços caracteriza uma grave situação de risco, pois existe a possibilidade de cadastrar e aprovar o pagamento de um produto inexistente.

Para isso, seguem visões de uma matriz de segregação de funções que deve ser mapeada para realizar a carga posterior na solução de GIA.

Capacidade	Capacidade
A	B
A	C

Perfil técnico	Capacidade	Capacidade	Perfil técnico
ABC	A	B	BCD
ABC	A	C	CDE

Perfil de negócio	Perfil técnico	Capacidade	Capacidade	Perfil técnico	Perfil negócio
Comprador	ABC	A	B	BCD	Pagamentos
Comprador	ABC	A	C	CDE	Câmbio

Dono do SoD
Na sequência desse mapeamento, torna-se possível identificar donos de cada linha, que serão responsáveis por mantê-las e aprovar exceções na concessão do acesso.

Donos de sistemas e perfis
Os perfis devem ter também um mapeamento pelos seus donos, pois serão responsáveis por parte da governança e participarão de aprovações e revisões de acessos.

- ✓ Dono de perfil de negócio (ex.: atendente de vendas)
- ✓ Dono de perfil técnico (ex.: *admin* ERP)

Dono do acesso (capacidade crítica)
Uma capacidade é considerada crítica quando apresenta um alto risco ao negócio. Ex.: ajuste de taxa de câmbio.

Esta é uma capacidade crítica devido ao risco de ações fraudulentas, como a redução indevida da taxa de câmbio em um sistema de emissão de passagens aéreas de uma empresa de turismo, o que resultará na emissão de passagens com preços abaixo da realidade para beneficiar determinadas pessoas e, consequentemente, gerar prejuízos para a empresa.

Capacidades críticas que podem resultar em grandes impactos para a organização devem possuir um dono, que deve aprovar a concessão desse perfil de acesso com parcimônia.

Grupo ideal para criação das definições (comitê de IAM)

Para apoiar a gestão de identidades, é sugerida a criação de um comitê técnico que vai colaborar em diversas decisões (ex.: definições de SoD).

A seguir, uma sugestão de áreas que podem entrar em um comitê de IAM:

- ✓ Segurança da Informação
- ✓ Antifraude
- ✓ Auditoria interna
- ✓ Controles internos
- ✓ Financeiro
- ✓ TI
- ✓ Governança corporativa

Manutenção de perfis

Manutenção de perfis tem como objetivo controlar alterações em perfis, como a inclusão ou remoção de uma capacidade.

Pontos a observar:

- ✓ Se uma capacidade nova gera alguma condição de SoD
- ✓ Que a alteração seja aprovada pelo dono do perfil
- ✓ Que o conteúdo de capacidades seja revisto periodicamente pelo dono do perfil e eventualmente pelo comitê de IAM, principalmente para as mais críticas

Mineração de perfis

É o processo de análise de cruzamento de dados de pessoas e perfis ou capacidades para identificar novos perfis ou revisões de perfis existentes.

Revisão de perfis e de acessos de uma pessoa

Consiste na revisão periódica de acessos, normalmente realizada pelo dono de cada perfil, que confere quem tem acesso àquele perfil e decide quais acessos devem ser revogados ou necessitam de justificativa dos gestores dos colaboradores para permanecerem com o acesso.

Qualificação do solicitante

Consiste no processo de analisar criticamente quem tem a responsabilidade de solicitar acessos e ajustar os limites de escopo de atuação, com o intuito de diminuir o risco de solicitações indevidas.

Delegação

Delegação é o processo de repasse da responsabilidade de execução de determinadas atividades para outras pessoas, geralmente em casos de ausência temporária (férias, viagens, licenças etc.) ou incapacidade de decidir/aprovar.

- ✓ **Delegação por administração.** Ocorre quando um administrador do GIA encaminha uma solicitação de aprovação de acesso para uma pessoa diferente do aprovador original.
- ✓ **Delegação por período.** Quando uma pessoa delega para outra as aprovações durante o período de sua ausência da empresa, como férias.
- ✓ **Delegação em uma aprovação.** Quando se trata de uma delegação pontual de um caso apenas.
- ✓ **Delegação hierárquica.** Consiste na delegação para níveis mais baixos dentro da estrutura organizacional. Essa situação deve ser realizada com parcimônia para evitar o risco de delegar a atribuição a profissionais que não possuam senioridade suficiente para a tomada adequada de decisão, principalmente no caso de perfis críticos.

Políticas de senhas

Concluindo, temos uma sugestão de política de senhas a ser aplicada na solução de GIA e recursos conectados:

- ✓ Tempo máximo de vida da senha
- ✓ Tempo mínimo de vida da senha
- ✓ Ao trocar, não pode repetir as últimas senhas utilizadas
- ✓ Tamanho mínimo da senha
- ✓ Obrigatoriedade de uso de caracteres especiais $@%
- ✓ Quantidade mínima de letras
- ✓ Quantidade mínima de números
- ✓ Quantidade mínima de letras maiúsculas e minúsculas
- ✓ Número máximo de caracteres que podem ser repetidos
- ✓ Restrições sobre sequência de caracteres
- ✓ Número máximo de tentativas incorretas para que a conta seja bloqueada

Conclusão

A Governança de Identidades e Acessos (GIA) vem ganhando grande relevância na segurança da informação à medida que as organizações caminham para um processo de digitalização, onde sistemas se tornam cada vez mais críticos para suportar os processos organizacionais.

Garantir a gestão adequada dos acessos de colaboradores, prestadores de serviço e clientes aos diferentes sistemas é fundamental para reduzir riscos de ações indevidas, como fraudes e vazamento de informações sensíveis.

Por esse motivo, a governança deve ser considerada uma questão estratégica para a gestão de riscos de acessos indevidos. Esse desafio pode ser mais bem superado através do estabelecimento um comitê de gestão de identidades formado por representantes de várias áreas da organização.

22. Tecnologia 5G e segurança em redes móveis

Yanis Stoyannis

Introdução

A **comunicação** é uma necessidade básica e essencial da condição humana, pois através dela informações são compartilhadas entre as pessoas para viabilizar a vida em sociedade. Ao longo da nossa história, a comunicação se tornou, cada vez mais, um instrumento vital para o desenvolvimento da humanidade. Notamos que, à medida que crescia a necessidade de disseminação de conhecimento entre os povos, novas técnicas e sistemas de comunicação se tornaram primordiais, principalmente para superar o desafio de levar informação de qualidade e com maior rapidez para longas distâncias.

Seguramente, o sistema tradicional de telefonia por voz foi uma das invenções mais notáveis da humanidade. Criado em 1876 por Alexander Graham Bell, o telefone foi um marco na história das telecomunicações, tendo passado por inúmeros avanços desde então, até a chegada da quinta geração da telefonia móvel que estamos vivenciando nesse atual momento, o 5G. Toda essa evolução seguiu em passos largos. Nos primórdios dos sistemas de telefonia, a tecnologia era limitada a conexões entre residências e estabelecimentos comerciais. Nesse tipo de comunicação, as ligações são realizadas somente entre localidades físicas. Assim, para conversar com uma determinada pessoa, o chamador tinha que ligar para o local onde a pessoa que desejava conversar poderia ser encontrada e, caso outra atendesse a ligação, necessitava solicitar ao atendente que chamasse o destinatário ou, na ausência deste, deixar um recado.

Uma mudança de paradigma nas comunicações móveis foi a possibilidade de ligar diretamente para as pessoas independentemente do lugar onde estivessem, e não mais para uma determinada localidade. Esse foi o grande trunfo da rede de telefonia celular, através da disseminação dos aparelhos pessoais. Foi a partir desse princípio que nasceu a primeira geração, que passou a ser comercializada a partir de 1979. O

1G empregava tecnologia analógica e destinava-se exclusivamente a transmissão de voz. Pouco mais de uma década depois do aparecimento do 1G, surgiu a rede celular de segunda geração, transformando a rede analógica em digital e possibilitando o envio de mensagens de texto, o SMS, que é muito utilizado até os dias atuais. No final dos anos 90, já com o início da popularização da internet, apareceu a terceira geração da telefonia móvel. O 3G viabilizou o uso da internet através dos dispositivos móveis inteligentes, os chamados *smartphones*, com o início da difusão da multimídia, apesar das restrições ainda impostas pela baixa capacidade de transmissão, limitada a 2 Mbps, e pelos altos custos do serviço. As limitações do 3G foram drasticamente rompidas com a chegada do 4G em 2010, que promoveu o uso massivo da internet com o início das chamadas de vídeo e voz em alta definição, tecnologia popularmente conhecida como VoLTE, ou Voz sobre a rede LTE (*Long Term Evolution*), que possibilitou maiores taxas de transmissão. Agora, com o advento da quinta geração da telefonia móvel, estamos vivenciando uma nova quebra de paradigma, a integração homem-máquina e máquina-máquina. Veremos, no decorrer da leitura deste capítulo, que o 5G viabiliza novos modelos de comunicação para a sociedade. O 5G atuará como um catalisador para a chamada **era das coisas conectadas**, responsável por proporcionar gigantescos avanços não apenas na economia, mas uma transformação sem precedentes para a cultura global. Profundas alterações já podem ser observadas nos processos organizacionais, como resultado das iniciativas de inovação e transformação digital que estamos vivenciando em larga escala em praticamente todos os setores da economia.

Por outro lado, uma sociedade cada vez mais moderna está sujeita a novos riscos tecnológicos, como ataques cibernéticos mais contundentes que podem provocar grandes impactos na população. De acordo com o relatório sobre perspectivas globais de segurança cibernética do Fórum Econômico Mundial (WORLD ECONOMIC FORUM, 2024a) publicado em janeiro de 2024, ataques cibernéticos tendo como foco a interrupção dos negócios e danos reputacionais estão no topo da lista das principais preocupações globais. Desse modo, estabelecer uma estratégia de segurança alinhada com as diretrizes organizacionais é algo imperativo, principalmente para aquelas iniciativas que envolvem a adoção de tecnologias mais recentes, como o 5G. Nesse contexto, torna-se fundamental compreender com maior profundidade as características e os riscos associados dessa tecnologia.

A tecnologia 5G

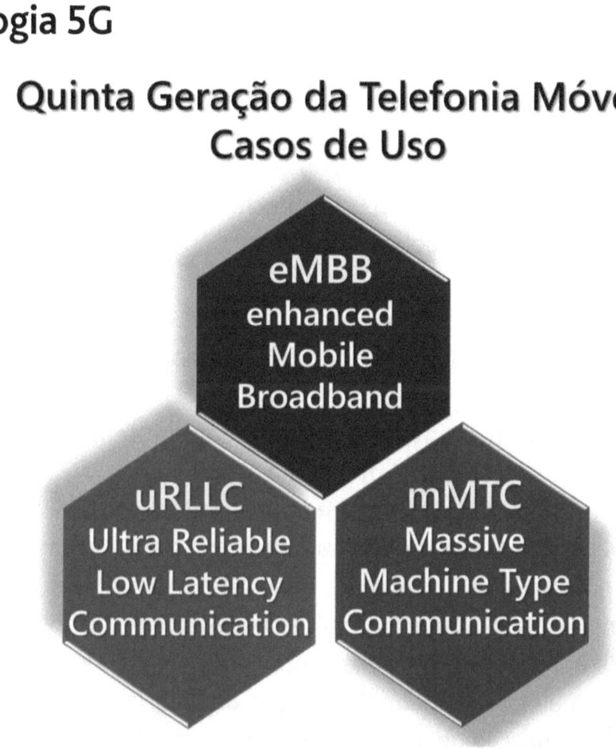

Figura 22.1. Tecnologia 5G.
Fonte: o autor.

A tecnologia 5G apresenta basicamente três casos de uso distintos:

- ✓ **eMBB (*enhanced Mobile BroadBand*) ou banda larga móvel avançada:** tem como característica principal proporcionar altas taxas de transmissão de dados, cerca de 100 vezes superiores às taxas da tecnologia 4G, podendo atingir picos de 20 Gbps. Este caso de uso viabiliza aplicações que dependem de altas taxas de transmissão de dados, tais como:
  - **Realidade virtual:** consiste na imersão completa no mundo digital através da simulação de uma nova realidade, onde toda interação é realizada apenas no mundo digital.
  - **Realidade aumentada:** une os elementos da realidade virtual com a real através da projeção de elementos virtuais no mundo real.
  - ***Streaming* de vídeos em alta definição, como *Full HD* e 4K.**
- ✓ **uRLLC (*ultra Reliable Low Latency Communication*) ou comunicação ultraconfiável e de baixa latência:** neste caso de uso, a confiabilidade da rede é uma característica essencial. O serviço de comunicação deve estar sempre

disponível, com uma taxa de disponibilidade estabelecida de 99,9999%. Com essa condição, uma rede de comunicação teria indisponibilidade de serviço por menos de um minuto dentro de um ano de operação em regime contínuo. Outra condição essencial do uRLLC é a baixíssima latência, que corresponde ao atraso na comunicação da rede, ou seja, o tempo medido para transferência de dados pela rede. No uRLLC a latência é inferior a 1 milissegundo. Essas características viabilizam aplicações do tipo:

- *Games on-line*
- Automação de processos produtivos em indústria de alta precisão
- Cirurgias remotas realizadas por robôs comandados por cirurgiões a longa distância
- Veículos autônomos, através da interação em tempo real entre outros veículos e a infraestrutura inteligente rodoviária

✓ **mMTC (*massive Machine Type Communication*) ou comunicação massiva do tipo máquina:** este é um caso de uso exclusivo para a chamada internet das coisas, ou, em inglês, IoT (*Internet of Things*), onde altas taxas de transmissão e baixas latências, por exemplo, normalmente não são requisitos importantes. No mMTC, a característica principal é a alta concentração de dispositivos conectados e uma maior capacidade de duração da bateria. O desafio é possibilitar uma alta concentração de dispositivos inteligentes que podem ser espalhados em regiões amplas e evitar altos custos de manutenção, como troca de baterias, que poderiam inviabilizar financeiramente um projeto de IoT. A especificação técnica do mMTC possibilita conectar até 1 milhão de dispositivos numa área de 1 km quadrado e com uma vida útil de bateria de pelo menos 10 anos. Tais condições viabilizam economicamente uma série de aplicações de IoT para o mercado, tais como:

- Cidades inteligentes
- Edifícios inteligentes
- Agronegócio
- Saúde
- Manufatura

Os desafios de conectividade

De acordo com o relatório de mobilidade da Ericsson emitido no final de 2023 (ERICSSON, 2023), atingimos cerca de 1,6 bilhão de assinantes globais do 5G em 2023. O 5G seguirá em forte expansão no mercado nos próximos anos e em 2028 se tornará a tecnologia móvel predominante, superando 5 bilhões de assinantes. A

América Latina, apesar da adoção do 5G ter sido adiada em vários países por diversos motivos, acompanhará a tendência global, com o 5G se tornando a tecnologia móvel mais utilizada a partir de 2028.

O grande desafio, quando incorporamos recursos de conectividade em dispositivos físicos, é o enorme volume de dados gerados. Essa situação ocorre não somente pela expansão exponencial do número de dispositivos conectados, mas também pela maior capacidade de transmissão de dados, o que abre a possibilidade de surgirem novas aplicações para atender às demandas das sociedades modernas.

Em se tratando de veículos conectados, por exemplo, cada carro pode gerar até 4 *terabytes* (4 mil *gigabytes*) de dados por dia. De acordo com o relatório de mobilidade da Ericsson (2023), o tráfego gerado pelas redes móveis gerou mais 140 *exabytes* (1 *exabyte* (EB) = 1 milhão de *terabytes*) por mês no final de 2023. Esse volume aumentará cerca de quatro vezes em apenas seis anos, quando atingirá 540 EB por mês em 2029.

O volume de dados gerados pelos dispositivos conectados será tão elevado que não será possível transmitir todos esses dados para processamento em *datacenters* tradicionais ou ambientes em nuvem, tanto pública como privada, pois haveria inúmeros pontos de congestionamento dos *links* de internet. A latência, que corresponde ao tempo de atraso das mensagens enviadas via internet, também é um grande desafio, principalmente para aplicações voltadas à comunicação ultraconfiável e de baixíssima latência (uRLLC).

Uma forma de contornar esses desafios é trazer a capacidade de processamento para mais perto dos usuários, através de Centros de Processamento de Borda, também conhecidos por *Edge Datacenters*. Essa arquitetura elimina a necessidade de transferência de grandes volumes de dados através de redes de longo alcance, como a internet, otimizando o consumo de dados e eliminando o problema de aplicações que são sensíveis à latência.

Essa primeira camada de processamento possibilita ampliar a experiência do usuário (*User Experience* – UX) ao mesmo tempo que reduz a complexidade de administração dos dados. Os *Edge Datacenters*, por receberem um grande volume de dados, alavancarão a adoção de outras tecnologias, como *big data/analytics* e inteligência artificial (por exemplo, aprendizado de máquina ou *machine learning*).

Projeções indicam que em 2025 haverá mais processamento de dados na borda do que outros meios de processamento (MCDONALD, 2022). O crescimento seguirá de forma exponencial por pelo menos mais duas décadas, enquanto dados processados em nuvem atingirão um patamar de estabilização em meados de 2030. Se essa projeção for mantida, em 2040 teremos 364 vezes mais dados processados em borda do que em nuvem.

Arquitetura do 5G e o aprimoramento da segurança nas redes móveis

Uma arquitetura padrão de um sistema de comunicação móvel é composto por alguns elementos:

- ✓ **Dispositivos (*Devices*)**: corresponde aos dispositivos que acessam uma rede móvel e fazem uso dos seus recursos. Além dos telefones inteligentes (os *smartphones*), podemos citar qualquer outro aparelho que disponha de uma interface de comunicação móvel, tais como: dispositivos vestíveis (*wearables*), óculos de realidade virtual, carros conectados, TVs e refrigeradores inteligentes.

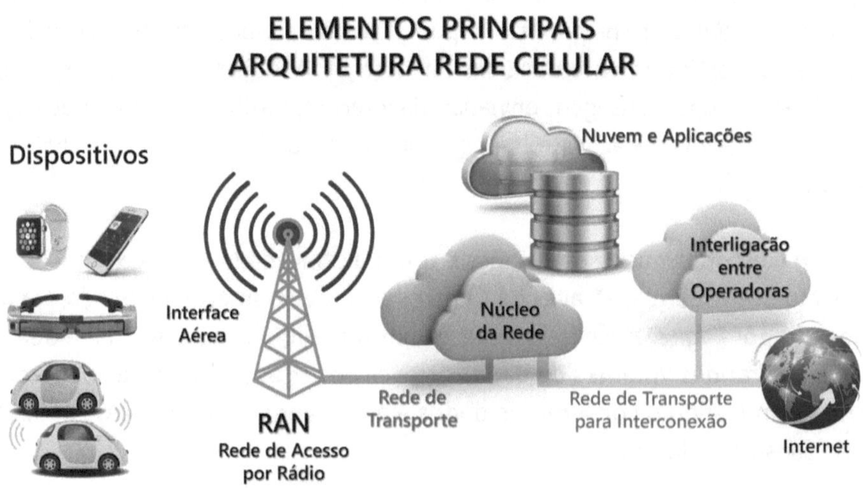

Figura 22.2. Arquitetura padrão – rede celular.
Fonte: o autor.

- ✓ **Rede de acesso via rádio (*Radio Access Network* – RAN)**: elemento que possibilita a entrada dos dispositivos na rede móvel através de uma interface aérea.
- ✓ **Rede de transporte (*Transport Network*)**: faz a conexão entre a RAN e o núcleo da rede. Uma rede de acesso pode ser construída através da utilização de várias tecnologias, tais como fibra óptica, rádio e satélites.

- **Núcleo de rede (*Core*)**: onde concentram-se os elementos principais da rede móvel responsáveis pela capacidade computacional e por recursos de gerenciamento das redes e dos serviços, tais como: sinalização, autenticação dos assinantes, dados do plano de serviços contratado, tarifação dos serviços, gerenciamento dos elementos da rede etc.
- **Rede de transporte de interconexão (*Interconnect Transport Network*)**: consiste nos elementos de conectividade com outras operadoras, utilizado em situações de *roaming* e com a rede pública de comunicação (internet).
- **Aplicações e nuvem (*Cloud and applications*)**: ambiente das operadoras destinado a oferecer aplicações para clientes que podem estar na nuvem. Esta é uma das grandes oportunidades paras as operadoras de *telecom* ao ofertar serviços de terceiros.

Implementações

O 5G tem basicamente duas versões de implementação:

- **5G *Standalone* (5G SA).** O 5G *Standalone*, também conhecido por 5G SA, utiliza uma infraestrutura de comunicação totalmente dedicada, ou seja, é implementada de ponta a ponta com a nova geração. Por esse motivo, o 5G SA também é chamado de "5G puro". Com o 5G SA é possível usufruir de todos os recursos e características definidas para o padrão 5G.
- **5G *Non-Standalone* (5G NSA).** Esta versão aproveita parte da infraestrutura existente do 4G. No 5G NSA, por exemplo, as antenas de rádio são 5G, mas o núcleo da rede é formado pela infraestrutura do 4G, também conhecido por EPC (*Evolved Packet Core*) ou núcleo de pacote evoluído. Esta é uma característica interessante, pois possibilita iniciar a oferta do 5G para os consumidores sem a necessidade de implantar todos os elementos que compõem a tecnologia 5G, garantindo uma expansão da rede muito mais rápida e flexível que a modalidade *standalone* do 5G. Importante também do ponto de vista financeiro das operadoras, pois preserva o investimento realizado para a implantação do 4G. Por esse motivo, muitas operadoras em todo o mundo utilizam a tecnologia NSA para iniciar a oferta de serviços 5G para seus clientes. Entretanto, as taxas de desempenho, como velocidade de transmissão e latência, são inferiores ao 5G puro. Mesmo assim, na prática, o 5G NSA possibilita atingir taxas de transmissão pelo menos duas vezes mais rápidas que o 4G. Isso ocorre porque o 5G NSA utiliza antenas específicas para o 5G, embora o núcleo da rede (*core*) ainda seja formado pelo 4G convencional. Desse modo, com o 5G NSA já é

possível observar uma melhora nítida de desempenho com relação ao 4G, embora inferior à especificação do eMBB. Por outro lado, as características previstas no uRLLC e mMTC serão atendidas somente pelo 5G SA.

Smartphones e SIM *Card* (*chip*) para 5G

Uma dúvida frequente dos assinantes do 5G é sobre a necessidade de um aparelho compatível com o 5G e a troca do *chip*. Para o 5G NSA, que é o 5G impuro, não existe a necessidade da troca de *chip*, embora seja mandatório utilizar um aparelho homologado e que suporte às frequências da tecnologia 5G, como 700 MHz, 2,3 GHz, 3,5 GHz e 26 GHz, que foram as faixas do leilão do 5G no Brasil realizado em novembro de 2021 pela Agência Nacional de Telecomunicações (ANATEL, s.d.). Por outro lado, a condição para usufruir dos benefícios de conexão em uma rede 5G SA (5G puro) depende de cada operadora. Muitas exigem que o *chip* seja substituído, embora não seja uma regra geral. Entretanto, para usufruir do 5G SA é indispensável a contratação de um novo plano de pacotes.

Virtualização da rede 5G

A rede móvel vem passando por um processo de virtualização. O modelo tradicional das redes de telecomunicações, baseado em hardware (equipamento físico) proprietário e utilizado de forma dedicada, vem passando por um processo de migração para um modelo onde as funções de rede são virtualizadas (NFV – *Network Function Virtualization*). No NFV, os serviços de rede são empacotados em máquinas virtuais, permitindo a operação das redes em computadores padrões, sem a necessidade de utilizar hardware proprietário. Outra tecnologia importante de virtualização das redes é o SDN (*Software Defined Network*), ou rede definida por software. O SDN possibilita que uma rede seja gerenciada e controlada de modo centralizado. Todo esse processo de virtualização da rede possibilita que as aplicações sejam hospedadas em *datacenters* centralizados ou distribuídos em nuvem, sendo um movimento importante para a transformação digital. A virtualização da rede está se tornando um dos principais componentes de transformação das redes de telecomunicações e é um elemento imperativo para a adoção do 5G. Através do NFV e do SDN, serviços de rede podem ser realocados rapidamente de acordo com a demanda, tornando a rede altamente flexível, com maior escalabilidade e consumo de recursos com maior eficiência. Como a rede está virtualizada, torna-se possível alocar recursos dinamicamente através da orquestração da rede, onde os elementos podem ser reconfigurados de forma automática. Essa característica possibilita atender com eficiência às demandas do mercado corporativo, o que é chamado de fatiamento da rede, ou *network slicing*. Através do *network slicing*, a infraestrutura das redes lógicas pode ser compartilhada automaticamente de acordo com as características de cada demanda.

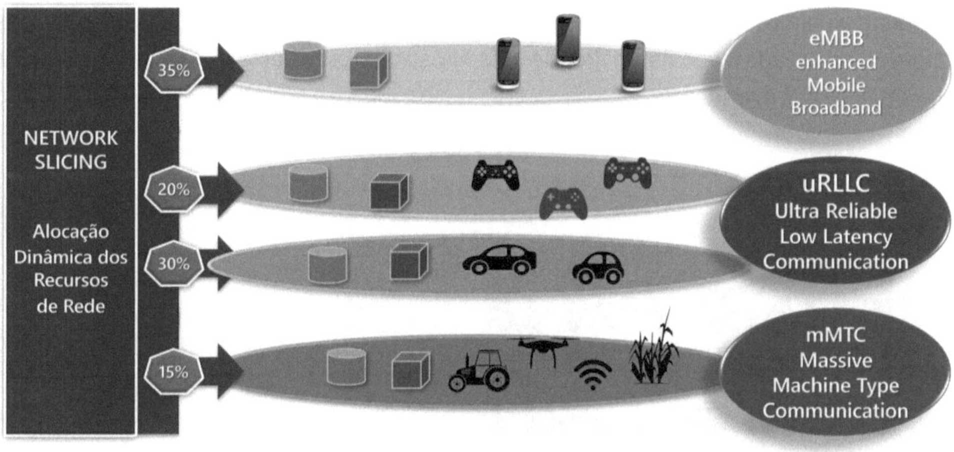

Figura 22.3. *Network slicing* (fatiamento da rede).
Fonte: o autor.

Criticidade das redes móveis

A infraestrutura de um país consiste no conjunto de serviços que atendem às necessidades básicas da população. Algumas dessas infraestruturas são essenciais para o desenvolvimento socioeconômico de uma nação e, por esse motivo, são estratégicas para a soberania nacional. Transporte, energia, telecomunicações, sistema financeiro e sistema de abastecimento de água são exemplos de infraestruturas críticas de um país. Qualquer evento que possa prejudicar o fornecimento adequado dos serviços relacionados à infraestrutura crítica pode resultar em sérios prejuízos para uma nação e seus cidadãos. Por essa razão, foi aprovada no Brasil a Estratégia Nacional de Defesa através do Decreto nº 6.703, em dezembro de 2008, que relaciona as medidas para a segurança e ações estratégicas que são essenciais para elevar o patamar da segurança, destacando os setores de energia, transportes, águas, finanças e comunicações. Outro passo importante foi dado em dezembro de 2020, com a aprovação da Estratégia de Segurança de Infraestruturas Críticas, através do Decreto nº 10.569. Destaque especial deve ser dado para a infraestrutura de telecomunicações, pois em decorrência da evolução da transformação digital, muitas outras infraestruturas críticas passaram a depender cada vez mais das telecomunicações. Para se ter uma ideia, a pesquisa Febraban de Tecnologia Bancária de 2023 (DELOITTE; FEBRABAN, 2023) revelou que três em cada quatro transações bancárias no Brasil são realizadas através de canais digitais, sendo que 65% do total são realizadas através de smartphones. O motivo está diretamente relacionado à mudança do perfil do consumidor, que encontrou maior conveniência, flexibilidade, agilidade e segurança nos canais digitais. E essa tendência de alta deve ser mantida, à medida que novos recursos são ofertados aos clientes com o aumento da qualidade e da expansão da cobertura da internet através da rede celular, como o 5G.

Figura 22.4. Telecomunicações: relevância para a infraestrutura crítica. Fonte: o autor.

Como se pode perceber, as redes móveis estão se tornando infraestruturas cada vez mais críticas para um país.

Evolução da segurança nas redes móveis

As primeiras gerações de telefonia móvel apresentavam sérios problemas de segurança. A primeira geração, o 1G, era totalmente analógica e não dispunha de canais de comunicação criptografados. Essa fragilidade possibilitou que conversas telefônicas fossem facilmente interceptadas através da interface aérea, impossibilitando qualquer garantia de sigilo telefônico.

Com a digitalização da rede proporcionada pela segunda geração, buscou-se aperfeiçoar os mecanismos de autenticação e confidencialidade das conversas através da adoção de mecanismos de criptografia e do SIM *Card*, que reduziram parcialmente os riscos de interceptação e clonagem de telefones. O SIM *Card* (*Subscriber Identity Module*) ou módulo de identificação do assinante, conhecido no Brasil por *chip*, é um circuito impresso do tipo cartão inteligente utilizado para identificar, gerenciar e armazenar informações do celular. Entretanto, os organismos de padronização na época menosprezaram a necessidade de utilizar algoritmos de criptografia forte. Consequentemente, os algoritmos adotados no 2G se demonstraram frágeis, impossibilitando que as comunicações fossem totalmente seguras. Nas redes 2G também não existem mecanismos de autenticação da torre para o *smartphone*. Isto permite que aparelhos usando 2G possam se conectar em antenas falsas, possibilitando que dados de tráfego e de localização sejam interceptados. As redes também estão sujeitas a ataques de negação de serviço, quando uma grande quantidade de *smartphones* infectados promovem um fluxo intenso de tráfego na rede de acesso via rádio (RAN), resultando na degradação do serviço. Assim como ocorreu com a melhoria da segurança do 2G quando comparado à primeira geração, sucessivamente as gerações seguintes das redes móveis incorporaram novos recursos de segurança, visando ampliar a confidencialidade, integridade e disponibilidade dos serviços de rede a cada nova geração, como pode ser visto na figura que mostra a evolução da segurança das tecnologias móveis.

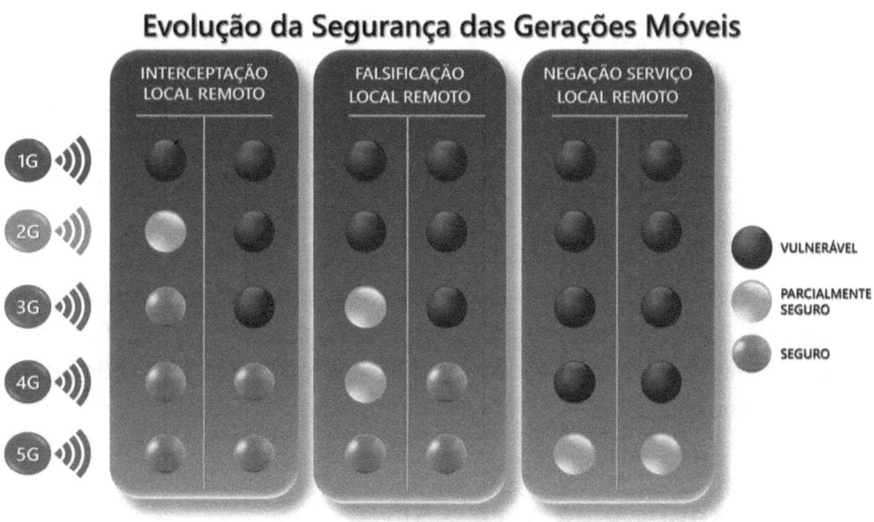

Figura 22.5. Evolução da segurança das tecnologias móveis.
Fonte: o autor.

Apesar de toda a evolução, existe um grande risco que torna todos os usuários das redes móveis vulneráveis. Trata-se dos ataques conhecidos por *downgrade*, ou rebaixamentode seleção de banda, uma vez que os dispositivos móveis são totalmente compatíveis com as gerações anteriores de rede móvel, inclusive 2G. Praticamente todos os *smartphones* vêm configurados de fábrica com a opção de seleção de banda automática. O objetivo é maximizar a conectividade do serviço da rede móvel independentemente da geração da rede onde o usuário estiver conectado, principalmente para garantir disponibilidade do serviço durante chamadas de emergência.

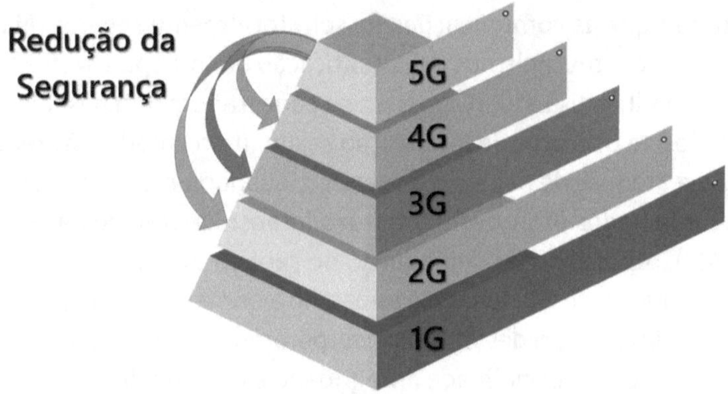

Figura 22.6. Fragilidades devido à redução da segurança (*downgrade*).
Fonte: o autor.

Na prática, mesmo que você tenha um *smartphone* compatível com a tecnologia 5G e até mesmo um pacote de dados de 5G, corre o risco de o seu aparelho se conectar automaticamente a uma rede 2G sem seu conhecimento e assim ficar em uma situação vulnerável. Para evitar o risco desse tipo de ataque, usuários devem desabilitar manualmente a opção de conexão automática para gerações anteriores, principalmente 2G.

Na Europa, por exemplo, diferentemente do que ocorre nos Estados Unidos, no Japão e na Coreia do Sul, muitas redes terão suporte ao 2G pelo menos até 2025, mesmo que o 3G tenha sido desativado. Provavelmente em toda a América Latina teremos que conviver com redes 2G e 3G ainda por muitos anos.

Desafios de segurança para o 5G

Apesar da tecnologia 5G endereçar diversas vulnerabilidades existentes nas gerações anteriores, os riscos de segurança cibernética ainda são preocupantes. O motivo é que o processo de virtualização dos elementos da rede e a abertura para integração com aplicações de terceiros, por exemplo, estão ampliando substancialmente a superfície de ataques cibernéticos.

O processo de desacoplamento do hardware e das funcionalidades em sistemas de redes de comunicação que vem ocorrendo nos últimos anos, voltado para um modelo baseado em virtualização como NFV e SDN, incorporou novas camadas de software até então inexistentes em uma infraestrutura tradicional de telecomunicações. Desse modo, as vulnerabilidades oriundas do processo de codificação de programas computacionais ampliam os riscos cibernéticos em tecnologias que estão adotando modelos baseados em software, como o 5G. Basicamente, uma vulnerabilidade consiste em uma falha de segurança na especificação da arquitetura de uma solução ou na etapa de desenvolvimento do produto. Essas falhas podem ser exploradas caso existam procedimentos específicos que, se executados no sistema vulnerável, podem gerar danos de acordo com o grau de severidade da vulnerabilidade, tais como acesso privilegiado ao sistema, resultando na violação de dados, degradação de desempenho ou até mesmo na interrupção total do sistema.

Quase a totalidade das vulnerabilidades descobertas encontra-se padronizada e registrada em um banco de dados de acesso público denominado de CVE (*Commom Vulnerabilities and Exposures*), que tem por objetivo o compartilhamento de informações. Um desses bancos de dados é o NVD (*National Vulnerability Database*), que é gerenciado pelo NIST (*National Institute of Standards and Technology*)[23]. Se observarmos a curva de descoberta de vulnerabilidades únicas ao longo dos últimos anos, podemos notar que ela cresce substancialmente a cada ano. Há cerca de 10 anos, por exemplo, o número médio de novas vulnerabilidades únicas era inferior a 6 mil por ano. Esse valor saltou para acima de 20 mil por ano a partir de 2022. Isso indica que existem sistemas muito mais vulneráveis no mercado atualmente do que no passado recente, aumentando consideravelmente os riscos de ataques cibernéticos.

Para o 5G, podemos relacionar os seguintes novos vetores de risco:

- ✓ **Infraestrutura de virtualização de funções de rede (NFVI – *Network Functions Virtualization Infrastructure*)**: trata-se de um componente essencial da arquitetura do NFV que estabelece componentes de hardware e software onde as redes virtuais são construídas, fornecendo acesso a recursos computacionais, armazenamento de dados e elementos de rede da camada

23 <https://nvd.nist.gov/>.

do *hypervisor*. Trata-se de um elemento crítico do ambiente, pois acessos não autorizados nesta camada de infraestrutura podem afetar diretamente as funcionalidades e a disponibilidade dos sistemas.

- ✓ **Abertura de APIs (*Application Programming Interface*)**: as APIs definem os padrões de interface (serviços e funções) para sistemas com o objetivo de facilitar a sua utilização por outras aplicações. No contexto do 5G, elas são a porta de entrada para a infraestrutura da rede móvel. Desse modo, as APIs devem ser desenvolvidas e implementadas através de rígidos controles de segurança.
- ✓ **Computação de borda:** o processo de descentralização da capacidade de processamento é essencial para o 5G viabilizar o processamento de um alto volume de dados gerados pelos dispositivos, para a redução dos custos associados com transmissão das informações e para possibilitar uma melhor experiência para o usuário (UX). Por sua vez, as funcionalidades de segurança utilizadas em *datacenters* tradicionais precisam ser direcionadas para os *datacenters* de borda, resultando em um grande desafio.
- ✓ **Orquestração de processos:** a automação dos processos de configuração e a alocação dos elementos de rede previstos no *network slicing* (fatiamento da rede) são fundamentais para atender aos diferentes requisitos encontrados no eMBB, no uRLL e no mMTC. Falhas nesses processos podem gerar indisponibilidade dos serviços e incorrer em grandes prejuízos financeiros.

Evolução do arcabouço jurídico em telecomunicações

Dada a criticidade das telecomunicações para a sociedade em geral, estamos vivenciando um momento de maior rigidez das regulamentações de segurança em todas as regiões do planeta. O motivo é que os impactos nas redes podem gerar grandes transtornos para a população em geral. Casos recentes de indisponibilidade em algumas operadoras de telecomunicações na América do Norte e Europa, por exemplo, resultaram na paralisação de diversos serviços, como acesso à internet, uso da rede móvel, serviços de TV e mensagens de SMS, afetando milhões de cidadãos por várias horas e até dias. Esta é uma preocupação cada vez maior para os governos, pois uma situação de indisponibilidade de serviços de comunicação resultará em sérias consequências para toda a sociedade, além de induzir a uma sensação de medo e insegurança. No Brasil, temos observado um esforço significativo dos organismos reguladores, como a Anatel (Agência Nacional de Telecomunicações), em acompanhar essa tendência mundial. O quadro a seguir apresenta algumas das regulamentações mais recentes voltadas para segurança cibernética e proteção de dados em telecomunicações no Brasil.

Resolução nº 715 23 de outubro de 2019	Regulamento de avaliação da conformidade e de homologação de produtos para telecomunicações
Resolução interna nº 24 07 de junho de 2022	Estabelece a política de proteção de dados pessoais
Resolução nº 740 21 de dezembro de 2020	Regulamento de segurança cibernética aplicada ao setor de telecomunicações
Ato nº 77 05 de janeiro de 2021	Requisitos de segurança cibernética para equipamentos de telecomunicações

Situação similar é observada em outros países, como a Resolução nº 1.318 sancionada em agosto de 2020 no Chile, que visa estabelecer um marco regulatório baseado em fundamentos gerais da cibersegurança aplicado a redes e sistemas utilizados para a prestação de serviços de telecomunicações.

Estratégia de cibersegurança para 5G

Estabelecer uma estratégia eficiente de segurança e proteção dos serviços em infraestruturas críticas, como as telecomunicações, envolve um grande esforço em toda a cadeia produtiva, desde o estabelecimento de padrões, passando pelo desenvolvimento de produtos e soluções, até a fase de implementação dos projetos e a operação contínua do ambiente.

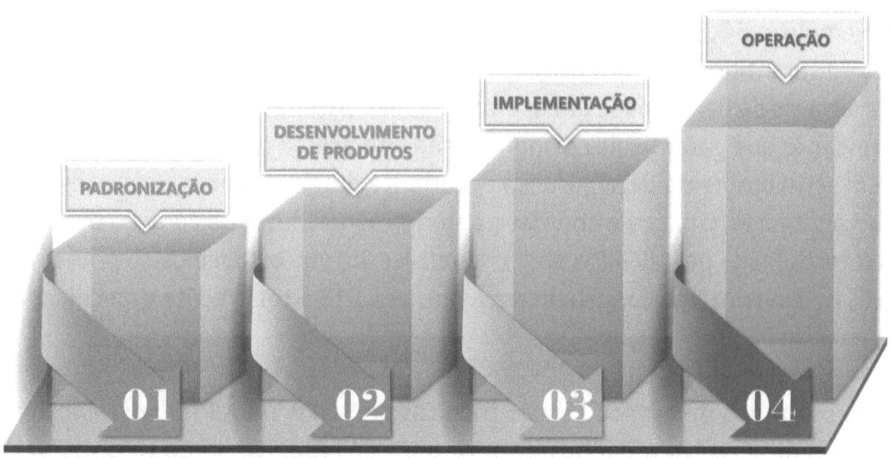

Figura 22.7. Visão de segurança na cadeia de telecomunicações.
Fonte: o autor.

1. Padronização

3GPP

Um dos principais elementos da cadeia de segurança está relacionado ao estabelecimento de padrões definidos pela comunidade internacional representada por especialistas em tecnologias. O 3GPP (*3rd Generation Partnership Project*) ou, em português, o Projeto de Parceria de 3ª Geração, consiste em um consórcio formado por diversos organismos internacionais normativos do setor de telecomunicações, que têm como objetivo definir as especificações completas para um sistema de telecomunicação celular, desde terminais, redes de acesso via rádio (RAN), núcleo da rede (*core*) e recursos de serviços. O 3GPP estabelece todos os protocolos e interfaces de rede, tais como controle de chamadas e sessões, gerenciamento de mobilidade e provisionamento de serviços. O 3GPP é constituído por membros primários, denominados Parceiros Organizacionais, localizados na América do Norte, Europa e Ásia, e demais organizações que atuam como membros associados, denominados Parceiros de Representação de Mercado. Os Parceiros Organizacionais têm um papel fundamental no estabelecimento dos padrões, pois determinam a política geral e a estratégia do 3GPP. Todas as especificações liberadas pelo 3GPP são estruturadas em versões (*releases*).

Uma das principais metas do 3GPP é garantir que, desde que a tecnologia permita, as novas versões liberadas para as gerações mais recentes das redes celulares, como, por exemplo, o 5G, sejam compatíveis com as gerações anteriores (2G, 3G e 4G). O motivo é garantir que um dispositivo trabalhe sempre que possível de forma ininterrupta, através da flexibilidade em operar em redes distintas. Essa é uma característica interessante que garante alta disponibilidade de acesso à rede móvel, mas resulta em um sério problema de segurança decorrente das fragilidades presentes nas gerações anteriores, conforme abordado anteriormente. A quinta geração de telefonia móvel foi definida pelo 3GPP a partir do *release* 15, que estabeleceu a primeira fase do 5G, funcionalmente congelado em junho de 2018 e totalmente especificado em setembro de 2019.

Dentre os grupos de especificações técnicas do 3GPP, o SA3 (*Service and System Aspects 3*) desenvolve trabalhos de segurança da rede 5G, sendo responsável por definir os requisitos e as especificações da arquitetura e protocolos para segurança e privacidade. O SA3 trabalha em conjunto com os demais grupos do 3GPP para garantir que os aspectos de segurança sejam considerados em todo o ciclo de vida do 5G. O SA3 também estabelece as especificações dos algoritmos criptográficos e requisitos e especificações para interceptação legal em sistemas 3GPP.

NIST

O Instituto Nacional de Padrões e Tecnologia, globalmente conhecido por NIST (*National Institute of Standards and Technology*), é uma agência destinada a promover a inovação e a competitividade na indústria americana. Dentre as importantes contribuições para o mercado de tecnologia, destaca-se o estabelecimento de padrões técnicos. O NIST tem um papel importante quando falamos de segurança em uma tecnologia que é suportada por camadas de virtualização, como é o 5G. O problema é que os trabalhos de desenvolvimento dos atuais padrões de segurança para 5G concentram-se nas especificações da arquitetura do 5G e na interoperabilidade das interfaces entre os componentes do 5G. Entretanto, tais padrões não especificam claramente quais proteções de segurança cibernética devem ser consideradas nos componentes subjacentes de TI que são responsáveis pela operação e pelo suporte em uma arquitetura baseada na tecnologia de nuvem, como a encontrada na arquitetura do 5G. A escassez dessas especificações eleva a complexidade para organizações que pretendem adotar o 5G em suas estratégias de inovação e transformação digital. Desse modo, torna-se essencial considerar especificações técnicas de segurança voltadas para um ambiente de TI, com o intuito de fortalecer a segurança das camadas subjacentes e proporcionar maior proteção, confiança e alta resiliência operacional, especialmente em ambientes de infraestrutura crítica, como as telecomunicações. Os padrões estabelecidos pelo NIST procuram preencher essa lacuna, como a última revisão da Publicação Especial do NIST de número 800-53 (*NIST SP 500-53 revision 5 – Security and Privacy Controls for Information Systems and Organizations*) (NIST, 2020), que apresenta uma abordagem de proteção proativa e sistêmica e de grande abrangência das plataformas de computação, desde sistemas de comunicação e dispositivos móveis até sistemas baseados em nuvem, internet das coisas (IoT), supercomputadores e sistemas industriais. As recomendações também contemplam mecanismos de proteção de dados e privacidade, essenciais em um mundo cada vez mais preocupado e regulado para uso de dados pessoais.

GSMA

GSMA (*Global Systems for Mobile Communication Association*) é uma organização sem fins lucrativos que representa operadoras e instituições participantes do ecossistema de telecomunicações, tais como fabricantes de dispositivos móveis, empresas de desenvolvimento de software, fornecedores de equipamentos e companhias de internet, através de programas da indústria, grupos de trabalho e iniciativas de defesa do setor. Uma dessas iniciativas é o NESAS (*Network Equipment Security Assurance Scheme*), ou, em português, esquema de garantia de segurança de equipamentos de rede, que tem por objetivo melhorar os níveis de segurança dos equipamentos de rede em toda a indústria móvel, aumentando a confiança da sociedade nos serviços de rede celular. Trata-se de um processo de auditoria e realização de testes de segurança em fornecedores de equipamentos e produtos de rede.

ISO 27000
Outro padrão muito relevante no mercado de segurança, ele provém do conjunto de normas de segurança da ISO/IEC, denominado de "família ISO 27000". Trata-se de um conjunto de normativos de segurança da informação e proteção de dados para qualquer setor de mercado.

2. Desenvolvimento de produtos

Uma vez estabelecidos os padrões de segurança, torna-se fundamental que os fabricantes de tecnologias 5G adotem e apliquem todas as diretrizes e especificações de segurança que foram padronizadas no desenvolvimento de seus produtos e soluções. Requisitos de segurança e privacidade devem ser incorporados em todo o ciclo de desenvolvimento das soluções. É o que denominamos de *security and privacy by design*. O desafio torna-se maior quando há necessidade de incorporar parte do código baseado em software de terceiros, como bibliotecas ou módulos específicos, principalmente quando se trata de *open source* e a resolução de problemas depende do esforço da comunidade.

É importante que os requisitos de desenvolvimento de soluções estejam alinhados com os padrões de mercado, tais como GSMA NESAS, abordado anteriormente.

Através do NESAS, por exemplo, é possível determinar o grau de maturidade em segurança do fabricante quanto ao desenvolvimento de suas soluções, ou seja, a capacidade do fabricante de desenvolver produtos e soluções de rede móvel adotando rigorosos níveis de segurança, desde a etapa de concepção e desenvolvimento até a entrega e manutenção. Desse modo, as operadoras que adotarem soluções avaliadas e auditadas pelo NESAS podem demonstrar para o mercado consumidor e organismos regulatórios que estão em conformidade com as melhores práticas de segurança aplicadas nas redes de telefonia celular, pois foram desenvolvidas por especialistas do setor através da GSMA e do 3GPP.

3. Implementação

Embora os padrões estabelecidos terem levado em consideração os desafios de segurança cibernética, as organizações que planejam implantar, operar e utilizar as redes

5G são desafiadas a determinar quais recursos de segurança devem ser habilitados e como implantá-los para construir uma rede segura e confiável. Esses desafios são maiores pela necessidade de fortalecer a segurança das camadas subjacentes de TI devido às camadas de virtualização existentes na arquitetura do 5G. Por esse motivo, algumas práticas são altamente recomendadas antes que um sistema entre em operação, tais como:

- ✓ **Processo de *hardening*:** definir processos que estabeleçam as configurações compulsórias e facultativas para implementação em todas as camadas do sistema e garantir que sejam efetivamente aplicadas em todo o ambiente.
- ✓ **Análise de vulnerabilidades:** executar ferramentas específicas para identificar possíveis vulnerabilidades existentes em todas as camadas, desde sistemas operacionais, camada de virtualização, *middleware*, banco de dados e camada de aplicação.
- ✓ **Testes de invasão:** são importantes para identificar possíveis vulnerabilidades que permitam uma invasão decorrente de um ataque *hacker*. Possibilita averiguar a viabilidade e a abrangência de uma invasão, identificando os pontos de vulnerabilidades, as falhas nas camadas de proteção e a ineficiência dos processos de detecção e bloqueio. Desse modo, a organização pode antecipar a correção dos problemas, tendo tempo hábil para analisar e tratar todas as falhas e evitar os riscos de materialização da invasão, que pode resultar em sérios prejuízos.
- ✓ **Arquitetura *zero trust*:** um dos objetivos principais da segurança de uma rede é proteger a infraestrutura e evitar a interrupção de serviços essenciais para os usuários. Uma das grandes preocupações dos ataques está relacionada à movimentação lateral, quando uma parte de um ambiente é invadida e o atacante busca atingir outras áreas mais sensíveis para amplificar o poder do ataque. Essa situação ficou mais crítica com a convergência das redes de Tecnologia da Informação (TI) e de Operação (OT), através da maior integração de processos. Como resultado, o ambiente telecomunicações está muito mais exposto atualmente do que era observado há alguns anos. A arquitetura *zero trust* (ZTA – *Zero Trust Architecture*) busca minimizar esse risco ao implementar um conceito mais rígido no interfaceamento entre sistemas: nenhum sistema é totalmente confiável, mesmo presente na rede interna da organização. Por isso, adota uma abordagem voltada à identidade dos elementos e das políticas baseadas em autorização. O 3GPP define funcionalidades relevantes de segurança para o 5G ao abordar uma arquitetura ZTA em três domínios de rede, a saber: segurança da rede, segurança de acesso à rede e segurança da arquitetura baseada em serviços (SBA – *Service-Based Architecture*).

- ✓ **Adoção de tecnologias de segurança do *endpoint*:** para enfrentar ataques cibernéticos mais complexos, tecnologias como EDR (*Endpoint Detection and Response*), XDR (*Extended Detection and Response*) e microssegmentação, por exemplo, atuam diretamente em cada *host* em um ambiente de TI. O objetivo de uma solução EDR ou XDR é aprimorar a capacidade de detecção de ataques em *hosts* através de mecanismos que monitoram conexões, processos, serviços ativos e outras variáveis importantes. Também possibilita realizar ações mais contundentes de resposta a um ataque, como isolar determinado *host* que possa estar infectado ou com suspeita de infecção. A solução de microssegmentação visa aprimorar o controle de acesso em *hosts* e serviços, possibilitando alta granularidade de controle das interconexões entre sistemas. Entretanto, apesar desses mecanismos aprimorarem as capacidades de proteção, identificação e resposta em situações de ataques cibernéticos, essas tecnologias devem ser avaliadas e adotadas com parcimônia. Um ambiente de telecomunicações é altamente complexo, operado em tempo real com um volume colossal de dados e ainda com funções totalmente díspares de um ambiente tradicional de TI. Por esse motivo, qualquer iniciativa de adoção de tecnologias voltadas para a proteção de *endpoints* deve ser muito bem avaliada e testada, principalmente se forem adotadas funcionalidades que possibilitam ações de bloqueios automatizados, sob o risco de bloquear indevidamente uma funcionalidade nativa de um sistema ou serviço de telecomunicações, principalmente em um cenário de constante evolução das tecnologias móveis.

4. Operação

Garantir a segurança das operações em um ambiente crítico, como as telecomunicações, é essencial para evitar riscos de paralisação total ou parcial de serviços, que pode afetar cidadãos e organizações que dependem desses serviços para as suas rotinas pessoais e profissionais. Dependendo dos elementos afetados numa rede de telecomunicações, o impacto pode alcançar um bairro, uma cidade, um estado ou até mesmo todo um país, o que representaria uma situação de alta gravidade para a segurança, economia e a situação geopolítica de uma nação.

Determinados controles devem ser observados para minimizar os riscos de paralisação da rede e aumentar a resiliência operacional, possibilitando a restauração dos serviços com a maior brevidade possível em caso de pane. Geralmente, são estruturados Centros de Operação de Segurança (*Security Operation Centers* – SOC) que operam em regime 24x7 para prevenir, monitorar, detectar e remediar eventuais vulnerabilidades e incidentes de segurança. Dada a alta complexidade de um ambiente de telecomunicações, convém adotar tecnologias de segurança para aumentar a eficiência operacional. Tecnologias de proteção de rede baseadas em *machine learning* (aprendizado de máquina), que é um subconjunto da inteligência artificial (IA), se concentram na construção de sistemas que aprendem e melhoram o desempenho com base em dados históricos. Os algoritmos de *machine learning* supervisionados utilizam um conjunto de dados que foi rotulado e tem uma saída predefinida. Em segurança cibernética, essa base de conhecimento facilita sobremaneira a identificação de códigos maliciosos e invasões e a orientação de como tratá-los de maneira mais adequada e eficiente. Já o *machine learning* não supervisionado adota uma abordagem mais independente, que busca aprender e identificar processos e padrões complexos sem uma orientação constante de um ser humano especialista. O *machine learning* não supervisionado busca identificar padrões e pode alertar para comportamentos anômalos, como atitudes fraudulentas.

Os processos operacionais de segurança também podem ser desenvolvidos com base em *frameworks*, como, por exemplo, a nova versão do *framework* do NIST que foi publicado e disponibilizado para discussão na comunidade de segurança quando este capítulo foi escrito. O *NIST Cybersecurity Framework 2.0 Core* (CSF 2.0) busca trazer maior clareza ao modelo, garantindo um processo de abstração mais consistente ao abordar as mudanças tecnológicas e novos riscos, ao mesmo tempo que busca um maior alinhamento com padrões e práticas internacionais de segurança cibernética de modo que seja mais eficaz frente aos crescentes desafios. O CSF 2.0 apresenta seis funções abrangentes que devem ser abordadas em toda estratégia de segurança: governança, identificação, proteção, detecção, resposta e recuperação.

Conclusão

O mundo caminha a passos largos para uma sociedade cada vez mais moderna frente à revolução tecnológica que estamos vivenciando. As tecnologias estão sendo incorporadas em nossa rotina pessoal e profissional a cada dia e se tornaram essenciais para o desenvolvimento socioeconômico de um país. Possibilitam aumentar a eficiência da indústria, atender melhor aos cidadãos com políticas públicas, otimizar os custos de produção, ampliar a segurança pública, dentre outros inúmeros benefícios. Toda essa evolução depende basicamente dos sistemas de comunicação que viabilizem o acesso à tecnologia globalmente. Seguramente, a tecnologia de rede móvel é responsável por grande parte dessa evolução, e a nova geração do 5G impulsionará ainda mais a sociedade para um novo patamar de uso da tecnologia, através da maior integração entre pessoas e máquinas e máquinas com máquinas. Entretanto, os riscos decorrentes de ataques cibernéticos podem resultar em incidentes de fraudes, violações de segurança e interrupção total ou parcial dos serviços de comunicação, incorrendo em grandes perdas financeiras não apenas para a indústria móvel, mas para a sociedade como um todo.

Sendo assim, torna-se imperativo estabelecer estratégias eficazes de proteção cibernética para as iniciativas voltadas ao uso do 5G. Embora exista um grande esforço da indústria em desenvolver padrões de segurança para as novas gerações de tecnologias móveis, como aquelas oriundas do 3GPP, torna-se crucial que todos os envolvidos na cadeia produtiva adotem os padrões de segurança estabelecidos, não apenas para o desenvolvimento de soluções, mas também para os projetos de implementação do 5G e atividades operacionais. O estabelecimento das melhores práticas de segurança passa por um processo de conscientização sobre os riscos inerentes ao uso da tecnologia e as respectivas alternativas de enfrentamento das ameaças, possibilitando um gerenciamento mais eficiente de tais riscos. Entretanto, para garantir que os padrões de segurança voltados ao 5G sejam efetivamente adotados no mercado, torna-se essencial desenvolver leis e regulamentações setoriais que obriguem a adoção plena da segurança e a proteção de dados. Agindo dessa forma, poderemos tirar o máximo de proveito do que a tecnologia tem a nos oferecer.

23. Segurança em IoT

Marco Bicudo
Yanis Stoyannis

Introdução

A era da informação vem desempenhando um papel de profunda transformação social, cultural e comportamental em nossa sociedade, inclusive nas relações de consumo. É fato inegável que podemos tirar proveito das vantagens que a evolução tecnológica nos oferece, com o intuito de melhorar a experiência de aprendizagem, expandir nossa capacidade de comunicação e elevar os níveis de eficiência e qualidade no trabalho e no convívio social. Entretanto, para atingir tais objetivos de forma plena e ampla, torna-se essencial desenvolver habilidades cognitivas e ter disposição para compreender e aceitar as novidades que as tecnologias nos oferecem, principalmente aquelas que resultam em modelos disruptivos, como a internet das coisas ou **IoT** (*Internet of Things*).

A denominação foi cunhada pela primeira vez por Kevin Ashton, cofundador do Auto-ID Center do MIT (*Massachusetts Institute of Technology*) quando, em 1999, elaborou uma apresentação que tinha "Internet das Coisas" como título. O objetivo foi atrair a atenção dos executivos da Gillette para um projeto de sensores conectados à internet, que na ocasião buscavam uma parceria com a P&G.

Embora não exista um conceito único e universal sobre IoT, uma definição simplista consiste na aplicação de recursos computacionais e conectividade de rede em objetos que não são considerados computadores, permitindo a coleta e o compartilhamento de dados entre dispositivos e outros sistemas de forma autônoma e que ainda possam ser controlados e monitorados de forma remota.

Alguns exemplos de dispositivos IoT incluem televisores inteligentes, câmeras de vigilância, termostatos inteligentes, dispositivos vestíveis (*wearables*), veículos conectados, iluminação inteligente, sonorização, controle de dispositivos eletrônicos em residências, conhecidos como casas inteligentes ou *smart homes*, dentre muitos outros exemplos que podem ser encontrados em praticamente todos os setores do mercado.

Vejamos alguns exemplos práticos inseridos na vida cotidiana moderna:

1. **Casa inteligente:** também conhecido por *smart home*, a casa inteligente compreende um sistema doméstico conectado em diversos aparelhos para automatizar determinadas tarefas. Normalmente, dispositivos inteligentes, tais como sistemas de iluminação e fechaduras eletrônicas, podem ser controlados remotamente por meio de aplicativos móveis ou assistentes de voz, embora possam atuar de forma independente na residência, sem a necessidade de conectividade a redes públicas. Termostato inteligente que regula a temperatura do ar-condicionado e o aciona de acordo com a preferência dos moradores ao longo do dia e das condições climáticas é outro exemplo típico. Outra aplicação comum é o sistema de vigilância, que monitora a residência em tempo real através de câmeras de segurança e do uso de sensores com a finalidade de identificar acessos não autorizados nas dependências da residência e acionar alarmes automaticamente.
2. **Agricultura inteligente:** sensores e dispositivos IoT são usados para monitorar as condições climáticas de áreas de cultivo, a qualidade do solo e a saúde das plantas, permitindo que agricultores tomem decisões sobre como cultivar melhor suas terras e utilizar pesticidas de maneira mais adequada e consciente, resultando no aumento da produtividade e na redução de perdas e custos.
3. **Monitoramento de saúde:** também conhecida como *wearable*, a tecnologia vestível consiste em dispositivos conectados à internet que podem ser usados no corpo humano, tais como pulseiras e relógios inteligentes para monitoramento da frequência cardíaca, qualidade do sono, distância percorrida durante caminhadas e corridas, dentre outros parâmetros importantes para análise de dados vitais, permitindo que os usuários tenham condições de acompanhar a saúde e o condicionamento físico, inclusive com emissão de alertas em situações de risco ou que excedam os limites das condições físicas.
4. **Indústria 4.0:** dispositivos IoT são utilizados na indústria para monitorar e controlar remotamente sensores em máquinas e outros equipamentos, permitindo que as empresas automatizem os processos produtivos, reduzindo o tempo de ociosidade e ampliando a eficiência da produção, resultando em maiores ganhos financeiros.
5. **Cidades inteligentes:** o uso de IoT nas cidades resulta numa série de benefícios para o poder executivo de um município e os cidadãos, como monitoramento e controle remoto da iluminação pública, controle do tráfego, sistemas de trans-

portes que fornecem informações com precisão da localidade e horários que ajudam cidadãos a se movimentarem de forma mais eficiente, além de outros serviços importantes para os municípios, como melhorar a segurança pública com o uso de câmeras inteligentes. IoT viabiliza inúmeras iniciativas para aprimorar a qualidade e a eficiência da gestão pública de organismos municipais, ao mesmo tempo que enriquece a oferta de serviços para atendimento dos cidadãos.

Motivadores e barreiras para adoção da IoT

Existem inúmeros motivos que impulsionam a incorporação de iniciativas baseadas em IoT nas estratégias de negócio de organizações em todos os setores. Atualmente, podemos encontrar diversos casos de uso de IoT no mercado que comprovam as suas vantagens e benefícios para as organizações em geral. De acordo com pesquisa recente da Frost & Sullivan, a América Latina encontra-se em plena expansão no desenvolvimento de projetos de IoT, com uma taxa de crescimento de quase 20%, tendo o Brasil a liderança do mercado, com projeção de 700 milhões de dispositivos comercializados até 2027 (IPNEWS, 2023). Segundo a pesquisa, a evolução do mercado de IoT na América Latina pode ser comprovada através dos inúmeros projetos operacionais em andamento, que representam quase 60% das empresas entrevistadas. Os setores mais avançados são: saúde (63%), rastreamento de ativos (41%), automação industrial e manufatura inteligentes, estes últimos com 40% das inciativas. O potencial econômico global de IoT pode ser constatado no estudo desenvolvido pela McKinsey (CHUI; COLLINS; PATEL, 2021) que apresenta uma visão extremamente otimista para o mercado de IoT, ao projetar um volume de negócios de pelo menos US$ 5,6 trilhões até 2030, podendo superar a cifra de US$ 12 trilhões, dependendo das condições econômicas e geopolíticas mundiais. Isso é impulsionado por países que apresentam economias em crescimento e que estão adotando iniciativas voltadas para o uso de dispositivos inteligentes. O lado da oferta é alavancado pelos avanços das tecnologias de semicondutores, possibilitando a comercialização de dispositivos mais eficientes, leves, flexíveis e principalmente com menor custo, o que tem viabilizado financeiramente os projetos de IoT. Outro fator importante é a evolução das tecnologias de mobilidade, tais como *wi-fi*, LPWAN (*Low Power Wide Area Network*) e mais recentemente o surgimento da tecnologia 5G, mais especificamente a comunicação massiva do tipo máquina (mMTC – *massive Machine Type Communication*).

Em termos de legislação, temos no Brasil o Plano Nacional de Internet das Coisas instituído pelo Decreto nº 9.854 de 2019, que tem por finalidade desenvolver a IoT no Brasil com base na livre concorrência e livre circulação de dados, respeitando-se as diretrizes de segurança da informação e proteção de dados. Mais recentemente, em dezembro de 2020, foi sancionada a Lei da Internet das Coisas (Lei nº 14.108/2020), que reduz a zero as taxas de fiscalização de instalação e de funcionamento dos sistemas de comunicação do tipo máquina a máquina (MINISTÉRIO DA CIÊNCIA, TECNOLOGIA E INOVAÇÃO, 2020). A lei visa facilitar a entrada de empresas no ecossistema de IoT e alavancar o crescimento dessas tecnologias no Brasil.

Apesar desses fatores colaborarem para a tomada de decisão a favor das soluções de IoT, algumas barreiras geram receios e preocupações, o que pode impedir ou pelo menos retardar qualquer iniciativa nesse sentido. Um desses fatores está relacionado à fragmentação tecnológica, que dificulta a interoperabilidade entre dispositivos e plataformas ao introduzir entraves para a troca de informações de maneira eficaz e eficiente. Os desafios de implementação dos projetos resultam em outra barreira importante, decorrente de problemas de manufatura, questões logísticas e complexidade da solução, levando a um longo ciclo de implantação, podendo inclusive elevar substancialmente os custos dos projetos, principalmente de grande escala. Entretanto, as maiores barreiras estão relacionadas aos aspectos de segurança cibernética e privacidade dos dados.

A importância da segurança para IoT

IoT apresenta uma característica muito peculiar: ao se conectar diretamente com elementos físicos, pode coletar informações ou enviar comandos remotos para executar ações de controle. Por esse motivo, os impactos de segurança podem ser elevados em caso de incidentes cibernéticos, dependendo da sensibilidade dos dados coletados e do grau de interação com os equipamentos. O grau de impacto decorrente de um incidente cibernético em um dispositivo conectado pode gerar não só apenas prejuízos financeiros, operacionais e reputacionais, mas também impactos físicos para a sociedade. Alguns exemplos:

1. **Dados pessoais:** muitos dispositivos IoT coletam e compartilham dados pessoais sensíveis, como informações de saúde, geolocalização, comportamentais e financeiras. Caso esses dados não sejam protegidos adequadamente, eles podem ser subtraídos por atacantes e pessoas mal-intencionadas e utilizados para fins maliciosos.
2. **Dispositivos residenciais ou comerciais:** uma invasão por *hackers* pode causar perda de privacidade, danos físicos ou interrupções no funcionamento dos

serviços conectados aos dispositivos, como sistema de iluminação, energia elétrica, controle de temperatura, dentre outras consequências.

3. **Porta de entrada na rede:** dispositivos IoT vulneráveis conectados a uma rede doméstica ou corporativa podem ser usados como portas de entrada na rede para invasões de outros dispositivos ou computadores conectados na rede.
4. **Proteção de infraestrutura crítica:** dispositivos IoT são cada vez mais usados para controle de infraestruturas críticas, como sistemas de transporte, energia, abastecimento de água etc. A insegurança desses dispositivos pode expor infraestruturas a ataques cibernéticos que resultem em danos graves para a sociedade como um todo.

É crucial que fabricantes e desenvolvedores de dispositivos e soluções IoT implementem medidas de segurança adequadas, estendendo a proteção dos dispositivos até os consumidores finais.

Crescimento das vulnerabilidades em IoT

Os ataques cibernéticos modernos adotam táticas de invasão sofisticadas, moldadas para cada vítima, inclusive utilizando códigos maliciosos desenvolvidos exclusivamente para a tecnologia alvo do ataque. O crescimento das ameaças de *malware* para IoT, por exemplo, reflete a expansão desse cenário e o potencial de ultrapassar os sistemas vulneráveis. *Malware* para IoT é uma categoria de código malicioso exclusivo para infectar dispositivos IoT. A invasão de dispositivos IoT pode ocorrer por diversas formas, como uso de credenciais padrão que podem ser encontradas facilmente na internet, configuração de senhas fracas que podem ser descobertas por processos automatizados ou credenciais comprometidas, vulnerabilidades existentes no software de IoT ou outros meios. De acordo com o relatório da SonicWall (2023), em 2022 foram registrados 112 milhões de *malwares* de IoT, um aumento de quase 90% quando comparado a 2021 e um crescimento recorde desde quando esses levantamentos começaram a ser realizados. Ainda segundo o relatório, os setores de educação e governo foram os mais atacados. Os principais dispositivos visados para ataques são roteadores residenciais e câmeras IP.

Outro relatório interessante é o *Cyber Signals* da Microsoft (MICROSOFT, 2022), publicado em dezembro de 2022, que relata que os riscos cibernéticos para infraestrutura crítica se encontram em plena ascensão. O relatório identificou vulnerabilidades graves não corrigidas em três quartos dos controladores industriais mais comuns nas redes OT, compreendendo instalações de tratamento de água, usinas de energia, dentre outros setores. O aumento dos dispositivos IoT e a convergência de TI e OT com conectividade em nuvem ampliam substancialmente os riscos de ataques cibernéticos prejudiciais às infraestruturas.

Recomendações de segurança para fabricantes de soluções IoT

Apresentamos algumas recomendações para fabricantes produzirem dispositivos IoT mais seguros:

- ✓ Considerar a segurança e a proteção de dados desde a concepção do projeto e o desenvolvimento da arquitetura da solução (*security/privacy by design*).
- ✓ Estabelecer controles de segurança na cadeia de suprimentos com o intuito de evitar a incorporação de componentes vulneráveis na produção dos dispositivos, o que poderá comprometer o resultado final.
- ✓ Realizar testes exaustivos para identificação e correção de vulnerabilidades antes da comercialização dos produtos.
- ✓ Produzir dispositivos com senhas administrativas robustas e distintas.
- ✓ Oferecer um ponto de contato público para que qualquer pessoa possa relatar uma vulnerabilidade nos dispositivos IoT fabricados. Essa ação pode ser encorajada através de programas de recompensa para quem encontrar e relatar as falhas (*bugs*), denominados de *bug bounty*.
- ✓ Estabelecer processos para identificar e corrigir rapidamente novas falhas de segurança ou aquelas relatadas pelos usuários de acordo com a criticidade da vulnerabilidade.
- ✓ Declarar o tempo mínimo em que o dispositivo receberá atualizações de segurança no ponto de venda, seja na loja física ou *on-line*, sendo ideal mencionar no manual de instruções, inclusive indicando os prazos de atualizações.
- ✓ Indicar na documentação da solução quais tipos de dados são coletados e tratados, citando se são criptografados ou anonimizados durante a transferência ou repouso dos dados.
- ✓ Comunicar os clientes em caso de identificação de falhas ou vulnerabilidades dos produtos e recomendações para sanar o problema ou mitigar os riscos.
- ✓ Adotar mecanismos de proteção na camada de *firmware*, que consiste na camada de software de baixo nível que fica entre o hardware e o sistema operacional. Garantir a integridade do *firmware* e futuras atualizações é essencial para a segurança do dispositivo, principalmente para impedir a injeção e execução de código malicioso durante o processo de inicialização.

- ✓ Garantir que todos os dados transmitidos entre o dispositivo IoT e a nuvem sejam confidenciais e à prova de adulteração, usando protocolos seguros, criptografados e certificados.

A arquitetura de IoT e a necessidade de segurança

O modelo teórico da arquitetura de uma solução de IoT é composto por sete camadas, cada uma com uma função específica. As camadas podem ser divididas em dois grupos:

1. Tecnologias Operacionais (TO)

Compreendem os dispositivos conectados diretamente aos elementos eletrônicos ou eletromecânicos com a capacidade de enviar controles e processar os dados coletados de forma rápida e segura, se necessário. Por esse motivo, as TO apresentam as seguintes características principais:

- ✓ Arquitetura baseadas em eventos
- ✓ Processamento de dados em tempo real
- ✓ Dados encontram-se em movimento constante, tanto para coleta ou para transmissão de informações

As camadas deste grupo são:

- ✓ Dispositivos físicos
- ✓ Conectividade
- ✓ Computação de borda ou *edge computing*
- ✓ Acumulação dos dados

2. Tecnologias da Informação (TI)

Correspondem aos sistemas que processam dados em alto nível para fins gerenciais, geração de valor e tomada de decisão. Apresentam as seguintes características:

- ✓ Arquitetura baseada em consultas
- ✓ Processamento dos dados em tempo não real
- ✓ Dados ficam em repouso na maior parte do tempo

As camadas deste grupo são:

- ✓ Abstração dos dados
- ✓ Aplicações e análise analítica
- ✓ Colaboração

Os dados fluem entre todas as camadas e podem ser divididos entre:

- ✓ **Dados úteis:** são dados coletados pelos dispositivos IoT tratados pelas camadas superiores. Também incluem o envio de informações complementares que podem ser adicionadas nas camadas intermediárias para enriquecimento dos dados.
- ✓ **Dados de controle:** são atividades de administração e gerenciamento, tais como comandos enviados para configurações dos dispositivos, *upgrade* de *firmware*, atualização de software, suporte técnico etc.
- ✓ **Política:** estabelecimento das configurações de segurança dos dispositivos e demais camadas da arquitetura. As políticas correspondem a: tipos de dados coletados, gestão de acessos, habilitação dos recursos de criptografia etc.

Camadas de segurança

Durante o planejamento de um projeto de IoT, a segurança deve ser considerada em cada uma das sete camadas, com o intuito de garantir uma proteção mais abrangente e adequada. Apresentamos a seguir as características de cada camada e as necessidades de segurança:

Camada 1. Dispositivos físicos

Dispositivos IoT apresentam uma peculiaridade que os diferencia dos sistemas tradicionais de computação, que é a necessidade de operar com baixíssimos níveis de energia, embora não necessitem operar de forma contínua em boa parte dos casos. O consumo eficiente de energia é extremamente importante para os projetos de IoT, pois trata-se de um dos principais fatores que afetam o TCO (*Total Cost of Ownership* – Custo Total de Propriedade). Um dispositivo IoT integra diversos elementos computacionais, como processadores, memória, elementos de comunicação, sensores e, opcionalmente, elementos de interação, como *display*. Por se tratar de um elemento extremamente otimizado, todos os componentes de hardware e software são limitados. Embora seja importante construir os dispositivos com segurança, não existe viabilidade técnica para instalar soluções tradicionais de segurança, como antivírus, *firewall* pessoal ou soluções mais modernas, como EDR (*Endpoint Detection and Response*). Desse modo, outros elementos de segurança devem ser considerados no desenvolvimento de soluções para minimizar os riscos de ataques cibernéticos.

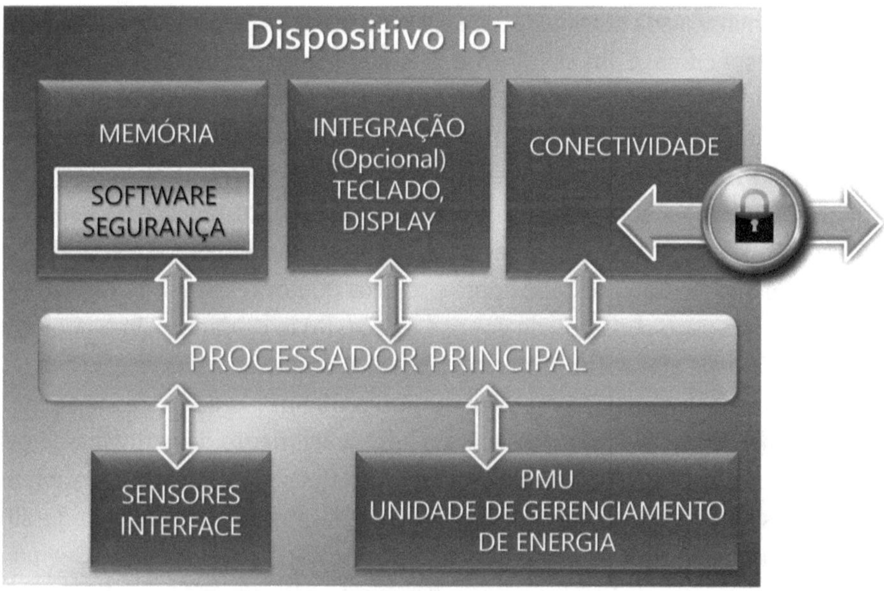

Figura 23.1. Elementos básicos de dispositivos IoT.
Fonte: o autor.

Propriedades de segurança a considerar:

- ✓ Processo de *boot* seguro
- ✓ Proteção de *upgrade* de *firmware*
- ✓ Módulos criptográficos baseados em hardware
- ✓ *Trusted Execution Environment* (TEE) em hardware
- ✓ *Root of Trust* (RoT) em hardware

Camada 2. Conectividade

Corresponde às unidades de comunicação e processamento de dados para transmissão. O primeiro passo antes de definir a tecnologia a ser usada para conectividade dos dispositivos é determinar o volume de dados que será gerado. Para fins de coleta, torna-se importante identificar cada tipo de dado, o tamanho total em *bytes* e o intervalo de coleta. Desse modo, ao determinar a taxa de transmissão associada a um dispositivo, é possível estipular a vazão de dados (*throughput*) em todas as fases de implantação e estimá-la ao longo da vida útil do projeto.

Outra característica importante é o alcance dos dispositivos, ou seja, a área em que os dispositivos serão instalados. Conhecendo a área e a quantidade de dispositivos, podemos determinar a sua densidade, ou seja, a quantidade de dispositivos instalados por uma área específica. Com as informações de *throughput*, alcance, densidade e consumo de energia dos dispositivos, já é possível determinar quais tecnologias de conectividade se podem atender à demanda. *Wi-fi*, por exemplo, pode alcançar altas taxas de transmissão e densidade, porém consome muita energia, o que pode inviabilizar muitos projetos. Tecnologias de redes privadas de longa distância e baixa potência (LPWA – *Low Power Wide Area*) são uma opção interessante, tais como LoRaWAN (*Long Range WAN*) e Sigfox. São indicados para projetos que necessitam de uma área de cobertura ampla, pouco consumo de energia e baixo fluxo de dados. Uma alternativa recente que promete alavancar o mercado de IoT é o mMTC (*massive Machine Type Communication* – comunicação massiva do tipo máquina), uma das especificações do 5G projetadas pelo 3GPP que possibilita o desenvolvimento de hardware de baixo custo, baixo consumo de energia, bateria de longa duração correspondente a pelo menos 10 anos de vida útil e altíssima densidade de dispositivos, na faixa de 1 milhão de sensores por quilômetro quadrado. Outra especificação importante do 3GPP para o 5G é o uRLLC (*ultra Reliable Low Latency Communication* – comunicação ultraconfiável e de baixa latência) para uso quando a confiabilidade da rede e a baixíssima latência são condições cruciais, como sistemas de produção de alta precisão, por exemplo.

Apesar das diversas opções de conectividade, alguns elementos de segurança devem ser observados na transmissão de dados, principalmente se existirem dados sensíveis:

- ✓ Habilitar somente serviços indispensáveis para comunicação, com o intuito de reduzir a superfície de ataques.
- ✓ Estabelecer processo de autenticação mútua entre a rede e os dispositivos para garantir que somente dispositivos autorizados tenham acesso à rede e que novos dispositivos não sejam conectados em redes falsas. O objetivo é evitar que invasores comprometam as conexões e garantir a fidedignidade e integridade dos dados transmitidos.
- ✓ Implementar mecanismos de controle de acesso, como *firewalls* de rede, que ajudam no controle de acesso aos dispositivos ao mesmo tempo que inibem ataques originados por dispositivos comprometidos. Os elementos de controle de acesso evitam a propagação dos ataques para outros segmentos da rede e reduzem os riscos que dispositivos contaminados façam parte de *botnets* (redes

de computadores controladas por *hackers*) e gerem ataques distribuídos de negação de serviço (DDoS – *Distributed Denial of Service*) em outras organizações.

- ✓ Utilizar protocolos seguros, como HTTPS, TLS (*Transport Layer Security*) e DTLS (*Datagram Transport Layer Security*).
- ✓ Adicionar criptografia nos protocolos tradicionais de troca de mensagens, como o uso de MTTQ (*Message Queuing Telemetry Transport*) com TLS.
- ✓ Evitar versões vulneráveis dos protocolos. Para TLS, por exemplo, usar somente versões acima de 1.2.
- ✓ Manter controles rígidos, concedendo acesso apenas a fontes confiáveis.

Camada 3. Computação de borda (*edge computing* ou *fog computing*)

O envio de altos volumes de dados gerados por centenas de milhares de dispositivos IoT diretamente para a nuvem pode consumir boa parte da largura de banda disponível nos *links* de internet e gerar congestionamentos. Além disso, o número de elementos de conectividade entre os dispositivos IoT e o ambiente de nuvem resulta em um aumento significativo na latência (atraso da comunicação). Essas condições inviabilizam projetos que exigem alta precisão ou de resposta em tempo real, pois o modelo atual de computação em nuvem pode não atender a essas premissas de forma eficiente. Desse modo, torna-se essencial que os recursos de processamento fiquem hospedados próximos aos dispositivos IoT, ou seja, localizados o mais perto possível da origem dos dados. A computação em borda abre novas oportunidades e pesquisas de aplicação. Entretanto, isso acarreta um grande desafio de segurança, pois um *edge datacenter* precisa incorporar diversas tecnologias de segurança que estão presentes em ambientes de nuvem ou em *datacenters* tradicionais. As medidas de segurança recomendadas são:

- ✓ Criptografia dos dados de acordo com o contexto (nível de confidencialidade dos dados, destino, finalidade).
- ✓ Estabelecer controles para garantir que apenas dispositivos autorizados possam enviar dados e determinados elementos possam obter essas informações.
- ✓ Inspeção dos dados (identificar perda de integridade, detectar alteração não autorizada etc.)
- ✓ Uso de mecanismos de controles de segurança, como *firewalls* e sistemas de prevenção de intrusos (IPS – *Intrusion Prevention System*) para evitar acessos não autorizados.
- ✓ Registro dos *logs* de transmissão de dados para fins de inspeção e auditoria.

Camada 4. Acumulação dos dados

Esta camada tem a finalidade de converter dados em movimento para dados em repouso e transformar a computação baseada em eventos em baseada em consultas. Trata-se, portanto, de uma camada de transição entre os ambientes de OT e TI. Muitos dados coletados dos dispositivos e processados na camada de *edge computing* geram informações úteis, como *insights* e novas visões para o gerenciamento da cadeia produtiva. Esses dados brutos são agregados e armazenados na camada de acumulação de dados. Nesta camada, os dados são reduzidos através da aplicação de filtros e armazenamento seletivo. Como resultado, os dados são convertidos e armazenados em bancos de dados para consultas futuras. Os seguintes elementos de proteção devem ser considerados:

- ✓ Criptografia dos dados transmitidos e armazenados.
- ✓ Proteção contra alteração não autorizada.
- ✓ Controle de acesso: permissionamento (leitura/escrita), autorização, registro.

Figura 23.2. Diagrama de arquitetura IoT.
Fonte: o autor, com base em Building Context (2014).

Camada 5. Abstração dos dados

Nesta camada é realizada a agregação dos dados obtidos a partir de uma ou mais fontes distintas. O processo consiste na análise e modelagem dos dados com o intuito de gerar uma representação simplificada das informações, reduzindo a sua complexidade. A partir das informações coletadas, é possível realizar uma série de análises de acordo com o objetivo que se deseja alcançar. Podemos ter análises descritivas, preditivas, prescritivas, cognitivas ou de diagnóstico. Esta camada facilita a construção de aplicativos, pois os dados são agrupados por categoria e finalidade e posteriormente formatados para consumo dos aplicativos, estabelecendo inclusive os protocolos de acesso. As seguintes propriedades de segurança devem ser observadas:

- ✓ Gerenciamento dos acessos, ao definir as fontes de origem dos dados e quais aplicativos são autorizados a consumir as informações processadas.
- ✓ Estabelecer controles de autenticação e autorização dos acessos.
- ✓ Garantia de integridade das informações, devendo utilizar algoritmos de *hash*, tais como a família de algoritmos de SHA-2 ou SHA-3.
- ✓ Controle de dados recebidos e consumidos de acordo com o objetivo do aplicativo.
- ✓ Criptografia de conectividade e de dados em repouso.
- ✓ A coleta de *logs* é importante para identificar tentativas inválidas de acesso que podem indicar tentativas de invasão.

Camada 6. Aplicação e análises analíticas

Os aplicativos que fazem uso de dados do IoT encontram-se nesta importante camada, onde são executadas a inteligência e a análise de negócios. As aplicações podem usufruir e interagir com os dados que foram coletados e agregados, aplicando algoritmos para fins de detecção de padrões, previsão e análise de tendências, identificação de problemas, como falhas, perda de desempenho ou incidentes e emissão de alertas. Por fim, desta camada são extraídas diversas informações cruciais para a tomada de decisão das áreas interessadas. Os seguintes aspectos de segurança devem ser considerados:

- ✓ Garantir que as aplicações sejam desenvolvidas de forma segura, adotando as melhores práticas de mercado (*security and privacy by design*).
- ✓ Identificar e corrigir periodicamente as vulnerabilidades encontradas, principalmente as de maior criticidade.
- ✓ Realizar testes de invasão, principalmente para aplicações expostas à internet.
- ✓ Controle de autorização de acesso, de acordo com o perfil dos usuários e as necessidades de uso dos aplicativos.
- ✓ Observar adequação às regulamentações setoriais e leis específicas de segurança e proteção de dados, como LGPD e GDPR, caso informações pessoais tenham sido coletadas.

- ✓ Autenticação de acesso, prevendo o uso de MFA (*Multi Factor Authentication*), caso existam dados confidenciais ou sensíveis ou o risco de envio de comandos inapropriados para os dispositivos.
- ✓ Aplicar sistemas complementares de segurança, como *firewalls*, sistemas de prevenção de intrusos, *Web Application Firewall* (WAF), dentre outros mecanismos de segurança.
- ✓ Coleta de *logs* de acesso, para correlação com *logs* de outras fontes. Se possível, encaminhar para sistemas que fazem coleta, análise, correlação e gerenciamento de eventos de segurança (SIEM – *Security Information and Event Management*).

Camada 7. Colaboração e integração de processos

Muitas vezes as informações obtidas dos dispositivos IoT precisam ser agregadas aos processos existentes na organização para maximizar o seu valor. As organizações podem utilizar aplicativos e processos que já estão adequados à sua lógica de negócios. Por esse motivo, pode ser mais interessante e produtivo que as informações obtidas da IoT sejam incorporadas aos processos e às aplicações existentes, contribuindo para aprimorar a gestão de cada área. Torna-se importante estabelecer uma interface entre a camada da aplicação que extrai informações valiosas dos variados dispositivos IoT e as aplicações existentes na organização que suportam os diversos processos, seja para fins estratégicos, táticos ou operacionais. Como podem existir inúmeras aplicações que necessitam utilizar os dados para finalidades distintas, torna-se importante desenvolver uma interface para as aplicações através de APIs (*Application Programming Interface*). Assim, é possível estabelecer um conjunto predefinido de padrões de programação, permitindo melhor integração entre sistemas, consumo e compartilhamento dos dados.

A segurança também é fundamental para esta camada:

- ✓ Desenvolver uma arquitetura modelo *zero trust* (confiança zero), ou seja, que requer a implementação de rígidos controles de acesso à informação, pois a abertura das informações, principalmente as mais sensíveis, para diversas áreas dentro ou fora da organização requer o estabelecimento de uma política rígida de acesso e consumo dos dados.
- ✓ Garantir que as APIs sejam desenvolvidas de forma segura (*security and privacy by design*).

- ✓ Executar análise de vulnerabilidades não apenas nas APIs, mas também em todos os elementos que fazem uso delas.
- ✓ Estabelecer controles de autorização de acesso às APIs com processos de validação das justificativas.
- ✓ Avaliar o permissionamento de acesso, considerando a privacidade, para APIs que disponham de dados pessoais.
- ✓ Controle de autenticação usando certificados digitais, se necessário.
- ✓ Criptografia de comunicação entre todos os sistemas.

Conclusão

IoT será uma tecnologia cada vez mais presente em nossa sociedade. Com frequência vamos deparar com soluções IoT implementadas ao nosso redor, como nas zonas urbanas de grandes cidades para aumentar a eficiência da gestão pública (como melhorar as condições de trânsito nos horários de pico, monitorar as condições da qualidade do ar, otimizar as despesas com iluminação, utilizar drones e câmeras inteligentes para vigilância e segurança pública, dentre outros incontáveis benefícios para o cidadão). A tendência de barateamento das soluções IoT impulsionará a adoção de dispositivos residenciais inteligentes para tornar nossa vida mais agradável e produtiva. Dispositivos vestíveis estarão presentes naturalmente com o intuito de aumentar a qualidade de vida e monitorar a nossa saúde. A indústria adotará cada vez mais IoT para aprimorar os processos de gestão e a eficiência da cadeia de produção. IoT terá uso massivo em sistemas de controle de energia, abastecimento de água, controle de poluentes, monitoramento de barragens, construção civil, transporte, agronegócio, dentre outras infinitas possibilidades.

IoT é uma tecnologia promissora que trará muitos benefícios para a sociedade como um todo. Por outro lado, toda essa evolução esbarra numa condição crucial que permeia todas as iniciativas voltadas ao uso da IoT, que é a segurança e a proteção de dados. A expansão da conectividade, um elemento fundamental para viabilizar a IoT, também amplia a superfície de ataques cibernéticos que podem resultar em grandes riscos para a sociedade. Dependendo do grau de integração da IoT com equipamentos físicos, um ataque cibernético pode interromper totalmente ou parcialmente serviços para a população ou uma indústria. Nessas circunstâncias, os impactos podem ir além de prejuízos financeiros ou da imagem da organização ou região afetada. Pode gerar danos à saúde ou à integridade física dos cidadãos ou ainda resultar em um temor generalizado. Por esse motivo, a segurança deve ser incorporada em todos os elementos que fazem parte da cadeia da IoT.

Organismos de padronização precisam debater os problemas e encontrar soluções que possam ser amplamente adotadas no mercado. Fabricantes devem conhecer as diretrizes estabelecidas na comunidade de segurança para incorporá-las aos processos de fabricação de soluções e à prestação de serviços. Consumidores devem assumir uma postura adequada ao utilizar produtos confiáveis e minimizar os riscos de segurança. E, por fim, organismos legais e regulatórios devem implementar políticas públicas e leis que regulamentem a segurança da IoT, prevendo mecanismos de fiscalização e auditoria. De fato, o mercado em geral precisa caminhar com passos firmes rumo ao uso adequado e consciente da IoT, de modo que a sociedade possa usufruir dos benefícios da tecnologia sem incorrer em grandes riscos.

Considerações finais

Os autores

Em todas as pesquisas e estudos sobre os principais riscos a que a comunidade internacional está sujeita, a segurança da informação está entre as cinco mais importantes. Não tínhamos este cenário dez anos atrás. Provavelmente a relevância do tema irá continuar no topo por muitos anos. As discussões, estratégias e planos de ação relacionados à segurança estarão em todos os níveis. As tomadas de decisão no nível estratégico precisam incluir a segurança da informação no processo. Isso também precisa ocorrer nos níveis táticos e operacionais. Este livro buscou abordar a segurança da informação em todas as suas camadas, iniciando na visão estratégica e indo até aspectos técnicos e operacionais, passando por pessoas. Pessoas são fundamentais em todos os processos para lidar com a segurança da informação com sucesso.

Como vimos, é nítido que a segurança da informação é muito importante para as organizações. Ser invadido não é apenas uma ameaça direta aos dados confidenciais das empresas. Uma situação dessa também pode arruinar seus relacionamentos com os clientes, colocá-los em risco legal ou mesmo parar a operação. O fato é que, independentemente do seu negócio ser pequeno ou uma grande multinacional, ele depende de sistemas computacionais todos os dias. Não há como relegar essa realidade. Cada vez mais empresas estão migrando seu negócio para o ambiente *on-line*. Com as novas tecnologias, de carros autônomos a sistemas de segurança doméstica habilitados para a internet, os perigos do crime cibernético se tornam ainda mais sérios. Sem políticas adequadas, tecnologia e pessoas conscientes para garantir a segurança, os riscos de acessos indesejados, quebra de sigilo e fraudes nas comunicações são problemas constantes.

A segurança da informação busca cuidar de um dos principais ativos das organizações modernas: a informação. Se você e a organização onde trabalha não derem o devido foco a esse ativo, outros darão, causando grandes prejuízos. Caso ainda não tenha feito, priorize a segurança da informação nas decisões empresariais e nas pessoais.

Experimentos do livro

O desenvolvimento de um livro da Jornada Colaborativa é sempre uma experiência diferente. Juntam-se pessoas diferentes, cada uma com desejos, expectativas, disponibilidades e sonhos próprios, para construir um conteúdo inédito e que traga valor aos diversos tipos de leitoras e leitores. Começamos com o objetivo de trazer informações básicas para iniciantes e avançadas para os mais experientes. A busca é por ter o conteúdo mais prático possível. Foi um grande desafio, pois o tema é vasto e está evoluindo muito rápido. Com o esforço e a dedicação de cada um dos coautores e o apoio dos curadores, o livro se concretizou, e todos esperamos ter alcançado nossos objetivos. Você, leitora ou leitor, vai nos dizer. Esperamos poder ajudar os profissionais e organizações a ter seus processos e sistemas mais seguros e que melhor atendam aos seus objetivos.

Referências

ABES. **Gartner divulga as oito principais previsões de cibersegurança para 2023-2024.** 17 abr. 2023. Disponível em: <https://abes.com.br/gartner-divulga-as-oito-principais-previsoes-de-ciberseguranca-para-2023-2024/>. Acesso em: 08 dez. 2023.

ABNT. **ABNT NBR ISO/IEC 27001:2013:** Tecnologia da informação — Técnicas de segurança — Sistemas de gestão da segurança da informação — Requisitos. Associação Brasileira de Normas Técnicas, 2013.

ACAR, G.; ENGLEHARDT, S.; NARAYANAN, A. No boundaries for user identities: web trackers exploit browser login managers. **Freedom to Tinker**, Dec. 27, 2017. Disponível em: <https://freedom-to-tinker.com/2017/12/27/no-boundaries-for-user-identities-web-trackers-exploit-browser-login-managers/>. Acesso em: 12 dez. 2023.

AGUILAR, L. A. The Need for Greater Focus on the Cybersecurity Challenges Facing Small and Midsize Businesses. **U.S. Securities and Exchange Commission**, Oct. 19, 2015. Disponível em: <https://www.sec.gov/news/statement/cybersecurity-challenges-for-small-midsize-businesses.html>. Acesso em: 11 dez. 2023.

ANATEL. **Painéis de dados > Acompanhamento e Controle > 5G.** Disponível em: <https://informacoes.anatel.gov.br/paineis/acompanhamento-e-controle/5g>. Acesso em: 19 fev. 2024.

ASHTON, K. That 'Internet of Things' Thing. **RFID Journal**, June 22, 2009. Disponível em: <https://www.rfidjournal.com/that-internet-of-things-thing-3>. Acesso em: 13 dez. 2023.

BALL, M. **Metaverso:** o que é, como funciona e porque vai revolucionar o mundo? Lisboa: Alma dos Livros, 2022. ISBN 9789895700622.

BARTH, B. Tech giants encouraging adoption of hardware-based auth keys. **SC Media**, Oct. 13, 2021. Disponível em: <https://www.scmagazine.com/analysis/physical-security/tech-giants-encouraging-adoption-of-hardware-based-auth-keys>. Acesso em: 12 dez. 2023.

BARTH, B. Telegram bots used in phishing operation that bypasses one-time passwords. **SC Media**, Sep. 30, 2021. Disponível em: <https://www.scmagazine.com/analysis/phishing/telegram-bots-used-in-phishing-operation-that-bypasses-one-time-passwords>. Acesso em: 12 dez. 2023.

BAUMHART, R. S. J. **Ética em negócios.** Rio de Janeiro: Expressão e Cultura, 1971.

BIANCO, D. J. The Pyramid of Pain. **Enterprise Detection & Response**, Mar. 1, 2013. Updated: Jan. 17, 2014. Disponível em: <https://detect-respond.blogspot.com/2013/03/the-pyramid-of-pain.html>. Acesso em: 16 fev. 2024.

BRANDEIS, L.; WARREN, S. D. The Right to Privacy. **Harvard Law Review**, vol. IV, n. 5, Dec. 15, 1890.

BRASIL. **Decreto nº 10.222, de 5 de fevereiro de 2020.** Aprova a Estratégia Nacional de Segurança Cibernética. Disponível em: <https://www.planalto.gov.br/ccivil_03/_ato2019-2022/2020/decreto/d10222.htm>. Acesso em: 16 fev. 2024.

BRASIL. **Lei nº 13.709, de 14 de agosto de 2018.** Lei Geral de Proteção de Dados Pessoais (LGPD). Disponível em: <https://www.planalto.gov.br/ccivil_03/_ato2015-2018/2018/lei/l13709.htm>. Acesso em: 12 dez. 2023.

BRASIL. **Lei nº 14.155, de 27 de maio de 2021.** Altera o Decreto-Lei nº 2.848, de 7 de dezembro de 1940 (Código Penal), para tornar mais graves os crimes de violação de dispositivo informático, furto e estelionato cometidos de forma eletrônica ou pela internet; e o Decreto-Lei nº 3.689, de 3 de outubro de 1941 (Código de Processo Penal), para definir a competência em modalidades de estelionato. Disponível em: <https://www.planalto.gov.br/ccivil_03/_ato2019-2022/2021/lei/l14155.htm>. Acesso em: 12 dez. 2023.

BROMILEY, M. SANS 2022 Report: Moving to a State of Zero Trust. **SANS**, Aug. 17, 2022.

BROSTOFF, A. **Improving password system effectiveness.** 2004. 316f. Tese (Doctor of Philosophy of the University of London) – Department of Computer Science, University College London, London, 2004.

BUILDING CONTEXT. **IOT Reference Model Introduced at IOT World Forum 2014.** Oct. 20, 2014. Disponível em: <https://buildingcontext.me/2014/10/20/iot-reference-model-introduced-at-iot-world-forum-2014/>. Acesso em: 26 fev. 2024.

CECYBER. Metaverso Seguro: Preparação para a inovação do momento. **YouTube**, 20 out. 2022. Disponível em: <https://www.youtube.com/watch?v=U0lbMVhfTVs&t=1928s>. Acesso em: 12 dez. 2023.

CHAPPELL UNIVERSITY. **One-Year Access to Laura Chappell's Online Courses.** Disponível em: <https://www.chappell-university.com/all-access-pass>. Acesso em: 12 dez. 2023.

CHARLEAUX, L. Google Passkey é lançado para 'matar' senhas; veja como usar no Chrome. **TecMundo**, 10 dez. 2021. Disponível em: <https://www.tecmundo.com.br/seguranca/256738-google-passkey-lancado-matar-senhas-veja-usar-chrome.htm>. Acesso em: 12 dez. 2023.

CHUI, M.; COLLINS, M.; PATEL, M. IoT value set to accelerate through 2030: where and how to capture it. **McKinsey Digital**, Nov. 9, 2021. Disponível em: <https://www.mckinsey.com/capabilities/mckinsey-digital/our-insights/iot-value-set-to-accelerate-through-2030-where-and-how-to-capture-it>. Acesso em: 19 fev. 2024.

CLARK, R. A; KNAKE, R. K. **Guerra Cibernética:** a próxima ameaça à segurança e o que fazer a respeito. Rio de Janeiro: Brasport, 2015.

CLEARY, L. Query event logs with PowerShell to find malicious activity. **TechTarget**, May 17, 2022. Disponível em: <https://searchwindowsserver.techtarget.com/tutorial/Query-event-logs-with-PowerShell-to-find-malicious-activity>. Acesso em: 12 dez. 2023.

COMMON WEAKNESS ENUMERATION. Site. Disponível em: <https://cwe.mitre.org/>. Acesso em: 12 dez. 2023.

CSIS. **Next War Online:** Using Cyber Games to Understand Emerging Threats. Sep. 12, 2023. Disponível em: <https://www.csis.org/events/next-war-online-using-cyber-games-understand-emerging-threats>. Acesso em: 16 fev. 2024.

CTIR GOV. **Padrões para notificação de incidentes de segurança ao CTIR Gov.** 29 jun. 2020. Atualizado em 24 mar. 2023. Disponível em: <https://www.gov.br/ctir/pt-br/canais_atendimento/padroes-para-notificacao-de-incidentes-de-seguranca-ao-ctir-gov>. Acesso em: 12 dez. 2023.

DAVIN, C. Password Requirements – GDPR, ISO 27001/27002, PCI DSS, NIST 800-53. **Toolkit by Davin Tech Group**, Feb. 26, 2020. Disponível em: <https://davintechgroup.com/toolkit/password-requirements-gdpr-iso-27001-27002-pci-dss-nist-800-53/>. Acesso em: 12 dez. 2023.

DELOITTE; FEBRABAN. **Pesquisa Febraban de Tecnologia Brasileira.** Vol. 2. 2023. Disponível em: <https://cmsarquivos.febraban.org.br/Arquivos/documentos/PDF/Pesquisa%20Febraban%20de%20Tecnologia%20Banc%C3%A1ria%202023%20-%20Volume%202.pdf>. Acesso em: 26 fev. 2024.

DIAS, C. **Segurança e Auditoria da Tecnologia da Informação.** Rio de Janeiro: Axcel Books, 2000.

DOWD, M. MCDONALD J.; SCHUH, J. **The Art of Software Security Assessment:** identifying and preventing software vulnerabilities (Volume 1 of 2). Indianapolis, IN: Addison-Wesley, 2007. ISBN 0321444426.

DURBANO, V. O que é SOAR (Security Orchestration Automation and Response)? **Ecotrust**, 04 jul. 2019. Disponível em: <https://blog.ecoit.com.br/o-que-e-soar/>. Acesso em: 12 dez. 2023.

ENGEBRETSON, P. **Introdução ao Hacking e aos Testes de Invasão:** facilitando o hacking ético e os testes de invasão. São Paulo: Novatec, 2014.

ENISA. **Beware of the Sim Swapping Fraud!** Dec. 06, 2021. Disponível em: <https://www.enisa.europa.eu/news/enisa-news/beware-of-the-sim-swapping-fraud>. Acesso em: 12 dez. 2023.

ENISA. **NFV Security in 5G:** challenges and best practices. European Union Agency for Cyber Security, Feb. 2022.

ENTENDA o caso de Edward Snowden, que revelou espionagem dos EUA. **G1 Mundo**, 02 jul. 2013. Atualizado em 14 fev. 20214. Disponível em: <https://g1.globo.com/mundo/noticia/2013/07/entenda-o-caso-de-edward-snowden-que-revelou-espionagem-dos-eua.html>. Acesso em: 12 dez. 2023.

ENZOIC. **A Brief Summary of NIST Password Guidelines.** Disponível em: <https://www.enzoic.com/nist-password-guidelines/>. Acesso em: 12 dez. 2023.

ERICSSON. **Ericsson Mobility Report November 2023.** Disponível em: <https://www.ericsson.com/en/reports-and-papers/mobility-report/reports/november-2023>. Acesso em: 19 fev. 2024.

FAIFE, C. Apple, Google, and Microsoft will soon implement passwordless sign-in on all major platforms. **The Verge**, May 05, 2022. Disponível em: <https://www.theverge.com/2022/5/5/23057646/apple-google-microsoft-passwordless-sign-in-fido>. Acesso em: 12 dez. 2023.

FILHO, D. R. A Diretiva Europeia sobre proteção de dados pessoais. **Jus.com.br**, 06 fev. 2013. Disponível em: <https://jus.com.br/artigos/23669/a-diretiva-europeia-sobre-protecao-de-dados-pessoais>. Acesso em: 13 dez. 2023.

FORBES BRASIL. Forbes Live: O metaverso e seus impactos no futuro da educação. **YouTube**, 18 fev. 2022. Disponível em: <https://www.youtube.com/live/4Nk6AhuyyeQ>. Acesso em: 12 dez. 2023.

FORTUNATO, D. *et al.* Os limites do empregador no âmbito de investigações corporativas. **Consultor Jurídico**, 09 jul. 2021. Disponível em: <https://www.conjur.com.br/2021-jul-09/opiniao-limites-empregador-investigacoes-corporativas#_ftn2>. Acesso em: 13 dez. 2023.

GARBIS, J.; CHAPMAN, J. W. **Zero Trust Security:** an enterprise guide. Berkeley, CA: Apress, 2021.

GARDNER, H. Estruturas da Mente: a teoria das inteligências múltiplas. Porto Alegre: Artes Médicas Sul, 1994.

GILMAN, E.; BARTH, D. **Zero Trust Networks:** building secure systems in untrusted networks. Sebastopol, CA: O'Reilly Media, 2017.

GREIG, J. Coinbase pays out largest bug bounty ever for trading interface flaw. **Zdnet**, Feb. 22, 2022. Disponível em: <https://www.zdnet.com/finance/blockchain/coinbase-pays-out-largest-bug-bounty-ever-for-trading-interface-flaw/>. Acesso em: 11 dez. 2023.

HACKERONE. **What Is Attack Surface Management and a 5-Step ASM Process.** Disponível em: <https://www.hackerone.com/knowledge-center/what-attack-surface-management-and-5-step-asm-process>. Acesso em: 11 dez. 2023.

HERZOG, P. **OSSTMM 3:** The Open Source Security Testing Methodology Manual. ISECOM, 2010. Disponível em: <https://www.isecom.org/OSSTMM.3.pdf>. Acesso em: 11 dez. 2023.

IBM. **Cost of Data Breach Report 2023.** Disponível em: <https://www.ibm.com/security/data-breach>. Acesso em: 11 dez. 2023.

ILLUSIVE. **Attack Surface Manager Technical Overview.** Illusive Newtworks, 2018. Disponível em: <https://www.ecura.at/wp-content/uploads/2019/10/Illusive-Brochure-Attack-Surface-Manager-Technical-Overview.pdf>. Acesso em: 11 dez. 2023.

IPNEWS. **IoT deve crescer a quase 20% por ano no Brasil até 2027, aponta estudo.** 25 abr. 2023. Disponível em: <https://ipnews.com.br/iot-deve-crescer-a-quase-20-por-ano-no-brasil-ate-2027-aponta-estudo/>. Acesso em: 19 fev. 2024.

ISO. **ISO/IEC 27000:2018** — Information technology — Security techniques — Information security management systems — Overview and vocabulary. International Organization for Standardization, 2018.

IT GOVERNANCE. **IT governance:** definition & explanation. Disponível em: <https://www.itgovernance.co.uk/it_governance>. Acesso em: 16 fev. 2024.

JERIMY, P. **Security Certification Roadmap.** Aug. 13, 2022. Disponível em: <https://pauljerimy.com/security-certification-roadmap/>. Acesso em: 12 dez. 2023.

JOHANSEN, G. **Digital Forensics and Incident Response:** incident response techniques to respond to modern cyber threats. 2.ed. Birmingham: Packt Publishing, 2020.

JOHNSON, K. Cyber-war gaming: a cybersecurity tabletop exercise. **TechTarget**, 03 May, 2022. Disponível em: <https://www.techtarget.com/searchsecurity/feature/Cyber-war-gaming-A-cybersecurity-tabletop-exercise>. Acesso em: 11 dez. 2023.

KAPLAN, R. S.; NORTON, D. P. The Balanced Scorecard: measures that drive performance. **Harvard Business Review**, Jan.-Feb. 1992. Disponível em: <https://hbr.org/1992/01/the-balanced-scorecard-measures-that-drive-performance-2>. Acesso em: 11 dez. 2023.

KENT, K.; SOUPPAYA, M. **Guide to Computer Security Log Management:** recommendations of the National Institute of Standards and Technology. Special Publication 800-92. Gaithersburg, MD: NIST, Sep. 2006. Disponível em: <https://nvlpubs.nist.gov/nistpubs/Legacy/SP/nistspecialpublication800-92.pdf>. Acesso em: 12 dez. 2023.

KINDERVAG, J. No More Chewy Centers: The Zero Trust Model of Information Security. **Forrester**, Mar. 23, 2016.

KISSEL, J. **Aprendendo a proteger suas senhas.** 2.ed. São Paulo: Novatec, 2017.

KOVACS, E. 70 Percent of IoT Devices Vulnerable to Cyberattacks: HP. **Securityweek**, July 29, 2014. Disponível em: <https://www.securityweek.com/70-iot-devices-vulnerable-cyberattacks-hp/>. Acesso em 26 fev. 2024.

LARA, R. Hackers podem invadir e controlar marcapassos? **Tilt UOL**, 17 jan. 2022. Disponível em: <https://www.uol.com.br/tilt/noticias/redacao/2022/01/17/hackers-podem-invadir-e-controlar-marcapassos.htm>. Acesso em: 12 dez. 2023.

LASTPASS. **Um modelo de criptografia que prioriza sua segurança.** Disponível em: <https://www.lastpass.com/pt/security/zero-knowledge-security>. Acesso em: 12 dez. 2023.

LICHT, K. **A Máquina de Turing.** Joinville, SC: Clube de Autores, 2019.

LIYANAGE, M. *et al.* (eds.) **A Comprehensive Guide to 5G Security.** Hoboken, NJ: John Wiley & Sons, 2018.

LONGO, W. Metaverso – Onde Você Vai Viver e Trabalhar em Breve. **YouTube**, 17 dez. 2021. Disponível em: <https://youtu.be/IqTC4lsxNfk>. Acesso em: 12 dez. 2023.

MCDONALD, A. 5G, Edge, and Industry 4.0 Q&A. **SNIA**, Mar. 22, 2022. Disponível em: <https://sniacloud.com/5g-edge-and-industry-4-0-qa/>. Acesso em: 19 fev. 2024.

MICROSOFT. **Event types.** July 1st, 2021 Disponível em: <https://learn.microsoft.com/en-us/windows/win32/eventlog/event-types>. Acesso em: 12 dez. 2023.

MICROSOFT. **The Convergence of IT and Operational Technology:** cyber risks to critical infrastructure on the rise. Cyber Signals. Dec. 2022. Disponível em: <https://query.prod.cms.rt.microsoft.com/cms/api/am/binary/RE5daTD>. Acesso em: 13 dez. 2023.

MILLER, L. **Zero Trust Access for dummies.** Hoboken, NJ: John Wiley & Sons, 2022.

MINDSECBLOG. Wazuh pode melhorar a segurança digital para empresas. **Minuto da Segurança**, 02 fev. 2022. Disponível em: <https://minutodaseguranca.blog.br/wazuh-pode-melhorar-a-seguranca-digital-para-empresas/>. Acesso em: 12 dez. 2023.

MINISTÉRIO DA CIÊNCIA, TECNOLOGIA E INOVAÇÃO. **Lei da Internet das Coisas é sancionada pelo presidente da República.** 17 dez. 2020. Atualizado em 03 nov. 2022. Disponível em: <https://www.gov.br/mcti/pt-br/acompanhe-o-mcti/noticias/2020/12/lei-da-internet-das-coisas-e-sancionada-pelo-presidente-da-republica>. Acesso em: 13 dez. 2023.

MINISTÉRIO PÚBLICO FEDERAL – SECRETARIA DE PERÍCIA, PESQUISA E ANÁLISE. **Orientações para preservação da cadeia de custódia de vestígios digitais:** com base na Lei Anticrime nº 13.964/2019. Brasília: MPF, 2020. Disponível em: <http://bibliotecadigital.mpf.mp.br/bdmpf/bitstream/handle/11549/222766/MPF_OPCCVD.pdf?sequence=1&isAllowed=y>. Acesso em: 12 dez. 2023.

MITNICK, K. D.; SIMON, W. L. **Mitnick:** a arte de enganar. São Paulo: Pearson, 2003.

MITRE ATT&CK®. Site. Disponível em: <https://attack.mitre.org/>. Acesso em: 11 dez. 2023.

MOHANAKRISHNAN, R. What Is Threat Modeling? Definition, Process, Examples, and Best Practices. **Spiceworks**, Aug. 23, 2021. Disponível em: <https://www.spiceworks.com/it-security/network-security/articles/what-is-threat-modeling-definition-process-examples-and-best-practices/>. Acesso em: 11 dez. 2023.

MORRIS, R.; THOMPSON, K. Password security: a case history. **Communications of the ACM**, 22, 1979, p. 594-597.

MUELLER, N. Credential Stuffing. **OWASP**, s.d. Disponível em: <https://owasp.org/www-community/attacks/Credential_stuffing#>. Acesso em: 12 dez. 2023.

MUNIZ, A. **Antifrágil 10X:** unindo pessoas e tecnologia para multiplicar resultado$. Rio de Janeiro: Brasport, 2023.

NATIONAL CYBER SECURITY CENTRE. **Device Security Guidance.** Network architectures. Disponível em: <https://www.ncsc.gov.uk/collection/device-security-guidance/infrastructure/network-architectures#section_2>. Acesso em: 11 dez. 2023.

NBR/ISO 27002: Código de prática para controles de segurança da informação. 2013.

NEWMAN, L. H. A Big Bet to Kill the Password for Good. **Wired**, Mar. 17, 2022. Disponível em: <https://www.wired.com/story/fido-alliance-ios-android-password-replacement/>. Acesso em: 12 dez. 2023.

NIST. **NIST SP 800-30 Rev. 1 Guide for Conducting Risk Assessments.** Sep. 2012. Disponível em: <https://csrc.nist.gov/publications/detail/sp/800-30/rev-1/final>. Acesso em: 11 dez. 2023.

NIST. **NIST SP 800-30.** Jan. 12, 2020. Updated Apr. 23, 2021. Disponível em: <https://www.nist.gov/privacy-framework/nist-sp-800-30>. Acesso em: 11 dez. 2023.

NIST. **NIST SP 800-53 Rev. 5.** Security and Privacy Controls for Information Systems and Organizations. Jan. 16, 2020. Disponível em: <https://www.nist.gov/privacy-framework/nist-sp-800-53>. Acesso em: 13 dez. 2023.

OECD. **Diretrizes sobre proteção da privacidade e dos fluxos transfronteiriços de dados pessoais.** Organization for Economic Cooperation and Development, 1980.

ONESPAN. **FIDO Authentication.** Disponível em: <https://www.onespan.com/products/fido>. Acesso em: 12 dez. 2023.

OWASP CHEAT SHEET SERIES. **Credential Stuffing Prevention Cheat Sheet.** Disponível em: <https://cheatsheetseries.owasp.org/cheatsheets/Credential_Stuffing_Prevention_Cheat_Sheet.html>. Acesso em: 12 dez. 2023.

OWASP. Site. Disponível em: <https://owasp.org>. Acesso em: 12 dez. 2023.

PEREZ, C. The Top Growth Opportunities for IoT in 2023. **Frost & Sullivan**, Mar. 14, 2023. Disponível em: <https://www.frost.com/frost-perspectives/the-top-growth-opportunities-for-iot-in-2023/>. Acesso em: 16 fev. 2024.

PORTO, J. GDPR Parte 1 – Conceitos Iniciais. **Audiit**, 26 mar. 2018. Disponível em: <https://audiit.wordpress.com/2018/03/26/gdpr-parte-1-conceitos-iniciais/>. Acesso em: 13 dez. 2023.

PRATT, M. K. What is zero trust? A model for more effective security. **CSO**, Mar. 07, 2023. Disponível em: <https://www.csoonline.com/article/3247848/what-is-zero-trust-a-model-for-more-effective-security.html>. Acesso em: 12 dez. 2023.

PRITAM, N. Money makes the cyber-crime world go round – Verizon Business 2020 Data Breach Investigations Report. **Verizon**, May 19, 2020. Disponível em: <https://www.verizon.com/about/news/verizon-2020-data-breach-investigations-report>. Acesso em: 11 dez. 2023.

PROOFPOINT. **State of the Phish 2023:** Brasil. 2023. Disponível em: <https://www.proofpoint.com/br/resources/threat-reports/state-of-phish>. Acesso em: 11 dez. 2023.

PTES. Main Page. **Penetration Testing Executive Standard**, 16 Aug. 2014. Disponível em: <http://www.pentest-standard.org/index.php/Main_Page>. Acesso em: 11 dez. 2023.

RANJAN, R. Password Spraying Attack. **OWASP**, s.d. Disponível em: <https://owasp.org/www-community/attacks/Password_Spraying_Attack>. Acesso em: 12 dez. 2023.

REIS, A. Carro conectado: hacker pode abrir portas, frear e roubar dados a distância. **UOL**, 06 ago. 2019. Disponível em: <https://www.uol.com.br/carros/noticias/redacao/2019/08/06/carro-conectado-hacker-pode-abrir-portas-frear-e-roubar-dados-a-distancia.htm>. Acesso em: 12 dez. 2023.

RHODES-OUSLEY, M. **Information security:** the complete reference. 2nd.ed. New York, NY: McGraw-Hill Education, 2013.

ROSE, S. *et al.* **Zero Trust Architecture.** U.S. Department of Commerce; National Institute of Standards and Technology, 2020.

SCHNEIER, B. **Secrets & Lies:** digital security in a networked world. 15th Anniversary Edition. Hoboken, NJ: John Wiley & Sons, 2000.

SIEBERG, D. Hackers shift focus to financial gain. **CNN.com**, Sep. 26, 2005. Disponível em: <https://edition.cnn.com/2005/TECH/internet/09/26/identity.hacker/>. Acesso em: 12 dez. 2023.

SMITH, R. E. The strong password dilemma. *In*: SMITH, R. E. **Authentication:** from passwords to public keys. Boston, MA: Addison-Wesley, 2002.

SONICWALL. **Relatório de ameaças cibernéticas da SonicWall 2023.** Disponível em: <https://www.sonicwall.com/pt-br/2023-cyber-threat-report/>. Acesso em: 19 fev. 2024.

SPITZNER, L. SANS 2022 Security Awareness Report. **SANS**, June 28, 2022. Disponível em: <https://www.sans.org/blog/sans-2022-security-awareness-report/>. Acesso em: 11 dez. 2023.

TECH ACCORD. **Joint statement of support on consumer IoT device security.** Feb. 15, 2022. Disponível em: <https://cybertechaccord.org/industry-hackers-and-consumers-for-a-global-baseline-for-consumer-iot-security/>. Acesso em: 13 dez. 2023.

TENORIO, F. G. (org.). **Tecnologia da informação transformando as organizações e o trabalho.** Rio de Janeiro: FGV, 2015.

TOUBBA, K. Notice of Recent Security Incident. **LastPass**, Dec. 22, 2022. Disponível em: <https://blog.lastpass.com/2022/11/notice-of-recent-security-incident/>. Acesso em: 12 dez. 2023.

TRIBUNAL EUROPEU DOS DIREITOS DO HOMEM. **Convenção Europeia dos Direitos do Homem.** Roma, 04 nov. 1950.

TST. **Recurso de Revista: RR XXXXX-64.2016.5.12.0030** – inteiro teor. Tribunal Superior do Trabalho. 8ª Turma. 25 out. 2019. Disponível em: <https://www.jusbrasil.com.br/jurisprudencia/tst/773586037/inteiro-teor-773586104>. Acesso em: 16 fev. 2024.

TUNG, L. FBI warns: SIM-swapping attacks are rocketing, don't brag about your crypto online. **ZDNet**, Feb. 09, 2022. Disponível em: <https://www.zdnet.com/finance/blockchain/fbi-warns-sim-swapping-attacks-are-rocketing-dont-brag-about-your-crypto-online/>. Acesso em: 12 dez 2023.

ULBERT, S. The Evolution of Security With FIDO Protocols. **Nevis**, Jan. 06, 2022. Disponível em: <https://www.nevis.net/en/blog/blog/fido-protocols-explained-u2f-uaf-webauthn-fido2>. Acesso em: 12 dez. 2023.

UNIÃO EUROPEIA. **Carta dos Direitos Fundamentais da União Europeia.** Luxemburgo: Serviço das Publicações da União Europeia, 2000. Disponível em: <https://op.europa.eu/webpub/com/carta-dos-direitos-fundamentais/pt/>. Acesso em: 13 dez. 2023.

UNITED STATES HOLOCAUST MUSEUM. **Localizando as vítimas.** Disponível em: <https://encyclopedia.ushmm.org/content/pt-br/article/locating-the-victims>. Acesso em: 13 dez. 2023.

VERAS, M. **Cloud Computing:** nova arquitetura da TI. Rio de Janeiro: Brasport, 2012.

VERIZON. **Data Breach Investigations Report.** 2008-2022. Disponível em: <https://www.verizon.com/business/en-gb/resources/2022-data-breach-investigations-report-dbir.pdf>. Acesso em: 11 dez. 2023.

WAGENSEIL, P. Finding FIDO: What Fast Identity Online is and how it works. **SC Media**, June 30, 2022. Disponível em: <https://www.scmagazine.com/resource/identity-and-access/finding-fido-what-fast-identity-online-is-and-how-it-works>. Acesso em: 12 dez. 2023.

WEINERT, A. Your Pa$$word doesn't matter. **Microsoft Entra Blog**, July 09, 2019. Last update: Nov. 09, 2023. Disponível em: <https://techcommunity.microsoft.com/t5/microsoft-entra-azure-ad-blog/your-pa-word-doesn-t-matter/ba-p/731984>. Acesso em: 12 dez. 2023.

WIKIPEDIA. **Back to the future.** Disponível em: <https://pt.wikipedia.org/wiki/Back_to_the_Future>. Acesso em: 12 dez. 2023.

WIKIPEDIA. **Edward Snowden.** Disponível em: <https://en.wikipedia.org/wiki/Edward_Snowden>. Acesso em: 12 dez. 2023.

WIKIPEDIA. **Soft skills.** Disponível em: <https://en.wikipedia.org/wiki/Soft_skills>. Acesso em: 12 dez. 2023.

WIKIPEDIA. **Zero Trust Security Model.** Disponível em: <https://en.wikipedia.org/wiki/Zero_trust_security_model>. Acesso em: 11 dez. 2023.

WILSON, M. NetFlow vs sFlow? What's the Difference? **PCWDLD.com**, Apr. 03, 2023. Disponível em: <https://www.pcwdld.com/netflow-vs-sflow#wbounce-modal>. Acesso em: 12 dez. 2023.

WORLD ECONOMIC FORUM. **Global Cybersecurity Outlook 2024.** Jan. 11, 2024a. Disponível em: <https://www.weforum.org/publications/global-cybersecurity-outlook-2024/>. Acesso em: 26 fev. 2024.

WORLD ECONOMIC FORUM. **Global Risks Report 2024** - 19th Edition. Jan. 10, 2024b. Disponível em: <https://www.weforum.org/publications/global-risks-report-2024/> Acesso em: 26 fev. 2024.

Dedicatória e agradecimentos

Dedico mais um livro colaborativo aos amores da minha vida: meus filhos Lucas e Luisa e minha esposa Keila. Agradeço a Deus essa nova conquista e parabenizo a liderança do Walther Krause pela mobilização do time desde os primeiros movimentos do livro, os organizadores Marlon, Ramiro, Rodrigo e Yanis e todos os coautores pela dedicação que resultou nesta obra incrível. Agradeço a meus familiares, amigos e aos milhares de alunos, leitores e participantes das minhas palestras pela grande receptividade e troca de experiências que me tornam uma pessoa melhor a cada dia.

Antonio Muniz
Fundador da Jornada Colaborativa e CEO Advisor 10X

Agradeço primeiramente a Deus, por me proporcionar a oportunidade da vida e me dar força e saúde. Sem isso, não seria possível superar os obstáculos e prosseguir.

Agradeço aos meus pais por me ensinarem o valor da vida, do caráter e da dedicação. À minha esposa, que sempre me deu apoio e me ajudou em tudo que foi necessário, incentivando-me a todo o tempo para que eu pudesse dar o melhor de mim. Quero agradecer especialmente ao Antonio Muniz pela maestria na liderança da Jornada Colaborativa e a todos os organizadores.

Diego Souza
Curador e coautor

Agradeço aos meus pais, que sempre me incentivaram na educação. Também a Walther Krause e Antonio Muniz, que confiaram em mim para contribuir em mais um livro, agora com o papel de curador.

Marlon Bastida
Curador e coautor

Em primeiro lugar, agradeço a Deus, fonte de toda sabedoria e inspiração, por guiar meus passos e iluminar minha mente durante a escrita deste livro. Sem sua graça, nada seria possível.

Dedico este livro aos meus queridos pais, Alcides e Adelaide, que me ensinaram o valor da educação, do trabalho duro e da perseverança. Obrigado pelo amor incondicional, apoio e incentivo durante toda a minha vida. Agradeço à minha amada esposa Gabriela, por ser minha companheira de jornada e sempre me apoiar nos desafios, e ao meu querido filho, Pietro, por trazer alegria e luz à minha vida. Vocês são a razão do meu sorriso e a força que me impulsiona a seguir em frente.

Este livro é um fruto do meu trabalho, mas também da colaboração e do apoio de todas essas pessoas especiais. Agradeço de todo o coração por fazerem parte desta jornada.

Marco Bicudo
Curador e coautor

Quero primeiro agradecer sinceramente o convite do Walther Krause e do Antonio Muniz, que me confiaram este papel e aos coautores da Parte II – Segurança Estratégica, que, com comprometimento e competência, se dedicaram a entregar um conteúdo útil e de qualidade.

Dedico minha participação aos meus pais, que me deram os maiores bens que poderiam ter me dado: a educação e as oportunidades necessárias para que eu pudesse trilhar meu caminho com confiança e dignidade. Também dedico à minha mulher, companheira feroz de todas as etapas, sempre me apoiando mesmo quando eu não acreditava. E, finalmente, ao meu filho, minha eterna razão de viver e continuar lutando.

Ramiro Rodrigues
Curador e coautor

Dedico este livro à minha esposa Flávia e aos meus filhos, Júlia e Igor, que são os maiores presentes de Deus na minha vida. Que este exemplo sirva de incentivo para que eles sigam o caminho dos estudos, da humildade e da honestidade ao longo de suas vidas! Agradeço aos amigos curadores e coautores deste livro, pela gratificante jornada na escrita desta obra. Espero que os conhecimentos deste livro possam ajudar os leitores a multiplicar ações e aprimorar iniciativas na incansável busca da proteção dos dados e da segurança da informação.

Rodrigo Costa
Curador e coautor

O conhecimento e a educação aplicados transformam positivamente uma sociedade. Este livro, como toda a Jornada Colaborativa, faz brilhantemente esse papel, trazendo conhecimento e aplicações práticas de extrema relevância. Agradeço a participação dos coautores, que dedicaram tempo, experiência e qualidade, para que toda a comunidade encontrasse novos caminhos de crescimento. Dedico o livro a todos que desejam sempre aprender e crescer.

Walther Krause
Curador e coautor

Agradeço a Deus, acima de tudo, por ter trilhado minha trajetória pessoal e profissional provendo discernimento e capacidade de superar desafios. Aos meus queridos pais (*in memoriam*) por sempre terem me apoiado e incentivado nos estudos, pautados por exemplos de ética e honestidade. Dedico este livro à minha amada esposa Iracema, pelo suporte e incentivo em todos os momentos da minha vida ao seu lado. Agradecimento especial ao amigo Walther Krause pelo convite e pela oportunidade ímpar de contribuir para este nobre trabalho que tem a missão de prover e disseminar conhecimento de alta qualidade.

Yanis Stoyannis
Curador e coautor

Sobre os autores

Alexandre Freire. Possui mais de 24 anos de experiência como *Technical Sales* de *Cybersecurity* em fabricantes como Microsoft, Oracle, IBM e Palo Alto Networks. Docente do Núcleo de Computação Eletrônica (NCE) da UFRJ. Recebeu prêmio SECMASTER na categoria "Imprensa" pelo reconhecimento do livro "Como Blindar seu PC". Em 2018 iniciou as operações da Nozomi Networks na América Latina, sendo responsável por desenvolver o segmento de OT & IoT *Cybersecurity* na região.

Alfredo Santos. Líder na comunidade brasileira de IAM, professor do assunto na FIA, autor de livros de IAM/IAG e responsável pelo evento IAM Tech Day. Possui 25 anos de experiência no assunto IAM por ter atuado em empresas e projetos importantes, alguns deles em âmbito global. Atualmente lidera um projeto global de IAM que afeta um grupo de empresas nas Américas, Ásia e Europa.

Antonio Muniz. Colaborou com mais de 30 mil pessoas e mais de 100 times em consultorias, mentorias, cursos de MBA, *bootcamps*, videoaulas, *workshops* e palestras em empresas líderes de mercado, como SulAmérica, Petrobras, Vivo, Itaú, Oi, Furnas, Eletrobras, Energisa, Via Varejo, DHL, Accenture, Icatu, Banco do Brasil, Banco Safra, Banco PAN, Citibank, Ernst & Young, Finep, Sebrae, UOL, Pagseguro, Makro, Totvs, Jucesp, Ambev Tech, Dafiti, Meta, Banco Carrefour, Prudential etc. Como fundador e *headhunter* da Jornada Colaborativa, formou novas lideranças, com R$ 502 mil doados para instituições e o lançamento de mais de 30 livros e eventos com empresas amigas. Sua formação tem uma base multidisciplinar em negócios, tecnologia e liderança, com mestrado em administração no Ibmec, MBA em telecomunicações na FGV, graduação em tecnologia na Unigranrio e certificações em agilidade, tecnologia *Lean*, projetos, processos e serviços.
<https://www.linkedin.com/in/antoniomunizoficial/>.

Cristiano Pimenta. Executivo de Segurança com mais de 30 anos de experiência em Recursos Humanos, Produtos & Alianças, GRC, Segurança da Informação, Qualidade, Processos, Sistemas, Projetos e Operações de Serviços de Segurança. Atuou nos segmentos de Petróleo, Energia, Financeiro, Indústria Varejo, Telecomunicações, Governo e Consultoria. *Máster en Dirección de Recursos Humanos y Desarrollo Digital de Talento* (IEP/ Madri), MBA em Serviços de Telecomunicações (UFF/RJ), Pós-graduação em Gestão – ênfase Pessoas (Fundação Dom Cabral), Graduação em Tecnologia da Informação (UNISUL/SC), CISM/ISACA. Fundador e cofundador de empresas de tecnologia. LinkedIn: <https://www.linkedin.com/in/cristiano-pimenta-cism-mcso-3841b6/>.

Cristina Sleiman. Advogada e pedagoga, mestre em Sistemas Eletrônicos pela Escola Politécnica da Universidade de São Paulo, Extensão em Direito da Tecnologia pela FGV/RJ, Educadora Virtual pelo Senac SP com Simon Fraser University (Canadá), Curso livre "Introduction to International Criminal Law". Sócia do escritório Cristina Sleiman Sociedade de Advogados, DPO atuante e certificada *Exin Privacy & Data Protection*. Conselheira jurídica do Instituto iStart. Presidente da Comissão de Direito Digital e Privacidade na OAB Subseção Tatuapé. Ex-presidente da Comissão Especial de Educação Digital da OAB/SP, ex-segunda-vice-presidente da Comissão de Direito Digital e *Compliance* da OAB/SP (todos no mandato 2016/2018), mediadora certificada pelo Conselho Nacional de Justiça (CNJ), Coordenadora do curso de pós-graduação em Direito Digital e Inovação da FIA. Membro do Comitê de Privacidade – PrivacyBR, que visa fomentar a discussão sobre privacidade e proteção de dados no cenário brasileiro. Cocoordenadora do curso de Formação DPO preparatório para provas de certificação Exin junto à FIA e do curso DPO junto à INFI. Defensora da necessidade de educar crianças, jovens e adultos para uso ético seguro e legal dos recursos tecnológicos. Coautora do audiolivro e *pocket book* "Direito Digital no Dia a Dia", coautora da "Cartilha Boas Práticas de Direito Digital Dentro e Fora da Sala de Aula", coordenadora e coautora do "Guia de Segurança Corporativa da OAB/SP", autora do "Guia do Professor – Programa de Prevenção ao *Bullying* e *Cyberbullying* OAB/SP" e do "Guia de Educação Digital em Condomínios OAB/SP". Outras obras e coautoria: Direito Digital 3.0, Direito Digital 4.0, Segurança Digital, LGPD Aplicada, Direito Digital Debates Contemporâneos, Jurisdição Constitucional e Liberdades Públicas, entre outras.

David de Paula Santos Silva. Mestre em Segurança Informática pela Universidade do Porto, Portugal. *Penetration Tester Specialist*, possui mais de 10 anos de experiência na área de Segurança Informática. CEO e Fundador da CyberX – The Ethical Hacking Services. Orquestra o crescimento estratégico, tecnológico e de marketing da empresa. Também realiza e coordena a equipe de *pentesters* na identificação de vulnerabilidades em *web*, APIs, códigos-fonte, dispositivos IOT e aplicativos móveis. Autor do CVE-2019–18791. LinkedIn: <https://www.linkedin.com/in/msc-david-s-6b79b241/>.

Diego Souza. Especialista na área de Segurança da Informação com mais de 12 anos de experiência no mercado. Pós-graduado em *Cyber Security* e Proteção Digital de Negócios, Gestão de Projetos e Processos de TI, Segurança em Redes de Computadores, Gestão Estratégica de Pessoas, Liderança e Psicologia Positiva. Em sua carreira teve a oportunidade de contribuir para a segurança e proteção de dados em empresas como iFood, B2W, Americanas S.A., sempre com foco na identificação e exploração de vulnerabilidades em aplicações *web*, APIs, códigos-fonte e aplicativos móveis, entre outras áreas. Possui certificações como Exam AZ-500: *Microsoft Azure Security, IT Service Management Foundation* – ISO/IEC 20000, *DevOps Essentials Professional Certificate* (DEPC), *CompTIA Security+, Information Technology Infrastructure Library* (ITIL®), *Professional Scrum Master* I e *Certified Network Security Specialist* (CNSS). LinkedIn: <https://www.linkedin.com/in/diego-souza-ds/>.

Hermann Rego. Profissional com mais de 28 anos de experiência em TI, mestrando em Administração e com especializações em Segurança, Governança, Gestão de Negócios e BPM, é *Master Coach* (IBC), Mentor e *Coach* (AIB) e *Agile Coach* (AIB). Possui diversas certificações de mercado, tendo ainda passado por grandes empresas nacionais e multinacionais. Além de atuar no mercado corporativo, também é coordenador de MBA e docente em pós-graduações na XP Educação e IBMEC.
LinkedIn: <https://www.linkedin.com/in/hermannrego/>.

José Fontenelle. Executivo de Segurança da Informação e Cibernética, com mais de 25 anos de experiência em Gestão de Tecnologia, Segurança da Informação e Cibernética. Especialista em Governança, Gestão de Riscos e *Compliance* (GRC). Analista de Sistemas, Engenheiro Elétrico com especialização em Eletrônica e Telecomunicações, MBAs em Gestão Estratégica de TI e Executivo (Coppead/UFRJ). Professor no IBEF-Rio (Instituto Brasileiro de Executivos de Finanças). Membro da ISACA e do ISC2, (*International Information System Security Certification Consortium*). Certificações internacionais: CEH (*Certified Ethical Hacker*); CISM (*Certified Information Security Manager*); CISSP (*Certified Information Systems Security Professional*); CISA (*Certified Information Systems Auditor*); CRISC (*Certified Risk and Information Systems Control*); CGEIT (*Certified Governance of Enterprise IT*); CDPSE (*Certified Data Privacy Solutions Engineer*); COBIT® 5; ITIL® V3 e ITIL® *Service Manager*.
LinkedIn: <https://www.linkedin.com/in/josefontenelle/>.

Luiz Gustavo Ribeiro da Silva. Profissional de Segurança Cibernética e da Informação, com mais de 20 anos de carreira desenvolvida em ambientes críticos e complexos. Estruturação de equipes técnicas especializadas, elaboração de procedimentos operacionais, políticas, projetos e indicadores, com foco em resultados e eficiência operacional. Liderança em desafios relativos à gestão de riscos, *compliance*, prevenção de fraudes e cibersegurança. Arquitetura/engenharia de soluções para clientes de diversos segmentos com especial ênfase no segmento financeiro.

Márcia Maximiano. Mestre em Metrologia e Qualidade. MBA em Gestão de Projetos e Especialista em Educação a Distância. Atua em projetos do PMI Rio e da Jornada Colaborativa. Professora, pesquisadora e estudiosa de metodologias ágeis e inovação. LinkedIn: <http://linkedin.com/in/marciamaximiano>.

Marco Bicudo. Profissional com mais de 25 anos de experiência em Tecnologia da Informação, sendo 20 anos dedicados a diferentes setores da Segurança da Informação. Bacharelado em Tecnologia de Processamento de Dados na Uniban, Pós-graduado em Gestão de Atendimento e Telemarketing na Unicamp e em Gestão e Tecnologia em Segurança da Informação na FIT Impacta-Daryus. Participação no desenvolvimento do *framework* "*Assessment* de Segurança e LGPD", premiado em 2019 pela *Security Leaders* no concurso nacional "*Cases* de Sucesso de Segurança" como vencedor na categoria Prata. Vivência em grandes empresas nos segmentos de Engenharia, *Contact Center*, Internet e *Telecom* em áreas como Gestão de Acessos, Governança de Segurança Corporativa e Técnica, Auditoria, Pré-vendas, Consultoria, Inovação, entre outras. Atualmente é membro do Comitê de Segurança da ABINC (Associação Brasileira da Internet das Coisas).
LinkedIn: <http://www.linkedin.com/in/bicudo>.

Mario Verdibello. Engenheiro de Computação pela UFES, pós-graduado em Computação Forense e Perícia Digital pela FTA. Possui 18 anos de experiência, incluindo nove como Analista de TI do IFES e UFES. Fez projeto para Angra, trabalhou no Projeto Vale pela Accenture e recentemente implantou as ferramentas CASB, DLP e EDR em um banco. Enxadrista bem classificado no *ranking* nacional. Possui experiência em redes de computador, VoIP, análise de tráfego, administração de servidores, perícia Linux/Windows, análise de *malware*, LGPD, *threat hunting*. Atua como *blue team*, *green team* e auditoria 27000. Migrando para a iniciativa privada.
LinkedIn: <https://www.linkedin.com/in/mario-verdibello/>.

Marlon Bastida. Profissional com 13 anos de experiência com bacharelado em Ciência da Computação na UNIP e pós-graduação em gestão de segurança da informação no Senac. Tem atuado em ambientes de missão crítica em empresas nacionais e multinacionais. Possui certificação AZ-900, *IT Certs DevOps Essentials* e três anos de experiência em *DevOps*, tendo realizado uma *live* sobre a cultura *DevOps*.
LinkedIn: <https://www.linkedin.com/in/mbastida>.

Pedro Bezerra. Profissional de Segurança da Informação com foco em Governança, Risco e Conformidade (GRC) desde 2008, formado em Ciência da Computação e pós-graduado em Gestão e Tecnologia de Segurança da Informação. Atuou em projetos nacionais e internacionais em varejistas, indústria médica e instituições financeiras. Desde 2013 desenvolve estudos e projetos independentes sobre a adoção de tecnologias disruptivas como IoT (Internet das Coisas), *blockchain* e inteligência artificial.
LinkedIn: <https://www.linkedin.com/in/pedrobezerragrc/>.

Ramiro Rodrigues. Executivo de Segurança da informação com mais de 25 anos de experiência no desenvolvimento e na implementação de projetos complexos de tecnologia e cibersegurança, onde atuou em empresas multinacionais e nacionais de diversos portes. Membro da ANPPD, foi líder do grupo estratégico de educação do *chapter* Rio de Janeiro do PMI e coordenador-técnico do MBA de gestão de projetos do IBMEC/RJ. LinkedIn: <https://www.linkedin.com/in/ramirorodrigues/>.

Rebeca Silva. Formada em segurança da informação pela FATEC São Caetano do Sul. Apaixonada por cinema, música, literatura e cultura *pop* em geral. Criadora de conteúdos de conscientização em segurança da informação no LinkedIn.
LinkedIn: <https://www.linkedin.com/in/rb-1195/>.

Renato Pinheiro de Souza. Pós-graduado pelo programa *Management of Technology* da Universidade Federal do Rio de Janeiro. Atua há mais de 29 anos com desenho de arquiteturas e sua implantação em temas ligados a áreas de infraestrutura *cloud* e *on premises*, sistemas e segurança da informação, com trajetória em empresas como Banco do Brasil, UFRJ, Seguradora Líder, Condor Indústria Química, Protege, Neogrid, entre outras. Atuou ainda como como professor e coordenador acadêmico em cursos de graduação na área de análise e desenvolvimento de sistemas, redes de computadores e segurança da informação em instituições como a Universidade Federal do Rio de Janeiro, Universidade Iguaçu, Universidade Gama Filho, entre outras.

Rodrigo Costa. PhD., Pós-Doutor e Doutor em Engenharia da Computação pela Universidade de Coimbra – Portugal (2015), Doutor em Engenharia de Sistemas e Computação na COPPE/UFRJ (2014) (CAPES 7), Mestrado em Administração com ênfase em Sistemas de Apoio à Decisão pelo IBMEC-RJ (2007), Pós-Graduação em Projetos e Gerência de Sistemas pela PUC-Rio (2003), Graduação em Análise de Sistemas (2000). Possui certificações PMP (*Project Management Professional*) do PMI, *ITIL® Foundation Certificate in IT Service Management* (ITILF), MCSO (*Modulo Certified Security Officer*), Exin DPO (*Data Protection Officer*) e Exin ISO (*Information Security Officer*). Foi Professor Substituto em Engenharia de Software do IC/UFF (Instituto de Computação da UFF), Professor Adjunto da Graduação, Especialização e MBA em TI do Instituto Infnet. Professor de Crimes Cibernéticos no IBMEC-RJ. Professor de Pós-Graduação em Segurança de Rede e Criptografia e da Informação na UNESA (Universidade Estácio de Sá), Professor de Pós-Graduação em Segurança da Informação na UNISUAM (Universidade Augusto Motta), Professor Conteudista de Segurança de Rede e da Informação da Unigranrio para graduação de TIC EaD, professor do curso de MBA em Gestão de Projetos da UCL (Universidade Celso Lisboa) e na UCAM (Universidade Cândido Mendes). Foi professor tutor em Gestão de Projetos pela FGV Online. É instrutor oficial EXIN e consultor em LGPD. Mais de 25 anos de experiência no mercado, foi CISO e analista de sistemas e gerente de programas da Eletrobras S/A por 20 anos, atuando principalmente nos seguintes temas: segurança da informação, controles internos de TI para adequação à Lei Sarbanes-Oxley (SOX), planejamento estratégico de TI, Escritório de Projetos (PMO) e Escritório de Processos de TI (BPMO). LinkedIn: <https://www.linkedin.com/in/rcostasantos/>.

Salomão de Oliveira. Administrador de Empresas com ênfase em Sistemas de Informação (UNIBERO/SP), pós-graduado em Segurança da Informação (IBPI/FUNCEFET/RJ), especialização em direito digital (PUC/SP), graduando em Direito (CEUNSP/SP) e pós-graduando em Lei Geral de Proteção de Dados (Legale Educacional). Executivo de segurança da informação e gestão de riscos com mais de 20 anos de experiência em grandes empresas de serviços, indústria e consultoria. Empresário de segurança da informação e consultoria empresarial. Professor de disciplinas relacionadas à segurança da informação e governança de TI e instrutor de cursos de certificação internacional de segurança da informação. Coautor do livro "Direito Contemporâneo – Imersões no Mundo Tecnológico do Risco" (2023).
LinkedIn: <https://www.linkedin.com/in/salomaooliveira/>.

Walther Krause. Engenheiro mecânico (UFRJ), Mestrado IAG (PUC/RJ). PMP, *Lean SixSigma Green Belt* e SAFe®. Diretor de Riscos Empresariais Claro e Ex-Presidente do PMI Rio. Coordenador da ABNT. Autor de livros sobre PMO, governança e agilidade. LinkedIn: <https://www.linkedin.com/in/walther-krause/>.

Yanis Cardoso Stoyannis. Engenheiro com mais de 30 anos de experiência em tecnologias de segurança e informação, redes de comunicação, telecomunicações, governança, privacidade e proteção de dados. Iniciou a carreira na área acadêmica, com desenvolvimento de projetos de interligação à rede ANSP (*Academic Network at São Paulo*), que foi uma das primeiras redes brasileiras a se interligar à internet em 1991, provendo infraestrutura para a comunidade de pesquisa e educação do estado de São Paulo. Na iniciativa privada, acumulou experiência em diversas posições de liderança na área de Segurança Cibernética, com destaque para CISO, gerente de Pré-Vendas, Consultoria e Inovação. Atualmente é *Customer Security Director* da Ericsson para a América Latina, presidente do Comitê de Segurança da ABINC (Associação Brasileira da Internet das Coisas) e professor de MBA em Segurança Cibernética em Telecomunicações e Internet. Foi membro da comissão de jurados do 1º *Hackathon* de Segurança Digital na Indústria 4.0 promovido pelo Senai/Unisys. Premiado como profissional de destaque pelo *Security Leaders* em 2011 e 2016 nas categorias Telecomunicações, Mídia e Educação. Em 2019 foi vencedor na categoria Prata do concurso nacional de "*Cases* de Sucesso de Segurança" como idealizador do *framework* "*Assessment* de Segurança e LGPD", fundamentado em 20 domínios de conhecimento.
LinkedIn: <https://www.linkedin.com/in/yanis-stoyannis>.